Wilhelm Busch
Jesus unser Schicksal

Wilhelm Busch

Jesus unser Schicksal

Vorträge nach Tonbändern

Über 1 Million Exemplare

Aussaat Verlag
Neukirchen-Vluyn

39. Auflage 1998

Umschlag: Gerd Meussen, Essen
Gesamtherstellung: Clausen & Bosse, Leck
Printed in Germany
ISBN 3-7615-4888-5
Bestellnummer 154 888

Jesus unser Schicksal

»Jesus unser Schicksal« – das war das von Pastor Busch gewählte Generalthema einer Großevangelisation, die er im Jahre 1938 in Essen durchführte.

Er war mit großer Freude Jugendpfarrer in Essen, aber als leidenschaftlicher Prediger des Evangeliums war er auch immer wieder unterwegs. So hat er in ungezählten Vorträgen zu Jesus gerufen – in Stadt und Land, in Ost und West, in Europa und aller Welt.

Wie freute er sich, wenn die Menschen herzuströmten, um seine Botschaft zu hören! Er war überzeugt, daß das Evangelium von Jesus die atemberaubendste Botschaft aller Zeiten ist.

Tausende kamen und hörten ihm zu. Und doch war er als ein rechter Seelsorger immer nur im Gespräch mit dem einzelnen. Das war das Besondere seiner Verkündigung. Durch das, was auf Tonbändern festgehalten wurde, soll er in diesem Buch weiterhin mit dem einzelnen reden – als Bote Jesu Christi, des Gekreuzigten und Auferstandenen.

»Jesus unser Schicksal« – das war das Generalthema seiner ganzen Verkündigung. Wollen Sie diese Botschaft hören? Sie können es! Setzen Sie sich im Geist unter seine Kanzel, und Sie werden bald wissen: »Jesus unser Schicksal« – das ist das Generalthema der Welt und unseres Lebens.

Karl-Heinz Ehring

Inhaltsverzeichnis

Gott ja, aber wozu Jesus?

Sehen Sie: So ein alter Pfarrer wie ich, der ein Leben lang in der Großstadt gewirkt hat, bekommt im Laufe der Jahre permanent die gleichen Schlagworte zu hören. Eins heißt: »Wie kann Gott das alles zulassen?« Ein anderes lautet: »Kain und Abel waren Brüder. Kain schlug Abel tot. Wo hat Kain seine Frau her?« Und eines der beliebtesten Schlagworte ist dies: »Herr Pfarrer, Sie reden immer von Jesus. Das ist doch fanatisch. Es ist doch ganz egal, was man für eine Religion hat. Hauptsache, man hat Ehrfurcht vor dem Höheren, dem Unsichtbaren.«

Das ist doch einleuchtend, nicht? Dasselbe hat mein großer Landsmann Goethe – er ist auch aus Frankfurt – schon gesagt: »Gefühl ist alles; Name ist Schall und Rauch . . .« Ob wir Allah, Buddha, Schicksal oder »Höheres Wesen« sagen, das ist ganz egal. Hauptsache, wir haben überhaupt einen Glauben. Und es wäre fanatisch, den präzisieren zu wollen. Das denken doch fünfzig Prozent von Ihnen auch, nicht wahr? Ich sehe die alte Dame noch vor mir, die mir erklärte: »O, Herr Pfarrer, Sie immer mit Ihrem Jesus-Gerede! Hat nicht Jesus selber gesagt: ›In meines Vaters Haus sind viele Wohnungen‹? Da haben alle Platz!« Meine Freunde, das ist ein ganz großer Schwindel!

Ich war einmal in Berlin auf dem Flughafen »Tempelhofer Feld«. Ehe wir zum Flugzeug konnten, mußten wir noch einmal durch eine Paßkontrolle. Vor mir steht so ein großer Herr – ich sehe ihn noch vor mir: so ein zweistöckiger, mit einer großen Reisedecke unterm Arm – und reicht dem Beamten eilig seinen Paß hin. Und da sagt der Beamte: »Moment mal! Ihr Paß ist abgelaufen!« Der Herr erwidert: »Nun seien Sie mal nicht so kleinlich. Hauptsache, ich habe einen Paß!« »Nee«, erklärt der Beamte fest und bestimmt, »Hauptsache, Sie haben einen gültigen Paß!«

Und genauso ist es mit dem Glauben: Es kommt nicht darauf an, daß ich überhaupt einen Glauben habe, daß ich irgendeinen Glauben habe. Jeder hat einen. Neulich sagte mir einer: »Ich glaube, daß zwei Pfund Rindfleisch eine gute Suppe geben.« Das ist ja auch ein Glaube – wenn auch ein dünner, Sie verstehen! Es kommt nicht darauf an, daß Sie irgendeinen

Glauben haben, sondern es kommt darauf an, daß Sie den richtigen Glauben haben, einen Glauben, mit dem man leben kann, auch wenn's sehr dunkel wird, der Halt gibt auch in großen Versuchungen, einen Glauben, auf den man sterben kann. Das Sterben ist eine große Probe auf die Richtigkeit unseres Glaubens!

Es gibt nur einen richtigen Glauben, mit dem man richtig leben und richtig sterben kann: Das ist der Glaube an den Herrn Jesus Christus, den Sohn Gottes. Jesus hat selber gesagt: »In meines Vaters Haus sind viele Wohnungen.« Aber es gibt nur eine Tür zu den Wohnungen Gottes: »Ich bin die Tür! Wer durch mich eingeht, wird selig werden.«

Jesus ist die Tür! Ich weiß: Das wollen die Leute nicht hören. Über Gott kann man stundenlang diskutieren. Der eine stellt sich Gott so vor und der andere anders. Aber Jesus ist kein Diskussionsgegenstand. Und ich sage Ihnen: Nur der Glaube an Jesus, den Sohn Gottes, ist ein rettender und seligmachender Glaube, mit dem man leben und sterben kann!

Wie lächerlich dieser Glaube den Leuten erscheint, zeigt ein kleines Erlebnis, über das Sie ruhig mal lachen dürfen. Da gehe ich vor Jahren mal in Essen durch die Stadt. Zwei Männer stehen am Straßenrand, offenbar Bergleute. Als ich vorbeigehe, grüßt der eine: »Guten Tag, Herr Pastor!« Ich trete auf ihn zu: »Kennen wir uns?« Da lacht er und erklärt dem andern: »Das ist der Pastor Busch! Ein ganz ordentlicher Junge!« »Danke«, sage ich. Und da fährt er fort: »Nur – er hat leider einen Vogel!« Ich fuhr empört auf: »Was habe ich? Einen Vogel? Wieso habe ich einen Vogel?« Und da wiederholt er: »Wirklich, der Pastor ist ein ganz ordentlicher Junge! Nur: Er spricht immer von Jesus!« »Mann!« rief ich erfreut. »Das ist kein Vogel! In hundert Jahren sind Sie in der Ewigkeit. Dann hängt alles daran, ob Sie Jesus kennengelernt haben. An ihm entscheidet es sich, ob Sie in der Hölle oder im Himmel sind. Sagen Sie: Kennen Sie Jesus?« »Siehst du«, wendet er sich lachend an den andern, »jetzt fängt er schon wieder an!«

Ich will jetzt auch davon anfangen! Es gibt ein Wort in der Bibel, das ich an den Anfang stellen möchte. Es heißt so: »Wer den Sohn Gottes hat, der hat das Leben.« Sie haben im Unterricht mal gelernt von Jesus – aber Sie haben ihn nicht. »Wer den Sohn Gottes hat« – hören Sie: »hat«! – »der hat das

Leben« – hier und in Ewigkeit! »Wer den Sohn Gottes nicht hat, der hat das Leben nicht.« Das sagt das Wort Gottes! Sie kennen das Sprichwort: »Wer hat, der hat!« Genauso meint es dies Bibelwort. Ich möchte Sie geradezu überreden – um Ihretwillen! –, daß Sie Jesus aufnehmen und ihm Ihr Leben geben. Denn: Ohne ihn ist es doch ein jämmerliches Leben.

Und nun will ich Ihnen sagen, warum Jesus ein und alles ist und warum der Glaube an Jesus der einzig richtige ist. Oder lassen Sie es mich lieber ganz persönlich ausdrücken: Ich möchte Ihnen jetzt sagen, warum ich Jesus haben muß und an ihn glaube.

1. Jesus ist die Offenbarung Gottes

Wenn mir einer sagt: »Ich glaube an Gott! Aber wozu Jesus?«, dann antworte ich: »Das ist ja dummes Zeug! Gott ist ein verborgener Gott! Und ohne Jesus wissen wir gar nichts von Gott!«

Die Menschen können sich zwar einen Gott zurechtmachen, den »lieben Herrgott« zum Beispiel, der einen ehrlichen Deutschen nicht im Stiche läßt, wenn er jeden Tag nur fünf Glas Bier trinkt. Aber das ist doch nicht Gott! Allah, Buddha – das sind Projektionen unserer Wünsche. Aber Gott? Ohne Jesus wissen wir nichts von Gott. Jesus aber ist die Offenbarung Gottes. In Jesus ist Gott zu uns gekommen.

Ich will Ihnen das an einem Bild deutlich machen: Stellen Sie sich mal eine dichte Nebelwand vor. Hinter der Nebelwand verborgen ist Gott. Nun können die Menschen aber nicht leben ohne ihn. Und da fangen sie an, ihn zu suchen. Sie versuchen, in die Nebelwand einzudringen. Das sind die Bemühungen der Religionen. Alle Religionen sind ein Suchen der Menschen nach Gott. Und allen Religionen ist eins gemein: Sie sind im Nebel verirrt, sie haben Gott nicht gefunden.

Gott ist ein verborgener Gott. Das hat ein Mann, Jesaja hieß er, verstanden und aus Herzensgrund geschrieen: »Herr, wir können nicht zu dir kommen. Ach, daß du die Nebelwand zerrissest und kämest zu uns!« Und denken Sie: Gott hat diesen Schrei gehört! Er hat die Nebelwand zerrissen und ist zu uns gekommen – in Jesus. Als die Engel auf Bethlehems Felde in Sprechchören riefen: »Euch ist heute der Heiland geboren! Ehre sei Gott in der Höhe!« – da war Gott zu uns gekommen. Und jetzt sagt Jesus: »Wer mich sieht, der sieht den Vater.«

Ohne Jesus wüßte ich nichts von Gott. Er ist die einzige Stelle, wo ich Gewißheit über Gott bekommen kann! Wie kann man nur sagen: »Ich kann ohne Jesus auskommen«!

Ich kann das alles nur sehr kurz sagen und muß vieles auslassen. Dabei könnte ich Ihnen so viel von Jesus sagen. Aber ich kann Ihnen jetzt bloß die wichtigsten Punkte zu der Frage »Wozu Jesus?« nennen.

2. Jesus ist die rettende Liebe Gottes

Ich muß Ihnen das erklären. Vor einiger Zeit hatte ich ein Gespräch mit einem Journalisten, der mich interviewte und fragte: »Warum halten Sie eigentlich solche Vorträge?« Darauf habe ich ihm geantwortet: »Die halte ich, weil ich Angst habe, daß die Leute in die Hölle kommen.« Da lächelte er und erwiderte: »Gibt's doch gar nicht!« Und da habe ich gesagt: »Warten Sie's doch ab! In hundert Jahren wissen Sie es, ob Sie recht haben oder Gottes Wort. Sagen Sie«, habe ich ihn gefragt, »haben Sie sich schon mal vor Gott gefürchtet?« »Nein!« antwortete er. »Vorm lieben Gott hat man doch keine Angst!« Da habe ich ihm erklärt: »Sie sind aber ›unterm Strich‹!« Wer auch nur eine dumpfe Ahnung von Gott hat, der muß doch begreifen, daß es nichts Schrecklicheres gibt als ihn, den heiligen und gerechten Gott, den Richter unserer Sünden. Meinen Sie, er schwiege zu Ihren Sünden? Sie sprechen vom ›lieben Gott‹? Die Bibel sagt das so nicht. Die Bibel sagt vielmehr: ›Schrecklich ist's, in die Hände des lebendigen Gottes zu fallen.‹«

Haben Sie Gott schon gefürchtet? Wenn nicht, dann haben Sie überhaupt noch nicht angefangen, die ganze Wirklichkeit des heiligen Gottes und Ihres sündigen Lebens zu sehen. Wenn Sie aber anfangen, Gott zu fürchten, dann werden Sie fragen: »Wie kann ich vor Gott bestehen?« Ich glaube, es ist die größte Dummheit unserer Zeit, daß man den Zorn Gottes nicht mehr fürchtet, ja, es ist ein Zeichen furchtbarer Verstumpfung, wenn ein Volk den lebendigen Gott und seinen Zorn über die Sünde nicht mehr ernst nimmt.

Professor Karl Heim erzählte einmal, wie er auf einer China-

Reise auch nach Peking kam. Da wurde er auf einen Berg geführt, auf dem ganz oben ein Altar stand, der »Altar des Himmels«. Es wurde ihm erklärt, daß in der »Nacht der Versöhnung« dieser Berg erfüllt ist mit Hunderttausenden von Menschen, die alle Lampions tragen. Und dann geht der Kaiser hinauf – damals waren es noch die Kaiser, die China regierten – und bringt das Versöhnungsopfer für sein Volk. Als Professor Heim uns das erzählte, fuhr er fort: »Diese Heiden wußten etwas vom Zorn Gottes und daß der Mensch Versöhnung braucht.«

Und der gebildete Mitteleuropäer meint, er könne vom »lieben Gott« reden, und der wäre glücklich zu sehen, daß die Menschen ihre Kirchensteuern brav bezahlen! Fangen wir lieber wieder an, Gott zu fürchten! Wir haben doch alle gesündigt! Sie nicht? Aber natürlich!

Wenn wir Gott wieder fürchten lernen, dann werden wir fragen: »Wo ist denn Rettung vor dem Zorn Gottes? Wo ist Rettung?« Und dann darf uns aufgehen: Jesus ist die rettende Liebe Gottes! »Gott will, daß allen Menschen geholfen werde.« Aber er kann nicht ungerecht sein. Er kann nicht schweigen zur Sünde. Und darum hat er seinen Sohn gegeben – zur Rettung, zur Versöhnung.

Gehen Sie mit mir nach Jerusalem. Da ist ein Hügel vor der Stadt. Wir sehen Tausende von Menschen. Und über die Köpfe der vielen Menschen ragen drei Kreuze. Der Mann am linken Kreuz ist so wie wir, ein Sünder. Rechts der auch. Aber der in der Mitte! Sehen Sie ihn an, den Mann mit der Dornenkrone, den Sohn des lebendigen Gottes! »Du edles Angesichte, / Davor das Reich der Welt / Erschrickt und wird zunichte, / Wie bist du so entstellt!« Warum hängt er da? Dieses Kreuz ist der Altar Gottes. Und Jesus ist das Lamm Gottes, welches der Welt Sünde trägt, das versöhnt mit Gott.

Sehen Sie: Solange Sie Jesus nicht gefunden haben, stehen Sie unter Gottes Zorn, auch wenn Sie's nicht merken, auch wenn Sie's leugnen. Und nur wer zu Jesus gekommen ist, steht unter dem Frieden Gottes: »Die Strafe liegt auf ihm, auf daß wir Frieden hätten.«

Lassen Sie mich ein ganz dummes Beispiel brauchen: Im Ersten Weltkrieg war ich Artillerist. Da hatten wir Kanonen mit Schutzschilden. Einmal standen wir ohne Infanterie vorne. Und dann kam ein Angriff mit Panzern – »Tanks« nannten wir sie damals –. Wie Hagel schlugen die Infanteriegeschosse auf unsere Schutzschilde. Aber die waren so stark, daß wir dahinter geborgen waren. Und da habe ich denken müssen: »Wenn ich jetzt bloß die Hand hinter dem Schutzschild herausstrecke, dann wird sie durchsiebt, dann bin ich verloren, dann muß ich elend verbluten. Aber hinter dem Schutzschild bin ich geborgen!«

Und sehen Sie: Das ist mir Jesus geworden. Ich weiß: Ohne Jesus vergehe ich im Gericht Gottes. Ohne Jesus habe ich keinen Frieden im Herzen, da kann ich tun, was ich will. Ohne Jesus kann ich nicht sterben ohne tödliche Angst. Ohne Jesus wandere ich ins ewige Verderben. Es gibt ein ewiges Verderben, warten Sie's nur ab! Aber wenn ich hinter dem Kreuze Jesu stehe, bin ich geborgen wie hinter dem Schutzschild. Da darf ich wissen: Er ist mein Versöhner! Er ist mein Erretter! Jesus ist die rettende Liebe Gottes!

Hören Sie: »Gott will, daß allen Menschen geholfen werde.« Darum hat er seinen Sohn gegeben, zur Rettung, zur Versöhnung. Auch für Sie!

Und nun ruhen Sie nicht, bis Sie diesen Frieden Gottes haben, bis Sie gerettet sind!

Wozu Jesus?

3. Jesus ist der einzige, der mit dem größten Problem unseres Lebens fertig wird

Wissen Sie, was das größte Problem unseres Lebens ist? Ah, die Älteren denken natürlich an ihre Galle oder ihre Niere oder was gerade krank ist. Dolle Probleme! Bei den Jüngeren ist es dann »das Mädchen« oder »der Junge«. Es hat jeder so seine Probleme. Glauben Sie mir: Das größte Problem unseres Lebens ist unsere Schuld vor Gott!

Ich war jahrzehntelang Jugendpfarrer. Da habe ich immer neue Bilder gesucht, um den Jungen das klarzumachen. Eins von diesen Bildern möchte ich hier brauchen. Ich habe gesagt: »Stellt euch mal vor, wir haben von Natur einen eisernen Ring um den Hals. Und jedesmal, wenn ich sündige, wird ein Kettenglied angeschmiedet. Ich habe einen schmutzigen Gedanken: ein Kettenglied. Ich bin frech gegen meine Mutter: ein Kettenglied. Ich habe böse geredet über andere Leute: ein

Kettenglied. Ein Tag ohne Gebet, als wenn Gott nicht wäre: ein Kettenglied. Unehrlichkeit, Lüge: ein Kettenglied.«

Überlegen Sie mal, wie lang die Kette ist, die wir hinter uns herschleifen! Verstehen Sie: die Schuldkette! So real ist Schuld vor Gott – auch wenn man diese Kette nicht sieht! Aber sie ist riesenlang. Und wir schleppen sie mit uns herum. Ich frage mich oft, warum die Menschen gar nicht recht fröhlich und glücklich sein können. Sie haben's doch weithin so gut. Aber sind Sie glücklich? Sie können nicht glücklich sein! Sie können's nicht – weil Sie die Schuldkette mit sich herumtragen! Und die nimmt Ihnen kein Pfarrer und kein Priester und kein Engel weg. Und auch Gott kann sie nicht wegtun, weil er gerecht ist: »Was der Mensch sät, das wird er ernten.«

Doch nun ist da Jesus! Er ist der einzige, der mit dem größten Problem unseres Lebens fertig wird: Er ist für meine Schuld gestorben. Er hat sie bezahlt, als er starb. Darum ist er imstande, mir die Schuldkette abzunehmen. Er ist der einzige, der das kann!

Ich möchte Ihnen aus Erfahrung sagen: Das ist eine Befreiung zu wissen: Ich habe Vergebung meiner Sünden. Das ist die größte Befreiung im Leben – und erst im Sterben. Ihr Alten, sterben und Vergebung der Sünden haben! Oder in die Ewigkeit gehen und alle Schuld mitnehmen müssen! Schauerlich!

Ich kenne Leute, die haben ihr Leben lang gesagt: »Ich bin gut. Ich bin recht.« Und dann sterben sie und lassen die letzte Hand los – und entdecken: Das Schiff unseres Lebens fährt auf dem dunklen Strom der Ewigkeit – Gott entgegen. Sie haben nichts mitnehmen können: kein Häuschen, kein Bankkonto, kein Sparkassenbuch – nur ihre Schuld. So fährt man vor Gott. Schauerlich! Doch das ist das Sterben der Menschen. Und wenn Sie sagen: »So sterben sie alle!« – dann sterben sie alle so! Aber Sie müssen nicht so sterben! Jesus gibt Vergebung der Sünden! Das ist jetzt schon die größte Befreiung, die es gibt.

Ich war ein junger Bursche von 18 Jahren, als ich erfuhr, was Vergebung der Sünden ist: Die Kette fiel ab! Es heißt in einem Liede: »Die Sünden sind vergeben, / Das ist ein Wort zum Leben / Für den gequälten Geist. / Sie sind's in Jesu Namen.« Ich wünsche Ihnen, daß Sie das auch erfahren! Gehen Sie hin zu Jesus! Heute. Er wartet auf Sie. Und sagen Sie ihm: »Herr, mein Leben ist ganz verkorkst und voll Schuld. Ich habe das immer verschwiegen und gut von mir geredet. Jetzt lege ich's dir hin. Jetzt will ich glauben, daß dein Blut meine Schuld austilgt.« Das ist eine herrliche Sache, die Vergebung der Sünden!

Im 17. Jahrhundert lebte in England ein Mann namens Bunyan. Dieser Bunyan wurde um seines Glaubens willen jahrelang ins Gefängnis gesperrt. Das hat's zu allen Zeiten gegeben. Nebst dem Worte Gottes sind Gefängnisse das Stabilste, was es in der Menschheit gibt. Und da im Gefängnis hat dieser Bunyan ein wunderschönes Buch geschrieben, das heute noch aktuell ist. Da schildert er das Leben eines Christen wie eine ganz gefährliche, abenteuerliche Wanderung. Das fängt so an: Da lebt einer in der Stadt Welt. Auf einmal wird er unruhig und sagt etwa so: »Es stimmt hier nicht. Ich bin friedelos. Ich bin unglücklich. Ich müßte hier raus.« Er redet mit seiner Frau. Die erklärt ihm: »Du bist nervös. Du brauchst Erholung.« Aber das hilft ihm alles nichts. Die Unruhe bleibt. Und eines Tages merkt er: »Es hilft nichts. Ich muß raus aus dieser Stadt!« Und dann flieht er. Als er loswandert, merkt er, daß er eine Last auf dem Buckel hat. Er will sie abtun, aber er wird sie nicht los. Je weiter er wandert, desto schwerer wird sie. Bisher hatte er die Last nicht so gespürt. Sie war selbstverständlich. Aber als er sich entfernt von der Stadt Welt, wird die Last immer größer. Schließlich kann er kaum mehr weiter. Und dann geht er mühselig einen Pfad im Gebirge hoch. Er kann nicht mehr mit der Last. Da kommt er um eine Wegbiegung, und vor ihm taucht ein Kreuzesbild auf. Beinahe bewußtlos sinkt er vor dem Kreuz nieder, hält sich daran fest und blickt daran empor. Im selben Augenblick spürt er, wie die Last sich löst und polternd in den Abgrund stürzt.

Ein wundervolles Bild für das, was ein Mensch erleben kann am Kreuze Jesu Christi: »Da blick ich auf und sehe / Im Geiste Gottes Lamm, / Wie es für mich geblutet hat / Und starb am Kreuzesstamm. / Dann muß ich schamerfüllt gestehn: / Zwei Wunder ich hier find', / Das Wunder seiner großen Lieb' / Und meiner großen Sünd'.« Vergebung der Sünden: Der Heiland hat für mich bezahlt. Meine Schuldkette wird mir abgetan. Ich werde meine Last los. Das kann uns nur Jesus schenken: Vergebung der Sünden!

Wozu Jesus? Ich muß Ihnen noch etwas sagen, warum ich an Jesus glaube:

4. Jesus ist der gute Hirte

Sie haben doch alle schon in Ihrem Leben erfahren, wie unendlich einsam man sein kann und wie leer doch das Leben ist. Dann spüren Sie plötzlich: »Mir fehlt was! Aber was?« Ich will's Ihnen sagen: Es fehlt Ihnen der lebendige Heiland!

Eben habe ich erzählt, daß Jesus am Kreuze starb, um unsere Schuld zu bezahlen. Merken Sie sich den Satz: »Die Strafe liegt auf ihm, auf daß wir Frieden hätten.« Und dann hat man ihn ins Grab gelegt, in ein Felsengrab. Eine schwere Felsenplatte wurde davorgewälzt. Und damit man ganz sichergingen, hatte der römische Statthalter noch ein Siegel angebracht und Posten davor aufziehen lassen, römische Legionäre. Ich stelle mir großartige Kerle darunter vor, Kerle, die in allen Ländern der Erde gekämpft hatten: in Gallien (dem heutigen Frankreich), in Germanien (in Deutschland also), in Asien und in Afrika. Narbenbedeckte Burschen waren das. Die stehen also im Morgengrauen des dritten Tages da mit dem Schild am Arm, dem Wurfspeer in der rechten Hand und dem Helm auf dem Kopf. Ein römischer Legionär wartete. Auf ihn konnte man sich verlassen. Und dann wird's auf einmal taghell. Die Bibel sagt: »Ein Engel vom Himmel schleuderte den Stein weg.« Und Jesus kommt aus dem Grabe! So gewaltig ist das, daß die Kriegsknechte in Ohnmacht fallen. Ein paar Stunden später begegnet Jesus einem armen Mädchen. Die Bibel sagt von ihr, sie hatte sieben Teufel in sich gehabt, die Jesus ausgetrieben hatte. Dieses Mädchen weint. Da kommt Jesus zu ihr. Und da fällt das Mädchen nicht in Ohnmacht. Im Gegenteil. Es freut sich, als es den auferstandenen Herrn Jesus erkennt, und sagt: »Meister!« Es ist getröstet, weil es weiß: »Jesus, der gute Hirte, lebt und ist bei mir!«

Und sehen Sie, auch darum möchte ich Jesus haben: Ich brauche einen, dessen Hand ich halten kann! Mich hat das Leben in sehr dunkle Tiefen geworfen. Ich habe um meines Glaubens willen in nazistischen Gefängnissen gesessen. Da gab es Stunden, in denen ich dachte: »Jetzt ist es noch ein Schritt, bis das dunkle Reich des Wahnsinns beginnt, wo man nicht mehr zurück kann.« Und dann kam Jesus! Und es wurde alles gut! Das kann ich Ihnen nur so bezeugen.

Ich habe einen Abend im Gefängnis erlebt, an dem die Hölle los war. Da hatten sie einen durchgehenden Transport von

Leuten eingeliefert, die ins KZ gebracht werden sollten, Leute, die gar keine Hoffnung mehr hatten, teils Kriminelle, teils schuldlose Leute, Juden. Diese Leute packte an einem Samstagabend die Verzweiflung. Und dann brüllte alles los. Das können Sie sich gar nicht vorstellen. Ein ganzes Haus mit lauter Zellen voll Verzweiflung, wo alles schreit und gegen die Wände und Türen donnert. Die Wärter werden nervös und knallen mit ihren Revolvern gegen die Decke, rennen herum, prügeln einen zusammen. Und ich sitze in meiner Zelle und denke: »So wird die Hölle sein.« Das kann man schlecht schildern. In dieser Situation nun fällt mir ein: »Jesus! Er ist ja da!« Ich erzähle Ihnen, was ich tatsächlich selber erlebt habe. Dann habe ich nur leise – ganz leise – in meiner Zelle gesagt: »Jesus! Jesus!! Jesus!!!« Und in drei Minuten wurde es still. Verstehen Sie: Ich rief ihn an, das hörte kein Mensch, nur er – und die Dämonen mußten weichen! Und dann sang ich, was streng verboten war, ganz laut: »Jesu, meine Freude, / Meines Herzens Weide, / Jesu, meine Zier. / Ach, wie lang, ach lange / Ist dem Herzen bange / Und verlangt nach dir!« Und alle Gefangenen hörten es. Die Wärter sagten kein Wort, daß ich laut sang: »Mag von Ungewittern / Rings die Welt erzittern, / Mir steht Jesus bei!« Meine Freunde, da habe ich etwas gespürt, was das bedeutet, einen lebendigen Heiland zu haben.

Wir müssen einmal alle – ich sprach schon davon – durch eine ganz große Not, durch die Not des Sterbens. Es hat mir mal einer vorgeworfen: »Ihr Pfarrer macht den Leuten immer Angst mit dem Sterben!« Da habe ich geantwortet: »Davor brauche ich keinem Angst zu machen, davor haben wir ja alle Angst!« Und da – im Sterben – die Hand des guten Hirten halten dürfen! Aber man sagt mir – und das ist richtig –: »Der heutige Mensch hat weniger Angst vorm Sterben als vorm Leben. Das Leben ist schrecklich, schlimmer als das Sterben!« Auch das gibt's, meine Freunde: Im Leben einen Heiland haben!

Ich muß Ihnen noch einmal eine Geschichte erzählen, die ich schon oft erzählt habe. Sie ist unglaublich, aber wahr. Da hatte ich in Essen einen Herrn aus der Industrie kennengelernt, so einen wohlgelaunten, wissen Sie: »Herr Pfarrer, das ist nett, daß Sie die Kinder zum Guten anhalten. Hier haben Sie einen Hundertmarkschein für Ihre Arbeit.« Und ich sage: »Na, und Sie selber?« »Nein, nein, Herr Pfarrer, wissen Sie, ich habe nun doch schon eine eigene Weltanschauung ...« Verstehen Sie: Ein guter Kerl, aber so fern von Gott wie der Mond vom Sirius. Eines Tages hatte ich eine Trauung. Das ist oft ein bißchen trostlos in einer riesigen kahlen Kirche. Und dann kommen da das Brautpaar und vielleicht zehn weitere Leute. Die sitzen da so ein bißchen verloren in der riesigen Kirche. Und mein wohlgelaunter Herr aus der Industrie war Trauzeuge! Der arme Mann tat mir richtig leid: einen sehr eleganten Frack an, den Zylinderhut in der Hand. Und er wußte jetzt einfach nicht, wie man sich in der Kirche benimmt. Man merkte ihm an, daß er sich fragte: »Muß ich jetzt niederknien? Soll ich ein Kreuz schlagen? Oder was ist richtig?« Na, ich half ihm so ein bißchen, nahm ihm den Zylinder ab und legte den auf die Seite. Dann wurde ein Lied gesungen. Da hatte er natürlich keine Ahnung, aber er tat wenigstens so. Können Sie sich den Herrn vorstellen? Ein Mann, der so richtig in die Welt paßt! Und dann passierte etwas ganz Merkwürdiges: Die Braut war Helferin im Kindergottesdienst gewesen. Und so sangen nun bei der Trauung etwa 30 kleine Mädchen von der Galerie herunter ein Lied. Mit ihren süßen Stimmchen sangen sie das ganz einfache Kinderlied, das Sie vielleicht kennen: »Weil ich Jesu Schäflein bin, / Freu ich mich nur immerhin / Über meinen guten Hirten ...« Und da denke ich: »Was ist denn bloß mit dem Mann da los? Wird der krank?« Er sackt zusammen, schlägt die Hände vors Gesicht, zittert. Ich sage mir: »Dem ist was zugestoßen! Ich muß einen Sanitäter rufen.« Doch dann merke ich: Der Mann weint, hemmungslos. »... Über meinen guten Hirten, / Der mich wohl weiß zu bewirten«, sangen die Kinder, »Der mich liebet, / Der mich kennt / Und bei meinem Namen nennt. – Unter seinem sanften Stab / Geh ich aus und ein und hab / Unaussprechlich süße Weide ...« Und da sitzt der Mann, der große Industrielle, und weint! Auf einmal begriff ich, was da passierte in der kahlen Kirche. Dem Mann ging auf: »Die Kinder haben, was ich nicht habe: einen guten Hirten. Ich aber bin ein einsamer, verlorener Mann!«

Ihr Männer – und ihr Frauen –, Sie können es im Leben nicht weiter bringen, als daß Sie wie diese Kinder sagen können: »Ich freue mich, daß ich zur Herde Jesu Christi gehöre und einen guten Hirten habe.« Sie können es nicht weiter bringen! Sehen Sie zu, daß Sie das sagen können! Warum ich an Jesus glaube? Weil er der gute Hirte ist, der beste Freund, mein lebendiger Heiland.

Wozu Jesus? Ich möchte Ihnen noch ein Letztes sagen:

5. Jesus ist der Fürst des Lebens

Vor Jahren hatte ich einmal eine Freizeit im Böhmerwald. Nachdem die Jungen abgereist waren, mußte ich noch einen Tag warten, weil ich mit dem Auto abgeholt wurde, und wohnte an dem Abend in einem alten Jagdschloß, das irgendeinem König gehört hatte. Jetzt wohnte da nur noch ein Förster. Das Haus war halb verfallen. Es gab kein elektrisches Licht. Aber es gab ein riesiges Wohnzimmer mit einem offenen Kamin, in dem etwas Feuer gemacht war. Man stellte mir eine Petroleumlampe hin und wünschte mir: »Gute Nacht!« Draußen heulte der Sturm. Der Regen peitschte durch die Tannen, die ums Haus herum standen. Wissen Sie: eine Stelle, um eine zünftige Räubergeschichte zu erleben. Und ich hatte ausnahmsweise gar nichts zu lesen bei mir. Da finde ich auf dem Kaminsims ein Broschürchen. Und darin las ich dann unter der Petroleumlampe. So etwas Schreckliches aber hatte ich noch nie gelesen. Ein Arzt hatte in dem Schriftchen seine ganze Wut gegen den Tod ausgekocht. Seitenweise hieß es etwa so: »O du Tod, du Feind der Menschheit! Jetzt habe ich eine Woche lang gerungen um ein Menschenleben und denke, den Mann über den Berg zu haben, und dann erhebst du dich grinsend hinter der Bettstatt und greifst zu – und alles war vergeblich. Ich kann Menschen heilen, und dann weiß ich, es ist doch vergeblich – du kommst mit deiner Knochenhand. O du Betrüger, du Tod, du Feind!« Seitenweise nur Haß gegen den Tod! Und dann kam das Schrecklichste: »Du Tod, du Punkt, du Ausrufezeichen!« Und wörtlich fuhr er fort: »O verdammt, wenn du doch ein Ausrufezeichen wärest! Aber wenn ich dich ansehe, dann verwandelst du dich in ein Fragezeichen. Und ich frage mich: Ist der Tod ein Ende, oder ist er nicht ein Ende? Was kommt? Tod, du gemeines Fragezeichen!«

Das ist's! Und ich kann Ihnen sagen, daß mit dem Tode nicht alles aus ist! Jesus, der Bescheid weiß, hat gesagt: »Der Weg ist breit, der in die Verdammnis führt, und der Weg ist schmal, der zum Leben führt!« *Hier* aber fallen die Würfel! Und nun freue ich mich, daß ich einen Heiland habe, der hier schon das

Leben gibt und das Leben ist und zum Leben führt. Darum verkündige ich ihn so gern.

Sehen Sie: Ich war im Ersten Weltkrieg wochenlang bei Verdun, wo damals eine der größten Schlachten tobte. Zwischen den Linien lagen Leichen über Leichen. Ich bin mein Leben lang diesen süßlichen Leichengeruch nicht mehr losgeworden. Und immer, wenn ich so ein Ehrenmal sehe: »Es fielen fürs Vaterland«, dann rieche ich den Geruch von Verdun, den Leichengeruch. Und wenn ich denke: »In hundert Jahren sind wir alle nicht mehr da«, dann weht mich dieser entsetzliche Todeshauch an. Spüren Sie den nicht?

Und in dieser Todeswelt ist einer, der von den Toten auferstanden ist! Und der sagt – denken Sie! –: »Ich lebe, und ihr sollt auch leben! Glaubt an mich! Kommt her zu mir! Bekehret euch zu mir! Werdet mein Eigentum! Ich führe euch zum Leben!« Ist das nicht wundervoll? Wie kann man in dieser Todeswelt überhaupt leben ohne diesen Heiland, der das Leben ist und zum ewigen Leben führt!

Ich habe in diesen Tagen einen alten Brief gelesen, den Professor Karl Heim abgedruckt hat. Es ist der Brief eines im Zweiten Weltkrieg in Rußland gefallenen Soldaten, eines Christen. In dem Brief heißt es etwa so: »Es ist grauenvoll um uns her! Wenn die Russen mit ihrer Stalinorgel schießen, dann kommt eine Panik über uns alle. Und die Kälte! Und der Schnee! Grauenvoll! Aber ich habe gar keine Angst. Wenn ich fallen sollte, so muß es wunderbar sein: Dann bin ich mit einem Schritt in der Herrlichkeit. Dann schweigt der Sturm – und ich sehe meinen Herrn von Angesicht zu Angesicht, und sein Glanz umgibt mich. Ich habe nichts dagegen, hier zu fallen.« Er ist kurz danach gefallen. Als ich das las, habe ich denken müssen: »Was ist das für eine Sache, daß ein junger Mann keine Angst vor dem Tode mehr hat, weil er Jesus kennt!«

Ja, Jesus ist der Fürst des Lebens! Und er gibt den Seinen eine gewisse Hoffnung des ewigen Lebens!

Es war auf dem Kirchentag in Leipzig: Empfang im Rathaus! Die Spitzen der Behörden und die Spitzen der Kirche waren versammelt. Und dann wurden Reden gehalten, möglichst unverbindlich, damit man sich nicht gegenseitig zu sehr auf die Hühneraugen trat. Heinrich Giesen, der damalige Generalsekretär des Deutschen Evangelischen Kirchentages, hatte das Schlußwort. Ich vergesse das nicht, wie Heinrich Giesen aufstand und sagte: »Sie fragen uns, meine Herren, was wir für Leute sind. Ich möchte es Ihnen mit einem Satz sagen: Wir sind Leute, die beten: ›Lieber Gott, mach mich fromm, daß ich in den Himmel komm.‹« Und dann setzte er sich hin. Es war unheimlich, wie die Leute auf einmal erschüttert waren.

Im Dreißigjährigen Krieg hat Paul Gerhardt gedichtet: »So will ich zwar nun treiben / Mein Leben durch die Welt, / Doch denk ich nicht zu bleiben / In diesem fremden Zelt. / Ich wandre meine Straßen, / Die zu der Heimat führt, / Da mich ohn alle Maßen / Mein Vater trösten wird.« Ich wünsche Ihnen, daß Sie auch so durch die Welt gehen können.

Wozu Jesus? Es hängt alles, aber auch alles davon ab, daß Sie ihn kennenlernen!

Wozu lebe ich?

Darum geht's also: Wozu lebe ich? Oder: Wozu bin ich auf der Welt? Oder: Welches ist der Sinn meines Lebens?

Eines Tages ruft mich in Essen ein Industrieller ganz aufgeregt an: »Herr Pfarrer, kommen Sie!« Ich rase hin. Da empfängt er mich mit den Worten: »Mein Sohn hat sich erschossen!« Ich kannte den Jungen. Er war Student. Er hatte alles, was sein Herz begehrte. Er war gesund, bildhübsch, jung und reich. Er besaß längst einen eigenen Wagen. Er war auch nicht in eine dumme Sache verwickelt. Und dieser junge Mann schießt sich eine Kugel in den Mund! In einem Brief, den er hinterließ, stand nur: »Ich sehe nicht ein, was es für einen Sinn haben soll, weiterzuleben. Darum mache ich Schluß. Mein Leben ist sinnlos!« Erschütternd!

Sehen Sie: Die Frage nach dem Sinn unseres Lebens ist so unheimlich wichtig! Und sie ist deshalb so ungeheuer wichtig, weil wir nur ein einziges Leben haben! Haben Sie mal darüber nachgedacht, was das bedeutet, daß wir nur ein einziges Leben haben?

Als ich noch in die Schule ging, da war ich in Mathematik nicht so ganz gut. Mein Lehrer hatte einfach kein Verständnis für meine Lösungen. Und wenn ich dann Mathematikaufgaben gemacht hatte, dann hat er manchmal – in völliger Verkennung meiner Begabung für ausgefallene Lösungen – mein Heft mit lauter roter Tinte verschmiert. Das war gräßlich anzusehen. Wenn nun solch ein Heft richtig verschmiert war, dann habe ich es oft weggetan, selbst wenn es noch gar nicht vollgeschrieben war, und mir ein neues gekauft, so ein schönes, sauberes. Da konnte ich ganz neu von vorne anfangen. Wenn man es doch auch mit dem Leben so machen könnte! Glauben Sie: Millionen von Menschen werden im Augenblick des Sterbens denken: »Ach, ich möchte, ich könnte noch einmal ganz von vorne anfangen! Ich würde alles anders machen!«

Ein Schulheft kann man neu kaufen und darin noch einmal von vorne anfangen – ein Leben aber nicht. Wir haben nur ein einziges Leben! Wie furchtbar muß das sein, wenn wir das verpatzt haben, wenn wir das falsch gelebt haben! Wir haben nur ein einziges Leben! Ist das verspielt, dann ist es in alle

Ewigkeit verspielt. Das gibt dem, was ich Ihnen zu sagen habe, einen tödlichen Ernst.

Heute morgen ist an meinem Hotel eine große Kuhherde vorbeigetrottet. Da ich mich gerade mit meinem Vortrag beschäftigte, habe ich gedacht: »Wie glücklich sind diese Kühe dran, die brauchen gar nicht über die Frage nachzudenken, wozu sie auf der Welt sind. Da ist die Sache klar: Milch geben und zum Schluß Rindfleisch liefern.« Sie verstehen: Das Tier braucht über den Sinn des Lebens nicht nachzudenken. Hier unterscheidet sich der Mensch vom Tier. Und das ist das Schreckliche, daß es eine Menge Menschen gibt, die leben und schließlich sterben und nie einmal gefragt haben: »Wozu lebe ich eigentlich?« Sie unterscheiden sich nicht vom Tier. Sie sehen: Die Grenze zum Tier ist sehr nah. Das macht einen Menschen zum Menschen, daß er fragt: »Wozu bin ich da? Wozu bin ich Mensch? Wozu lebe ich?«

1. Die oberflächlichen und vorschnellen Antworten

Nun, meine Freunde, es gibt furchtbar viele oberflächliche und vorschnelle Antworten auf die Frage »Wozu lebe ich?«. Ich habe vor vielen Jahren einmal alle diese oberflächlichen und vorschnellen Antworten auf einen Schlag bekommen. Es war im Jahre 1936, also mitten im Hitler-Reich. Studenten aus Münster hatten mich gebeten, ich möchte mit ihnen sprechen über das Thema »Was ist der Sinn meines Lebens?«. Und dann eröffneten sie mir gleich, sie wollten keinen Vortrag hören, sondern mit mir über dieses Thema diskutieren. »Gut«, sagte ich, »dann legen Sie mal los! Was ist der Sinn meines Lebens? Wozu lebe ich?«

Da die Diskussion – wie gesagt – im Hitler-Reich stattfand, stand natürlich sofort einer auf und erklärte: »Ich bin für mein Volk da. Das ist wie Blatt und Baum. Das Blatt bedeutet nichts, der Baum ist alles. Ich bin für mein Volk da!« Darauf habe ich geantwortet: »Schön! Und wozu ist der Baum da, wozu ist das Volk da?« Pause! Das wußte er auch nicht. Verstehen Sie: Die eigentliche Frage war damit nicht beantwortet. Sie war lediglich zurückgeschoben. Da habe ich ihnen gesagt: »Liebe Leute, Sie dürfen nicht solche Antworten geben, womit die Frage nur zurückgestellt, zurückgeschoben wird!«

»Nun: Was ist der Sinn meines Lebens? Wozu lebe ich?«

fragte ich aufs neue. Da erklärte ein anderer: »Ich bin auf der Welt, um meine Pflicht zu tun!« »Mensch!« sagte ich, »das ist ja gerade der Witz: Was ist denn meine Pflicht? Ich halte es für meine Pflicht, Ihnen Gottes Wort zu sagen. Mathilde Ludendorff hält es für ihre Pflicht, Gott zu leugnen. Was ist denn Pflicht?« Mir hat ein hoher Beamter mal gesagt: »Herr Pfarrer, ganz im Vertrauen, ich zeichne den ganzen Tag Akten ab, aber wenn die alle verbrennen würden, dann ginge die Welt auch weiter. Ich leide darunter, daß ich im Grunde eine solch sinnlose Tätigkeit ausübe.« Was heißt Pflicht? Tausende von SS-Leuten haben im Dritten Reich Hunderttausende von Menschen umgebracht. Und wenn man sie vor Gericht stellt, dann behaupten sie: »Wir haben unsere Pflicht getan. Es war uns befohlen.« Glauben Sie, es ist die Pflicht eines Menschen, andere Menschen umzubringen? Das kann ich nicht glauben. Ich sagte also den Studenten: »Das ist ja gerade der Witz: Was ist denn meine Pflicht? Wer kann mir das sagen? Da sitzen wir wieder fest.«

Nun wurden die jungen Herren schon nachdenklicher. Dann stand einer auf und erklärte stolz: »Ich stamme aus einem alten Adelsgeschlecht. Meine Vorfahren kann ich um 16 Generationen zurückverfolgen. Eine große Ahnenreihe! Ist das nicht Lebensinhalt und Lebensaufgabe, diese Ahnenreihe gebührend fortzusetzen?« Da konnte ich nur antworten: »Mann! Wenn man nicht weiß, wozu die 16 Generationen gelebt haben, dann lohnt es sich doch auch nicht, eine siebzehnte dazuzusetzen!«

Verstehen Sie: Es gibt so viele oberflächliche und vorschnelle Antworten. Bei uns sieht man oft Todesanzeigen in den Zeitungen, worüber ein schreckliches Sprüchlein steht: »Nur Arbeit war dein Leben, / Nie dachtest du an dich. / Nur für die Deinen streben, / War deine höchste Pflicht.« Kennen Sie das auch? Jedesmal, wenn ich das lese, gehe ich auf die Palme. Dann denke ich: »Das ist eine Todesanzeige für ein Pferd!« Nicht wahr? Ein Pferd hat zu arbeiten. Aber ich glaube nicht, daß ein Mensch nur dazu auf der Welt ist, um zu schuften. Das wäre ja kümmerlich. Dann würden wir ja besser mit 10 Jahren Selbstmord begehen, wenn nur das der Sinn unseres Lebens wäre: »Nur Arbeit war dein Leben . . .« Das ist ja grauenvoll! Nein, daß ist auch nicht der Sinn unseres Lebens.

Ein anderer von den Studenten erklärte mir damals: »Sehen

Sie: Ich will Arzt werden. Und wenn ich Menschenleben retten kann, ist das nicht ein schöner Lebensinhalt?« Da habe ich erwidert: »Gut! Aber wenn Sie nicht wissen, wozu der Mensch lebt, dann hat es doch gar keinen Sinn, das Menschenleben zu retten. Dann geben Sie den Menschen doch besser eine Spritze zum Sterben.« Verstehen Sie bitte recht: Erzählen Sie jetzt nicht, ich hätte gesagt, man solle den Leuten eine Spritze zum Sterben geben. Ich meinte: Das ist doch keine letzte Antwort auf unsere Frage nach dem Sinn des Lebens.

Es ging mir damals erschütternd auf – es waren ja lauter Studenten –, wie selbst der Gebildete in unseren Tagen dahinlebt, ohne im Grunde zu wissen, wozu er überhaupt auf der Welt ist.

Darf ich eben zwischendurch bemerken: Sie werden sich vielleicht ein bißchen ärgern an der Form, in der ich rede. Ich kann natürlich auch gedrechselte Sätze mit vielen Fremdwörtern brauchen, aber dann sind Sie bestimmt nach einer halben Stunde eingeschlafen. Weil ich das aber schrecklich fürchte, rede ich lieber so, wie man auf der Straße miteinander redet. Ist das klar? Danke!

Sehen Sie: Wenn man das alles mal so durchgemacht hat, ich hab's ja nur angedeutet, dann kommt die Antwort, die ich damals in Münster von den Studenten auch bekam: »Das Leben hat überhaupt keinen tiefen Sinn. Es ist eine reine Zufälligkeit, daß ich geboren wurde. Es ist gar kein Sinn dahinter. Und darum können wir am besten nur eins machen: das Leben genießen, so gut wie wir können.« Dies ist vielleicht die größte Anfechtung, die einen Menschen treffen kann, wenn ihm auf einmal durch den Sinn geht: »Mein Leben ist sinnlos. Es hat gar keinen Sinn. Hätten meine Eltern nicht geheiratet, wäre ich nicht gezeugt und geboren worden. Es ist rein zufällig, daß ich da bin. Im Grunde ist mein Leben völlig sinnlos.« Und wer ein schweres Leben hat, der ist in dem Moment sehr nahe am Selbstmord: »Wozu soll ich das Leben noch weiterführen? Wenn doch alles Zufall und Sinnlosigkeit ist, dann macht man doch besser Schluß!« Wissen Sie, daß die Zahl der Selbstmörder in Westdeutschland größer ist als die Zahl der Verkehrstoten? Wissen Sie, daß etwa 50 Prozent der Selbstmörder junge Leute unter 30 Jahren sind? Das ist die erschütternde Demonstration unserer Zeit: Wir sehen keinen Sinn mehr im Leben!

Ich habe oft mit Leuten gesprochen, die mir klagten: »Das Leben ist so sinnlos. Ich werf's weg – entweder in Vergnügen und Genießen oder in Selbstmord.« Dann habe ich gefragt: »Aber wenn's doch einen Sinn hätte?! Wenn es doch einen Sinn hätte – und Sie hätten gelebt, als wenn's keinen gehabt hätte!? Wie stünden Sie am Ende da?«

Es gibt in der Bibel ein Wort, das kann einem durch und durch gehen. Das heißt so: »Es ist den Menschen gesetzt, einmal zu sterben, danach aber das Gericht Gottes.« Sehen Sie: Dieses Wort der Bibel muß man kennen, um ganz ernst zu fragen: »Wozu lebe ich?« Wir können doch nicht sterben und ins Gericht Gottes gehen, wenn wir den Sinn unseres Lebens verpaßt haben! Ist die Frage jetzt deutlich? Dann gehe ich jetzt einen Schritt weiter:

2. Wer kann denn Antwort geben?

Wer in aller Welt kann mir denn Antwort geben auf die Frage »Wozu lebe ich?« – wer? Die Kirche? Nein! Der Pfarrer? Nein! Der ist in derselben Lage wie Sie. Die Professoren? Die Philosophen? Auch sie können uns keine Antwort geben auf die Frage »Wozu lebe ich?«! Nur ein einziger kann uns sagen, wozu wir leben: nämlich der, der uns ins Leben rief, der uns geschaffen hat – Gott!

Lassen Sie mich ein ganz dummes Beispiel brauchen: Eines Tages komme ich in eine Wohnung. Da sitzt da so ein richtiger Junge und bastelt mit Drähten und Lämpchen. Ich frage ihn: »Mann, was baust du denn da für eine Höllenmaschine? Was soll das werden?« Nun, er hat es mir erklärt, doch ich muß zugeben, daß ich es nicht verstanden habe. Aber ich habe denken müssen: »Da kommt kein anderer Mensch drauf, was das werden soll – bloß der, der's macht, kann sagen, was es werden soll und wozu es ist.«

So ist es auch mit unserem Leben: Nur der, der uns geschaffen hat, kann sagen, wozu er uns geschaffen hat! Das heißt: Auf die Frage »Wozu lebe ich?« können wir nur Antwort bekommen durch Offenbarung. Gott muß es uns sagen! Wenn ich nicht bereits die Bibel lesen würde, dann müßte ich durch diese Frage an die Bibel gelangen. Ich hielte es nicht mehr aus, wenn ich nicht wüßte, wozu ich auf dieser verfluchten Welt bin. Ist Ihnen das Wort »verfluchte Welt« zu hart? Nun –

es ist ein Wort der Bibel. Wenn Sie mal ein halbes Jahr mit einem Großstadtpfarrer zusammen wären, dann wüßten Sie, was ich meine: daß diese Welt unter einem schrecklichen Fluch steht. Und ich könnte es nicht aushalten, darin zu leben, wenn ich nicht durch die Offenbarung Gottes Antwort bekäme.

Gott beantwortet uns die Frage nach dem Sinn des Lebens – in der Bibel. Und das ist ein Grund, warum die Bibel so wahnsinnig wichtig ist. Ich kenne Leute, die ganz erhaben sprechen: »Die Bibel lesen wir doch nicht!« Da kann ich nur antworten: »Ich kann's euch schriftlich geben, daß ihr noch nie ernsthaft nachgedacht habt über die Frage ›Wozu lebe ich?‹!« Aber Dummheit ist eine weitverbreitete Krankheit – und wenn sie weh täte, dann wäre die Welt mit Geschrei erfüllt. Ich will Ihnen die Antwort der Bibel mit einem Satz sagen: Gott hat uns geschaffen, daß wir seine Kinder werden!

Wie ein Vater sich gern in seinem Sohn spiegelt, so schuf Gott den Menschen »ihm zum Bilde«. Gott will, daß wir seine Kinder werden, die mit ihm reden – und mit denen er reden kann, die ihn liebhaben – und die er liebt. Beten Sie eigentlich? Was ist es für einen Vater bitter, wenn sein Kind jahrelang nicht mit ihm spricht! Und ein Mensch, der nicht betet, redet nicht mit seinem himmlischen Vater! Sehen Sie: Gott möchte, daß wir seine Kinder sind, die mit ihm reden, die er liebhat – und die ihn liebhaben. Dazu sind wir auf der Welt! Bitte, verstehen Sie mich jetzt richtig: Ich rede nicht von Kirche, von Dogma, von Religion und allem möglichen, sondern ich rede vom lebendigen Gott. Und der hat Sie geschaffen, daß Sie sein Kind werden! Sind Sie das?

Jetzt muß ich einen Schritt weitergehen: Wir sollen Kinder Gottes sein – aber von Natur sind wir nicht Kinder Gottes. Am Anfang der Bibel heißt es: »Gott schuf den Menschen ihm zum Bilde.« Und dann berichtet die Bibel von einer ganz großen Katastrophe. Der Mensch war in völliger Freiheit geschaffen – und da entschließt der Mensch sich gegen Gott! Er nimmt von der Frucht, das heißt: »Ich möchte autonom sein! Ich kann ohne Gott leben!« Verstehen Sie: Der Adam hat nie bezweifelt, daß Gott existiert – aber er hat sich von ihm frei gemacht: »Ich führe mein Leben nach eigener Regie!«

Ich muß Ihnen hierzu eine Geschichte erzählen. Neulich fragt mich ein Mann auf der Straße: »Pastor Busch, Sie reden immer von Gott. Ich sehe ihn aber nicht. Sagen Sie mal: Wie kann ich Gott finden?« Da habe ich ihm geantwortet: »Hören Sie mal gut zu! Stellen Sie sich vor, es gäbe eine Zeitmaschine, mittels der ich Jahrtausende vor- und zurückgehen könnte. Mit dieser Zeitmaschine gehe ich also an den Anfang der Menschheit. Eines Abends gehe ich im Paradiesesgarten spazieren. Sie kennen doch die Geschichte vom Sündenfall? Nun, da treffe ich hinter einem Strauch den Adam, den ersten Menschen. ›Guten Abend, Adam!‹ begrüße ich ihn. ›Guten Abend, Pastor Busch!‹ erwidert er. ›Du wunderst dich, mich zu sehen?‹ frage ich und erkläre ihm: ›Ich bin durch eine Verschiebung in den Kulissen des Welttheaters aus Versehen hier in den Garten des Paradieses geraten.‹ ›Ja‹, sagt er, ›was bist du denn so nachdenklich?‹ Da antworte ich dem Adam: ›Weißt du, ich denke gerade über eine Frage nach, die mir ein Mann gestellt hat, nämlich über die Frage: Wie kann ich Gott finden?‹ Laut lachend erklärt der Adam mir da: ›Das ist doch nicht das Problem, wie ich Gott finden kann! Er ist doch da! Sei doch ehrlich, Pastor Busch, euch geht's doch vielmehr darum, wie ihr ihn loswerden könntet. Das ist die Schwierigkeit, daß man ihn nicht loswird!‹«

Hat er recht, der Adam? Gott ist da! Man kann ihn finden! Aber man wird ihn nicht los! Wenn ich mir die Geistesgeschichte der letzten 300 Jahre ansehe: Was ist da gerungen worden, Gott loszuwerden! Aber wir sind Gott nicht losgeworden. Meine Freunde, Sie glauben im Grunde alle, daß Gott existiert – aber Sie gehören ihm nicht. Sie machen es wie die meisten Leute: Man legt die Frage nach Gott auf Eis. Man leugnet ihn nicht – aber man gehört ihm auch nicht. Man ist kein Feind Gottes – aber man ist auch kein Freund Gottes. Und so läßt man das größte Problem seines Lebens ungelöst.

Ein Schweizer Arzt hat in einem Buch behauptet: Wenn ein Mensch die großen Lebensfragen nicht löst, dann bekommt er eine seelische Wunde, ein Trauma. Und er fährt fort: Wir im Abendland sind krank an Gott. Wir leugnen ihn nicht – aber wir gehören ihm auch nicht, ja, wir wollen ihn nicht. Deshalb sind wir krank an Gott. – Das glaube ich auch!

Wenn ich überall höre: »Der moderne Mensch interessiert sich nicht für Gott!«, kann ich nur antworten: »Dann steht es aber schlimm um den modernen Menschen! Nun – ich bin selber einer und interessiere mich dafür. Und ich halte mich nicht für antiquiert. Aber wenn der moderne Mensch sich ernsthaft nicht für seine Erlösung interessiert, dann ist das sehr schlimm!« Ich will mal ein ganz dummes Beispiel brauchen: Stellen Sie sich einen Kochlehrling vor. Eines Tages erklärt der Chef: »Der interessiert sich überhaupt nicht für die Kocherei.« Ich frage: »Wofür interessiert er sich denn?« Da antwortet der Chef: »Für Schallplatten und Mädchen.« »Ja«, sage ich, »da müssen Sie eben mehr auf den Jungen eingehen und von jetzt ab nur noch über Schallplatten und Mädchen reden.« »Nee, nee!« erwidert der Chef. »Wenn der Kerl sich nicht fürs Kochen interessiert, dann hat er seinen Beruf verfehlt!«

Verstehen Sie: Unser Beruf ist es, Kinder Gottes zu werden. Und wenn der moderne Mensch sich nicht dafür interessiert, dann hat er seinen Beruf als Mensch verfehlt. Da hat es gar keinen Sinn, mit ihm über alle möglichen und unmöglichen Dinge zu reden, die ihn vielleicht interessieren, sondern ich werde nicht aufhören zu sagen: Sie fangen erst an, Mensch zu sein, wenn Sie Kind des lebendigen Gottes sind!

3. Die Antwort Gottes auf die Frage aller Fragen

Ich wiederhole: Wir sind von Natur nicht Kinder Gottes – aber wir sind auf der Welt, um Kinder Gottes zu sein. Und darum muß in unserem Leben etwas geschehen. Dazu beizutragen, das ist der Sinn dieses Vortrages. Ich bin nicht dazu da, Sie ein bißchen zu unterhalten, sondern ich möchte ein paar Menschen, die ihr Herz aufschließen, dazu helfen – ach, wenn es doch gelänge! –, daß ihr Leben sinnvoll wird.

Wir sind also nicht Kinder Gottes, wir lieben Gott nicht, wir übertreten seine Gebote, wir kümmern uns nicht um ihn, wir beten nicht – höchstens wenn wir mal in Druck sind, dann ziehen wir so ein bißchen die Notbremse. Deshalb ist die Frage aller Fragen: »Wie werde ich ein Kind des lebendigen Gottes?« Jetzt würde ich am liebsten Zettel und Bleistifte verteilen und sagen: »Schreiben Sie mal auf, was Sie denken, wie man ein Kind Gottes wird.« Da würden die einen sagen: »Daß ich ein guter Mensch bin!« Und die andern würden sagen: »Daß ich eben doch an den Herrgott glaube!« Aber das ist alles zu wenig. Die Frage aller Fragen bleibt: »Wie werde ich ein Kind des lebendigen Gottes?«

Die Antwort auf diese Frage aller Fragen kann ich auch nur

durch Offenbarung erfahren. Wie Gott mich als Kind annimmt, das muß er mir selber sagen. Das kann sich auch ein Pastor nicht ausdenken. Und die Bibel gibt eine ganz klare Antwort. Sie lautet: Nur durch Jesus! Meine Freunde, wenn ich auf Jesus komme, dann schlägt mein Herz höher, dann geht mein Puls schneller, dann bin ich bei dem Thema meines Lebens. Wenn ich ein Kind Gottes werden will, geht es nur durch Jesus!

Es gibt ein Wort in der Bibel, das wörtlich übersetzt so heißt: »Jesus kam aus der Welt Gottes in diese Welt.« Wir bekommen heute dauernd erzählt, die Bibel hätte ein altes und überholtes Weltbild: Oben ist der Himmel, unten ist die Erde. Das ist dummes Zeug. Solch ein Weltbild hat die Bibel gar nicht. Sie sagt vielmehr von Gott: »Von allen Seiten umgibst du mich.« Das ist etwas ganz anderes. Verstehen Sie: Selbst wenn ich unter die Erde flüchten würde, wäre Gott da. Die Bibel hat das, was wir heute modern bezeichnen könnten mit »Weltbild der Dimensionen«. Wir leben in der dreidimensionalen Welt: Länge, Höhe, Breite. Es gibt aber mehr Dimensionen. Und Gott ist in der andern Dimension. Er ist ganz nah, eine Handbreit neben uns. Er geht mit Ihnen! Er hat Sie gesehen auf Ihren gottlosen Wegen. Aber wir können die Wand zur anderen Dimension nicht durchbrechen. Nur Gott kann sie durchbrechen. Und Gott hat die Wand durchbrochen und ist in Jesus zu uns gekommen!

Im Neuen Testament heißt es weiter von Jesus: »Er kam in sein Eigentum« – Die Welt gehört doch ihm! – »und die Seinen nahmen ihn nicht auf.« Das ist die Geschichte des Evangeliums bis zu diesem Tage: Jesus kommt – und der Mensch macht die Türe zu. »Er kam in sein Eigentum, und die Seinen nahmen ihn nicht auf.« Eigentlich müßte nun ein Punkt kommen, eigentlich müßte die Sache Gottes mit den Menschen damit doch zu Ende sein. Aber nun geht's merkwürdigerweise doch weiter, und zwar so: »Wie viele ihn aber aufnahmen, denen gab er die Vollmacht, Gottes Kinder zu heißen.« So wird man also ein Kind Gottes, daß man Jesus aufnimmt! Haben Sie die Türen Ihres Lebens schon geöffnet für Jesus? »Wie viele ihn aber aufnahmen, denen gab er die Vollmacht, Gottes Kinder zu heißen.«

Ich war junger Offizier im Ersten Weltkrieg – fern von Gott, als mir das geschah, als ich das entdeckte und mein Leben

Jesus auftat, ihn aufnahm. Das warf mein ganzes Leben über den Haufen. Aber ich habe es keinen Augenblick bereut. Ich bin um Jesu willen schwere Wege geführt worden. Ich bin um Jesu willen ins Gefängnis geworfen worden. Ich habe um Jesu willen viel Not gelitten. Aber wenn ich noch hundert Leben hätte, ich würde vom ersten Moment ab, wo ich denken könnte, mich an dies Wort halten: »Wie viele ihn aber aufnahmen, denen gab er die Vollmacht, Gottes Kinder zu heißen.« Da wurde mein Leben sinnvoll, als ich ein Kind Gottes wurde! Es ist ganz egal, was ich bin, ob ich Pfarrer bin oder Straßenkehrer, Generaldirektor oder Schlosser, Hausfrau oder Lehrerin – mein Leben wird sinnvoll in dem Augenblick, wo ich ein Kind Gottes bin. Also: Sie müssen Jesus aufnehmen! Dann haben Sie den Sinn Ihres Lebens gefunden! Nur dann!

Es ist sehr interessant, daraufhin einmal die Menschen des Neuen Testaments zu studieren. Da kommt zum Beispiel eine Frau vor, deren Leben schrecklich sinnlos war: Maria Magdalena. Es heißt von ihr nur so andeutungsweise: »Sie war von sieben Teufeln besessen.« Also, ich kenne viele Leute, die sind von zwölf Teufeln besessen! Es wird ein furchtbares Leben gewesen sein: triebhaft, gebunden. Und sie litt darunter, wie sinnlos das war. Und dann kommt Jesus in ihr Leben, der Heiland, der Sohn Gottes – und treibt die Teufel aus. Das kann er! Das tut er! Von dem Augenblick gehört diese Frau dem Herrn Jesus an. Ihr Leben ist nicht mehr sinnlos. Und dann erlebt sie, daß Jesus ans Kreuz geschlagen wird und stirbt. Da kommt der Schrecken über sie: »Jetzt beginnt das alte sinnlose Dasein wieder.« Am Morgen des dritten Tages nach der Kreuzigung Jesu kniet sie in dem Garten bei dem Grabe Jesu und weint. Als sie zum Grabe Jesu gekommen war, da war es leer, und die Felsenplatte war weggewälzt. Ja, sein Leichnam war nicht einmal mehr da. Darum weint sie. Ich kann diese Frau so gut verstehen. Wenn ich heute Jesus verlieren würde, würde das bedeuten, daß ich in einen Abgrund von Sinnlosigkeit des Daseins stürze. Ich verstehe sie: »Der Heiland ist weg. Jetzt ist mein Leben wieder sinnlos geworden.« Und dann hört sie plötzlich eine Stimme hinter sich: »Maria!« Sie fährt herum – und sieht ihn, Jesus, den Auferstandenen. Ich sehe es förmlich vor mir, wie die Tränen des Glücks und der Freude und der überwundenen Verzweiflung über ihr Gesicht strömen: »Rabbuni! Mein Herr!«

An dieser Frau wird mir so deutlich, daß man keine große Philosophie braucht, um Antwort auf die Frage nach dem Sinn des Lebens zu bekommen. Dem schlichtesten Menschen ist klar: »Mein Leben ist sinnlos! Wozu lebe ich eigentlich?« In dem Augenblick, wo diese Maria Magdalena Jesus aufgenommen hat, ist die Frage nach dem Sinn des Lebens für sie gelöst, ist sie ein Kind des lebendigen Gottes geworden, ist ihr Leben ins Licht eines tiefen und großen Sinns gestellt!

Und darum möchte ich Sie bitten: Nehmen Sie Jesus auf! Er wartet auf Sie! Wenn Sie nach Hause gehen, können Sie mit ihm reden. Er ist Ihnen sehr nahe. Es wäre eine großartige Sache, wenn manch einer zum erstenmal Jesus anriefe: »Herr Jesus! Mein Leben ist sinnlos. Komm du zu mir wie zu Maria Magdalena!«

Wenn wir Jesus aufnehmen, gibt's allerdings in unserem Leben eine große Revolution: Er gibt mir teil an seinem Tode, daß der alte Mensch stirbt. Ich darf mit ihm auferstehen zu einem ganz neuen Leben als Kind Gottes. Er gibt mir seinen Geist, daß ich auf einmal anders denke und einen anderen Geschmack kriege. Aber das erleben Sie schon. Nehmen Sie nur erst mal Jesus auf! Das möchte ich Ihnen aber gleich sagen: Wenn man Jesus aufnimmt, bekommt man eine neue Existenz. Ein Kind Gottes zu werden bedeutet nicht eine Veränderung des Denkens, sondern eine ganz neue Existenz.

Im Westfälischen lebte im vorigen Jahrhundert ein Schuhmacher namens Rahlenbeck. Den hat man bloß den »Fienen-Pastor«, den »Pietisten-Pfarrer« genannt, weil er mit großem Ernst in der Nachfolge Jesu stand. Er war ein gewaltiger und gesegneter Mann. Eines Tages besuchte ihn ein junger Pfarrer. Rahlenbeck sagt zu ihm: »Herr Pfarrer, Ihr Theologiestudium garantiert auch noch nicht, daß Sie ein Kind Gottes sind. Sie müssen den Heiland aufnehmen!« Da antwortet der Pfarrer: »Ja, den Heiland habe ich. Ich habe sogar ein Bild von ihm im Studierzimmer hängen.« Darauf erwidert der alte Rahlenbeck: »Ja, an der Wand ist der Heiland ganz ruhig und friedlich. Aber wenn Sie den in Ihr Herz und Leben aufnehmen, dann gibt's Rumor!«

Ich wünsche Ihnen, daß Sie diesen herrlichen Rumor erleben, wo das Alte stirbt und man als Kind Gottes den Vater im Himmel preisen kann, weil man weiß, wozu man auf der Welt ist, wo man als Kind Gottes den Vater im Himmel ehren kann mit Werken, Worten und Gedanken.

Sie verstehen: Was ich Ihnen vortrage, ist nicht ein religiöses Hobby, nicht die Idee eines Pfarrers, sondern Leben und Tod hängen für Sie daran, ewiges Leben und ewiger Tod.

Der Herr Jesus sagt: »Siehe, ich stehe vor der Tür und klopfe an. So jemand meine Stimme hören und die Tür auftun wird, zu dem werde ich eingehen.« So sagt der Herr Jesus auch zu uns: »Siehe, ich stehe vor der Tür deines Lebens. Mach auf! Ich will deinem Leben Sinn geben!«

Da kam einmal ein alter Bergmann zu mir und sagte: »Ich muß Sie sprechen, Herr Pfarrer!« Er war 70 Jahre alt und erzählte mir: »Als ich 17 Jahre war, kam ich mal in solch eine Evangelisationsversammlung. Und da merkte ich, daß Jesus bei mir anklopft. Aber da habe ich mir gesagt: ›Wenn ich damit ernst mache und nehme ihn auf, Mensch, dann lachen mich alle meine Kameraden aus. Es ist unmöglich.‹ Und dann bin ich rausgelaufen.« Und er fuhr fort: »Nun ist mein Leben verflossen. Ich bin alt geworden. Und jetzt weiß ich, daß mein Leben falsch war, weil ich in jener Stunde Jesus nicht die Tür aufgetan habe!«

Meine Freunde, wir haben nur ein einziges Leben, und deshalb ist die Frage »Wozu lebe ich?« lebenswichtig. Gott hat die Frage in Jesus, dem Gekreuzigten und Auferstandenen, klipp und klar beantwortet. Und nun steht dieser Jesus vor Ihrer Tür und klopft an. Tun Sie ihm Ihr Leben auf – und Sie werden es nie bereuen!

Ich habe keine Zeit!

Wenn zu meinen Vorträgen eingeladen wird: »Kommen Sie doch mal! Hören Sie mal den Pastor Busch!«, dann ist die häufigste Antwort: »Ich habe keine Zeit!«

Es geschah in einem Kurheim. Bei den Mahlzeiten saß ich einem älteren Mann gegenüber, mit dem ich mich gut verstand. »Das ist ein rechter Genießer!« dachte ich manchmal, wenn ich sah, mit welcher Freude der stattliche Mann sich das Essen schmecken ließ, oder wenn ich ihn im Sonnenschein behaglich in die Landschaft dösen sah. Allmählich bekümmerte es mich, daß sich unsere Gespräche immer nur um oberflächliche Dinge drehten. Man könnte fragen: »Ist das denn schlimm?« Nun, ich bin überzeugt, daß Gott die große Wirklichkeit ist. Und es hat mein ganzes Leben verändert, als ich erfuhr, daß Gott etwas ganz Gewaltiges getan hat: »So sehr hat Gott die Welt geliebt, daß er seinen Sohn gab, auf daß alle, die an ihn glauben, nicht verloren werden, sondern das ewige Leben haben.« Es ist furchtbar, wenn ein Mensch an diesem Heil Gottes einfach vorübergeht. Offenbar stand es so um meinen Tischgenossen. Wie wird ihm zumute sein, wenn Gott ihn einmal vor sein Angesicht ruft?! Eines Mittags überreichte ich ihm ein Büchlein, das ich einmal geschrieben habe. »Bitte, lesen Sie das mal! Es handelt von Erfahrungen mit Gott. Es gibt Ihnen Wichtiges zum Nachdenken!« Und was geschah? Der Mann bedankte sich herzlich. Und dann sagte er: »Jetzt muß ich mich erholen . . . aber vielleicht komme ich zu Hause dazu, so etwas zu lesen!« Und damit legte er das Büchlein beiseite. Ich wurde traurig. Mehr Zeit als hier im Kurheim hatte der Mann nie. Er wollte einfach keine Zeit für Gott haben – – – Es ist gefährlich, so mit Gott umzugehen. Und deshalb muß über dieses Thema also mal gesprochen werden.

1. Ein merkwürdiger Tatbestand

Warum eigentlich haben wir keine Zeit? Da möchte ich Sie zunächst auf einen Tatbestand aufmerksam machen, mit dem ich einfach nicht fertig werde, den kein Mensch erklären kann.

Sehen Sie: Wenn vor hundert Jahren ein Kaufmann aus Stuttgart mit Leuten in Essen ein Geschäft abschließen wollte, dann mußte er 5 Tage mit der Postkutsche hinfahren und weitere 5 Tage zurückfahren. Das waren 10 Tage Fahrt und vielleicht 2 Tage Verhandlungen für einen Geschäftsabschluß. Fast ein halber Monat ging dafür drauf. Und heute führt der Geschäftsmann bloß ein Telefongespräch, sogar ohne Fernamt, nämlich in Direktwahl – und so hat er also 12 Tage gespart. Wenn ich mir jetzt aber die Geschäftsleute angucke, dann hat von denen keiner 12 Tage übrig. Im Gegenteil! Jeder sagt: »Ich habe keine Zeit!« Wie geht das zu?

Wenn ich früher als Kind zu meinen Großeltern auf die Schwäbische Alb gefahren bin, dann war das eine Weltreise von Elberfeld nach Urach. Und heute gibt's einen TEE, mit dem man die Strecke in etwa 5 Stunden schafft. Da müßten die Leute doch viel Zeit übrig haben! – Früher hat man 60 Stunden und mehr in der Woche gearbeitet. Heute arbeitet man vielleicht 40 Stunden in der Woche. Und kein Mensch hat Zeit übrig! Wie geht das zu?

Oder: Das ganze Leben ist heute darauf eingerichtet, alles zu vereinfachen. Meine Mutter hat jeden Tag vier Kapitel in der Bibel gelesen und Zeit gehabt, für all ihre Lieben zu beten. Und da gab's noch keine elektrische Waschmaschine und keine Küchenmaschine. Sie hatte 8 Kinder zu versorgen. Und die trugen keine Nylonwäsche, die Strümpfe mußte man noch stopfen. Und sie hatte Zeit, am Tage vier Kapitel in der Bibel zu lesen! Haben Sie die Zeit dazu? Nein, diese Zeit haben Sie doch nicht! Wie geht das zu?

Sie verstehen: Alles ist darauf angelegt, daß wir Zeit sparen – und kein Mensch hat Zeit. Können Sie sich das erklären? Das ist eine Sache – ich habe viel darüber nachgedacht –, die man einfach nicht verstehen kann. Und es gibt ernsthaft nur eine Erklärung – die wollen die Menschen zwar nicht hören, aber ich weiß keine andere –: daß im Hintergrund einer steht und uns hetzt! Da gibt es einen, der dafür sorgt, daß der Mensch keine Zeit hat, der wie der Dompteur im Zirkus dauernd mit der Peitsche knallt und die Menschen in Trab hält! Und genau das sagt die Bibel: Jawohl, der ist da! Und das ist der Teufel. Jetzt stehen wir vor der Frage: Gibt's denn einen Teufel? Und da antworte ich Ihnen: Ja, es gibt einen Teufel! Es gibt eine »Obrigkeit der Finsternis«.

Neulich erklärte mir ein Mann in einem Gespräch, er sei »mit dem Christentum fertig«. Da habe ich ihm erwidert: »Welche Täuschung! Der Teufel hat Gewalt über Sie. Der macht Sie fertig!« Daraufhin lächelte er und sagte: »Teufel! Gibt's denn einen Teufel?«

Da erzählt die Bibel eine Geschichte: Jesus wird vom Teufel auf einen sehr hohen Berg geführt, von dem man eine weite Aussicht hat. Und der Teufel schiebt Vorhänge weg – und da sieht Jesus im Geist alle Reiche der Welt und ihre Herrlichkeit. Der Teufel aber sagt zu Jesus: »Das alles will ich dir geben, wenn du niederfällst und mich anbetest, denn es ist mir übergeben, und ich gebe es, wem ich will.« Das ist eine von den Stellen der Bibel, die mich mächtig packen, denn: Der Herr Jesus widerspricht dem Teufel nicht. Er läßt das gelten, daß der Teufel die Macht über die Welt hat.

Und ich sage Ihnen: Man ist blind und dumm, wenn man nicht kapiert, daß es eine Macht der Finsternis gibt! Wie können Sie sich sonst die Welt erklären? Ich will nur ein paar Dinge antippen:

Ich denke zum Beispiel an die vielen Menschen, die süchtig sind. Da kommt eines Nachts der Direktor eines Betriebes zu mir, voll wie eine Strandhaubitze – Sie verstehen: Er hatte viel Alkohol getrunken! –, aber noch ziemlich klar im Kopf, und sagt: »Helfen Sie mir. Ich kann nicht anders, ich muß saufen! Mein Vater war ein Trinker. Er hat mir's vererbt. Ich muß!« Was meinen Sie, wieviel Menschen es gibt, die im Grunde ihres Herzens jammern: »Ich muß!« Wer kommandiert's denn? Gucken Sie sich das ganze Elend unserer Zeit doch an, um zu spüren, daß eine »Obrigkeit der Finsternis« ist, wie die Bibel es sagt!

Oder denken Sie doch mal an die sexuelle Labilität unserer Tage. Da ist ein Herr. Er hat eine entzückende Familie, eine reizende Frau – und fällt auf einmal einer Angestellten seines Betriebes zur Beute. Ich suche ihn auf und sage: »Mein lieber Mann, Sie ruinieren Ihr Leben, Sie ruinieren Ihre Familie, Sie werden ein Gespött Ihrer Kinder!« Ich sehe ihn noch vor mir sitzen, den großen Manager der Industrie: »Herr Pfarrer, ich kann nicht los von dem Mädchen, ich kann nicht!« Wer spürt da nicht etwas von der Macht der Finsternis?!

Der bekannte englische Schriftsteller Sommerset Maugham hat ein dickes Buch geschrieben mit dem Titel »Von des Menschen Hörigkeit«. Wie werden Menschen einander hörig! Wie waren Sie Älteren dem Hitler hörig! »Ich habe geglaubt, daß zwei mal zwei zwanzig ist. Ich hab's geglaubt, weil's der Führer gesagt hat!« Da spüren Sie doch die Macht der Finsternis, daß es einen Teufel gibt!

Der große deutsche Dichter Goethe hat das gewaltige Drama »Faust« geschrieben. Da Sie alle gebildete Leute sind, kann ich also voraussetzen, daß Sie den »Faust« kennen. Im »Faust« kommt ein Mädchen vor: das Gretchen. Es ist ein reines Kind – und es wird verführt. Und dann will der Bruder das Gretchen und seine Ehre verteidigen. Er gerät in eine Schlägerei mit den Verführern und wird dabei getötet. Damit der Verführer zu ihm kann, gibt das Gretchen der Mutter ein Schlafmittel. Die Mutter stirbt darüber. Und als das Kind kommt, bringt Gretchen es um – so, wie die Leute heute die Kinder schon im Mutterleibe umbringen. Welch ungeheure Schuld laden sie auf sich! Am Schluß steht das Mädel da: Mutter, Bruder und Kind gemordet! Und da sagt es das erschütternde Wort: »Doch – alles, was dazu mich trieb, / Gott! war so gut! ach, war so lieb!« Goethe war gar nicht so dumm. Er erzählt im »Faust«, daß der Teufel die Hand im Spiel hatte bei der ganzen Geschichte!

Solche Geschichten erlebe ich nun als Großstadtpfarrer permanent. Und wenn zu mir einer kommt und sagt: »Es gibt keinen Teufel«, dann kann ich nur fragen: »Von welchem kleinen Dörfchen kommen Sie eigentlich her?« – obwohl es da wahrscheinlich auch teuflisch zugeht.

Ach, meine Freunde, daß es einen Teufel gibt, habe ich auch daran beobachtet, daß sogar richtige Christen schrecklich blind sein können gegen ihre eigenen Fehler. Da ist zum Beispiel eine fromme Frau selbstsüchtig bis dorthinaus. Sie quält ihre Schwiegertochter wie verrückt, aber sie merkt's nicht. Eine fromme Frau! Ihr Frommen, bittet Gott, daß er euch von der Macht der Finsternis befreit.

Sehen Sie: Man kann die Welt gar nicht erklären, wenn man nicht versteht, daß es einen Teufel gibt, eine Macht der Finsternis, eine Macht, die ganz gezielt arbeitet, die uns in Atem hält. Darum haben wir keine Zeit. Der Teufel setzt alles daran, uns keine Zeit zu lassen, damit wir ja nicht nachdenken können – nicht nachdenken können darüber, daß es von dieser Macht der Finsternis eine Erlösung gibt! Und jetzt muß ich als zweites von dieser Erlösung reden:

2. Eine herrliche Tatsache

Eine herrliche Tatsache: Es gibt eine Erlösung! Ah, meine Freunde, wie bin ich froh, daß ich so eine schöne Botschaft habe! Im Karneval treten sogenannte Büttenredner auf. Und da überlege ich mir manchmal, wie denen wohl zumute ist, wenn sie abends in ihrem Zimmer sind und sich abgeschminkt haben. Ehrlicherweise wird solch ein Büttenredner doch dann denken müssen: »Ich verdiene mein Geld damit, daß ich Unsinn und zweideutiges schmutziges Zeug rede.« Da müßte einem doch schlecht werden vor sich selber!! Wie bin ich glücklich, daß ich von der wunderbaren großen Tatsache reden darf: Es gibt eine Erlösung von der Macht der Finsternis!

Der Apostel Paulus hat einmal den Christenstand so beschrieben: »Gott hat uns errettet von der Obrigkeit der Finsternis und hat uns versetzt in das Reich seines lieben Sohnes, an welchem wir haben die Erlösung durch sein Blut.« Christenstand bedeutet also nicht in erster Linie, getauft und konfirmiert zu sein oder Kirchensteuern zu zahlen. Sondern Christenstand bedeutet, eine Existenzveränderung zu erleben, aus der ganzen Macht der Finsternis herausgerissen zu werden und in eine neue Existenz unter einem neuen Herrn zu kommen!

Hierzu muß ich Ihnen eine Geschichte erzählen, die ich von einem Berliner Stadtmissionar gehört habe: Er betreute einen Mann, der an den Suff gebunden war. Solche Bindungen sind ja ungeheuer schrecklich. Eines Tages hört er, daß der Mann wieder furchtbar viel getrunken hat. Die Möbel hatte er kaputtgeschlagen, seine Frau verprügelt. Und da geht er hin. Es war nachmittags um 5 Uhr. Der Mann sitzt in der Wohnküche und trinkt einen Kaffee. Neben ihm hockt sein kleiner 5jähriger Junge. Der Stadtmissionar begrüßt ihn freundlich und fragt: »Ist es wieder schiefgegangen?« Da knirscht der Mann nur mit den Zähnen und springt auf. Er sagt kein Wort, geht nebenan in die Kammer und kommt zurück mit einem Wäscheseil. Und dann fängt er an – ohne ein Wort zu sagen –, den kleinen Jungen auf dem Stuhl anzubinden. Der Stadtmissionar denkt: »Was soll das werden? Ist er noch betrunken?« Aber er läßt den Mann gewähren. Und der fesselt den kleinen Jungen und verknotet das Seil. Dann aber brüllt er den Jungen an: »Steh auf!« Der Kleine fängt an zu weinen und jammert: »Ich kann doch nicht!« Und da wendet sich dieser Trinker mit herzzerbrechender Miene an den Stadtmissionar und sagt nur: »Da sehen Sie es: ›Ich kann doch nicht!‹ So geht es mir auch: Ich kann doch nicht!« Erschütternd: »Ich kann doch nicht!« Darauf faßt der Stadtmissionar in die Tasche, holt ein Taschenmesser heraus und schneidet – unbekümmert um den Schaden, der entsteht – das schöne neue Wäscheseil kaputt. Dann sagt er ruhig zu dem Jungen: »Steh auf!« Da steht der Junge auf, der Stadtmissionar wendet sich an den Trinker: »Na bitte!« »Ja«, erklärt der, »wenn Sie den Strick zerschneiden!« Dann sagt der Stadtmissionar: »Hören Sie: Es ist einer gekommen, der die Stricke zerschneidet, die uns binden: Jesus!«

Die Welt ist voll von Menschen, die es bezeugen können: »Jesus ist kommen, nun springen die Bande, / Stricke des Todes, die reißen entzwei; / Unser Durchbrecher ist nunmehr vorhanden, / Er, der Sohn Gottes, er machet recht frei, / Bringet zu Ehren aus Sünde und Schande: / Jesus ist kommen, nun springen die Bande!«

Eine herrliche Tatsache: Es gibt eine Erlösung von der Macht der Finsternis!

Ich muß nun als drittes Ihnen sagen:

3. Das eigentliche Thema

Mein eigentliches Thema? Die Erlösung geschieht durch Jesus! Ich muß jetzt von Jesus reden. Und wenn ich von Jesus reden kann, dann bin ich bei meinem eigentlichen Thema.

Ich erinnere mich, wie ich einmal in New York in einen Neger-Club eingeladen war. Sie wissen um die Rassenspannungen dort. In diesem Neger-Clubhaus stand unten in der Halle auf einem Sockel eine Marmorfigur. Man sah, daß sie keinen Neger darstellte. Ich wunderte mich, daß die Schwarzen dort einem Weißen ein Denkmal errichtet hatten. So fragte ich einen schwarzen Gent: »Freund, wer ist das?« Und dann kam eine Szene, die ich nie vergessen werde. Da blieb dieser Mann vor der Statue stehen und erklärte ganz feierlich: »Das ist Abraham Lincoln, mein Befreier!« Und dann sah ich im Geiste, wie – lange ehe der junge Mann geboren war – der Präsident Lincoln in einem schrecklichen Kriege den Negern die Freiheit erkämpft hatte. Der junge Mann war nicht dabeigewesen. Aber daß er jetzt frei herumlief, das verdankte er dem, was Abraham Lincoln auf blutigen Schlachtfeldern für ihn erkämpft hatte. Ich ging die Treppe hoch und sah den Mann immer noch unten vor der Statue stehen und hörte ihn murmeln: »Abraham Lincoln, mein Befreier!«

So möchte ich vor Jesu Kreuz stehen und sagen: »Jesus, mein Befreier!«

Es gibt einen Satz in der Bibel, in dem von einer merkwürdigen Sache die Rede ist: »Das Gesetz des Geistes, der da lebendig ist, hat uns frei gemacht von dem Gesetz der Sünde und des Todes.« Es gibt Naturgesetze. Wenn ich ein Taschentuch in der Hand halte und es loslasse, dann fällt es nach dem Gesetz der Schwerkraft nach unten. Das ist nicht zu ändern. Aber wenn ich es jetzt mit der Hand auffange, dann fällt es nicht bis zur Erde. Das heißt: Wenn eine stärkere Kraft eingeschaltet wird, dann wird das Gesetz der Schwerkraft unterbrochen. Von Natur sind wir dem Gesetz der Sünde und des Todes unterworfen. Wir fallen alle, wir rutschen alle ab – ins ewige Verderben. Wir wissen das. Und jetzt kommt alles darauf an, daß eine stärkere Macht dazwischenkommt und unseren Fall aufhält. Dann erst fallen wir nicht mehr. Und diese stärkere Macht hat Gott in Jesus uns gegeben – zur Erlösung, zur Befreiung. Verstehen Sie: Jesus hat dem Teufel die letzte Macht genommen! Und in der Kraft des Heiligen Geistes, die Jesus uns schenkt, dürfen wir in einem neuen, erlösten Leben wandeln!

Es ist eigentümlich: Die Welt kommt ja von diesem Jesus nicht los. Verstehen Sie das? Es hat mal einer gesagt, Jesus sei wie ein Fremdkörper in dieser Welt. Ja, das ist er wahrhaftig: ein Fremdkörper aus dem Himmel! Wer ist dieser Jesus? Ich muß da ein bißchen stehenbleiben, denn es kommt alles darauf an, daß Sie Jesus kennenlernen. Lassen Sie sich über Jesus bitte nicht orientieren von irgendwelchen Zeitschriften. Lassen Sie sich nicht dumm machen von Leuten, die Jesus gar nicht richtig kennen. Allein das Neue Testament gibt richtig Auskunft, wer Jesus ist. Luther hat es von der Bibel her einmal so formuliert: »Wahrhaftiger Gott, vom Vater in Ewigkeit geboren, und auch wahrhaftiger Mensch, von der Jungfrau Maria geboren.« Gott und Mensch! Himmel und Erde verbinden sich in ihm!

Jesus ist »wahrhaftiger Mensch«!

Er konnte weinen am Grabe des Lazarus. Und ich denke

mir: Er konnte auch lachen, wenn er den Jüngern sagte: »Sehet die Vögel unter dem Himmel an: Sie säen nicht, sie ernten nicht, sie sammeln nicht in die Scheunen – und euer himmlischer Vater ernährt sie doch!« Ja, ich sehe ihn förmlich lachen, meinen Heiland: »Die frechen Spatzen! Sie kümmern sich um nichts – und werden doch satt und dick und fett!« O, welch ein wundervoller Mensch ist Jesus!

Da wird erzählt, daß er gepredigt und anschließend 5000 Mann gespeist hat. 5000 Mann – ohne Frauen und Kinder! Wenn wir die Frauen aus unseren christlichen Versammlungen einmal hinausschicken würden, was bliebe denn da übrig? Was war das für eine Versammlung beim Herrn Jesus: 5000 Mann ohne Frauen und Kinder! Und da hat er kein Mikrofon gehabt. Was muß Jesus für eine wunderbare Stimme gehabt haben! Ach, er war ein großartiger Mensch!

Eine der größten Szenen des Neuen Testamentes ist diese: Da hat der römische Prokurator Pontius Pilatus Jesus geißeln lassen. Eine Krone von Dornen haben sie ihm aufs Haupt gesetzt. Sein Gesicht ist von Blut überströmt. Sein Rücken ist zerschlagen. Sein Angesicht ist bespieen. Ein Menschenwrack! Und so kommt er heraus. Pilatus schaut erst ihn an und dann das Volk. Und dann zeigt er auf Jesus und sagt ganz erschüttert: »Sehet, ein Mensch!« Luther übersetzt: »Sehet, welch ein Mensch!« Es heißt wörtlich: »Sehet, ein Mensch!« Pilatus sagte damit: »Ich habe viele zweibeinige Wesen gesehen, aber sie waren hungrige Wölfe, gefährliche Tiger, schlaue Füchse, eitle Pfauen, ja: Affen. Jesus aber ist ein Mensch!« Es mag dem Pilatus aufgegangen sein: »Jesus ist ein Mensch, wie wir es sein sollten!« Es hat mir neulich jemand gesagt: »Jesus war ein Mensch wie wir.« Darauf habe ich erwidert: »Jesus war ein Mensch, aber gerade nicht, wie wir es sind, sondern so, wie wir es sein sollten!« Jesus war ein Mensch, wie wir es sein sollten, wie Gott ihn sich denkt. Wenn Ihnen jemand sagt: »Jesus war ein Mensch wie wir«, dann fragen Sie ihn mal: »Bist du wie Jesus?«

Und Jesus ist »wahrhaftiger Gott, vom Vater in Ewigkeit geboren«!

Jetzt möchte ich Ihnen stundenlang davon erzählen. Etwa die Szene, wie das Schiff der Jünger auf dem See Genezareth in einen Sturm gerät. Das Schiff ist im Augenblick vollgeschlagen mit Wasser. Der Mast knickt ab. »Das kann doch einen

Seemann nicht erschüttern!« haben sie geprahlt, denn es waren ja erfahrene Seeleute dabei. Aber dann erschrecken die Jünger doch, ja, es packt sie eine Panik, und sie schreien: »Wo ist denn Jesus?« »Ach, der schläft in der Kajüte!« Und dann stürzen sie in die Kajüte, hinter ihnen schießt das Wasser nach, und rütteln ihn wach: »Herr! Wir versinken!« Und dann sehe ich Jesus, wie er an Deck geht. In den Sturm hinein! Wir wollen Jesus immer in zahme Kirchen einsperren. Der geht mitten in den Sturm! Wissen Sie das? Es ist, als wenn der Sturm ihn hinwegreißen wollte. Aber er streckt die Hand aus und ruft gebieterisch, ja, majestätisch in das Toben hinein: »Schweig und verstumme!« Und im gleichen Augenblick legen sich die Wogen, und die Wolken zerreißen! Als ich diese Geschichte meinen kleinen Kindern erzählte, da sagte mein Junge: »Und dann war der Donner kaputt!« »Ja«, bestätigte ich, »dann war der Donner kaputt!« Die Sonne scheint! Und die Jünger sinken in die Kniee: »Was ist das für ein Mann! Das ist nicht ein Mensch wie wir!« Sie haben die Antwort schließlich gefunden: Das ist der menschgewordene Gott!

Recht begriffen haben sie das erst nach Ostern, als Jesus lebendig aus dem Grabe gekommen war. Meine Freunde, ich erzähle Ihnen keine Märchen. Ich wagte nicht, hier zu stehen, wenn ich nicht wüßte, daß das die Wahrheit ist, daß in Jesus, dem Auferstandenen, der lebendige Gott zu uns gekommen ist.

Am liebsten aber sehe ich ihn, wie er am Kreuz hängt. Da ist er wirklich »Gott und Mensch«. Ich möchte ihn vor Ihre Augen malen, ihn, der zwar gekrönt ist, aber mit einer Spottkrone. Die starken Hände sind angenagelt. Und er neigte sein Haupt und verschied. »O Haupt voll Blut und Wunden, / Voll Schmerz und voller Hohn«! Sehen Sie diesen Jesus an, bleiben Sie vor ihm stehen und fragen Sie: »Warum hängt er da?« Fragen Sie, bis Sie die Antwort finden: »Da erlöst er mich von der Obrigkeit und der Macht der Finsternis! Da erlöst er mich von der Gewalt des Teufels! Ich kann's jetzt nur mal so skizzieren: Sie dürfen mit diesem Kreuz Jesu gleichzeitig werden, es ansehen und wissen und glauben und fassen: »Hier werde ich von der Macht der Finsternis losgekauft, damit ich ein freies Kind Gottes werde.« Sie brauchen sich nicht mehr vom Teufel hetzen zu lassen, sondern dürfen im Anblick dieses Kreuzes erfahren: »Des Teufels Macht ist zu Ende! Jesus ist stärker! Dieser Gekreuzigte hat mich erkauft zu einem freien Kinde Gottes!«

Hören Sie doch auf mit der blöden Problematik unserer Zeit! Fangen Sie mal an, wirklich in die Realitäten zu kommen! Freie Kinder Gottes sollen und dürfen wir werden! Gott hat alle Voraussetzungen dazu geschaffen in Jesus, der gekreuzigt wurde und von den Toten auferstanden ist – für uns!

Ich weiß, wenn man von »Gott« redet, dann bekommt der Mensch ein großes Unbehagen. Warum nur? Sehen Sie: Wir sind alle in der Lage des verlorenen Sohnes, von dem die Bibel berichtet. Der war von zu Hause, vom Vater weggegangen. Aber er war fern vom Vaterhaus sehr unglücklich geworden. Da wäre er gern nach Hause zum Vater zurückgegangen, aber er hatte Bammel, er traute sich nicht. Warum? Weil so viel zwischen dem Vater und ihm war!

So gibt es viele Menschen, die begegnen Gott nicht, weil sie im Grunde Ihres Herzens denken: »Es ist so viel zwischen Gott und mir, daß wir nicht zusammengehören.« Und da haben sie völlig recht! Sie stehen natürlich unter der Obrigkeit der Finsternis und können keine Gemeinschaft mit Gott haben! Ja – aber was meinen Sie wohl? Wenn Jesus uns erretten will von der Obrigkeit der Finsternis und uns zu Kindern Gottes machen will, dann will er auch das wegschaffen, was zwischen Gott und uns ist! Und das hat er getan am Kreuz. Nun dürfen wir bei ihm Vergebung der Schuld finden! Jawohl: Dieser gekreuzigte Heiland gibt Vergebung der Sünden! Das hatte Paulus erfaßt, als er sagte: »Gott hat uns errettet von der Obrigkeit der Finsternis und versetzt in das Reich seines lieben Sohnes.« Von Natur sind wir vom Teufel getrieben. Jesus aber, der Sohn Gottes, errettet uns, indem er uns Vergebung der Schuld schenkt.

Und dazu, meine Freunde, hat Gott uns unsere Zeit gegeben, daß wir die Erlösung in Jesus annehmen!

4. Von einem, der auch keine Zeit hatte

Ja, ich bin noch nicht ganz fertig. Jetzt möchte ich Ihnen erzählen von einem Mann, der auch keine Zeit hatte. Der kommt im Neuen Testament vor. Er war ein großer Mann: römischer Statthalter. Felix hieß er. Ein wunderbarer Name.

Felix heißt nämlich »der Glückliche«. Er hatte eine Frau, die hieß Drusilla. Und er hatte einen Gefangenen, der hieß Paulus. Eines Tages – er hatte gerade viel Zeit – sagt er: »Wir wollen diesen Paulus mal ein bißchen verhören. Frau, geh mit!« Und dann gehen sie in den Gerichtssaal. Sie setzen sich pompös hin. Rechts und links von ihnen stehen die Legionäre. Dann wird der Gefangene hereingebracht. »Rede mal, Paulus, warum sitzt du hier?« fordert Felix seinen Gefangenen auf. Und dann fängt der Paulus eine gewaltige Rede an. So möchte ich auch reden können. Es wurde immer ernster. Auf einmal war der lebendige Gott im Saal! Paulus spricht von der Gerechtigkeit, die ein Richter haben müßte. Das geht dem Felix durch und durch. Er denkt an all die trüben Bestechungsfälle. Und Paulus spricht von der Keuschheit. Da fällt die Drusilla beinahe vom Stuhl. »Junge, aus welcher Zeit stammt denn der?« denkt sie. Und als Paulus gar fortfährt: »Gott will das!«, da wird's den beiden ganz heiß. Und dann spricht Paulus vom Gericht Gottes, in dem man verlorengehen kann. Da springt der Felix auf und sagt: »Moment mal, Paulus! Das ist ja ganz schön, was du sagst. Es ist sicher auch ganz wichtig. Wenn ich gelegenere Zeit habe, will ich dich wieder anhören. Aber jetzt habe ich keine Zeit!« Und dann läßt er ihn abführen. Er hatte nie mehr Zeit – – –

Und ich fürchte, wenn wir keine Zeit haben, Gott zu uns reden zu lassen von der Gerechtigkeit und von der Keuschheit und von seinem Gericht, daß es dann bei uns auch einmal so ist wie beim Felix! Es ist uns so unheimlich, wenn wir die Wirklichkeit Gottes spüren, nicht? Dann stürzen wir uns lieber in den nächsten Film oder drehen den Fernsehapparat an. Da bleiben wir wenigstens in dem Milieu, das uns nicht aufregt. Und so bleibt alles beim alten!

Ist das nicht schrecklich, wenn man von einem Leben sagen muß: »Es blieb alles beim alten – immer!«? Da ist der Sohn Gottes gekommen und sagt: »Siehe, ich mache alles neu! Ich vergebe Vergangenheit! Ich erkaufe euch durch mein Sterben ins Reich Gottes hinein! Ich gebe euch den Heiligen Geist, daß ihr neue Leute werdet!« – und wir sagen: »Ach, nein!« – und es bleibt immer alles beim alten. Es gibt Christen, deren Christentum längst erstorben ist, sie haben es bloß noch nicht gemerkt – und es bleibt alles beim alten. Ach, meine Freunde, ich wünsche Ihnen, daß es bei Ihnen anders ist. Ich wünsche Ihnen das Herrlichste, was es gibt: Daß bei Ihnen eben nicht alles beim alten bleibt, sondern neu wird durch Jesus!

5. Von dem, der Zeit hat

Zum Schluß muß ich noch etwas ganz Wichtiges sagen: Wir sind gehetzte Leute, solange wir unter der Herrschaft des Teufels stehen. Aber ich weiß einen, der Zeit hat für Sie: Jesus, der Heiland, der Auferstandene! Frauen klagen vielleicht: »Mein Mann hat nie Zeit für mich.« Männer klagen: »Meine Frau hat nie Zeit für mich.« Eltern klagen: »Die Kinder haben nie Zeit für uns.« Kinder klagen: »Die Eltern haben nie Zeit für uns.« Hören Sie: Jesus hat Zeit! Jesus hat Zeit für uns!

Das ist mir geradezu eine ganz neue Entdeckung in der letzten Zeit. Ich hatte in der vergangenen Woche einige schwierige Probleme, die ich Ihnen jetzt nicht im einzelnen erklären möchte. Aber manchmal gerät man so richtig in die Konflikte unserer Zeit. Ich war so bedrückt, daß meine Frau sagte: »Du bist ja sehr unleidlich, aber ich kann es auch verstehen!« Da bin ich rot geworden – verstehen Sie? – und bin in den Wald gelaufen. Und in der Stille habe ich mit meinem Heiland gesprochen: »Herr Jesus, ich muß dir mal die ganze Misere erklären . . .« Ich sagte ihm alles. Und er nahm sich Zeit, daß ich's ihm ausführlich erklären konnte. Im Handumdrehen waren zwei Stunden herum. Und dann schlug ich mein Neues Testament auf – und da war jedes Wort wie eine Antwort Gottes für mich persönlich! Wie fröhlich bin ich nach Hause gegangen! Ich hatte eine ganz neue Entdeckung gemacht: Jesus hat Zeit für mich!

Es gibt eine wunderbare Geschichte im Neuen Testament. Da sitzt ein Blinder an der Straße und bettelt. Er hat so einen großen Holzlöffel. Und wenn einer kommt, streckt er den Löffel hin und ruft: »Gebt mir ein Almosen!« Auf einmal kommt eine Menge Menschen vorbei. Der Blinde denkt: »Was ist denn das? Eine Prozession oder Militär?« Schließlich fragt er: »Was ist denn los?« Da brüllt ihm einer zu: »Jesus geht vorüber!« Und da wird's bei dem Blinden hell – innen. Von Jesus hat er schon gehört, ja, er glaubt, daß Jesus der Sohn Gottes ist. Und da fängt er an zu schreien: »Jesus, Gottes Sohn, hilf mir! Jesus, Gottes Sohn, erbarme dich mein!« Da werden die

Leute nervös und sagen: »Schrei doch nicht so! Wir wollen hören, was Jesus redet.« Doch der Blinde ruft weiter: »Jesus, du Gottes-Sohn, erbarme dich mein!« Ja, er brüllt nur noch mehr. Da werden die Leute böse und drohen: »Wir verprügeln dich jetzt, wenn du nicht ruhig bist!« Eine drohende Masse ist eine gefährliche Sache. Aber der Blinde läßt sich nicht bremsen: »Jesus, Gottes Sohn, erbarme dich mein!« Also, wenn er mich gefragt hätte, dann hätte ich ihm erklärt: »Sieh mal, du mußt das verstehen. Jesus ist auf dem Wege nach Golgatha. Er will für die Welt sterben. Die Welt geht zugrunde an ihrer Schuld. Jesus will die Schuldfrage lösen, indem er die Schuld der Welt auf sich nimmt, daß es Frieden mit Gott gibt. Und dann will er auferstehen, den Tod besiegen. Das sind globale Dinge. Da kannst du jetzt nicht dazwischenkommen.« Aber der Blinde schreit aus Leibeskräften: »Jesus, du Sohn Gottes, erbarme dich mein!« Und dann kommt eines der schönsten Worte des Neuen Testamentes: »Jesus aber stand still.« »Ach, Herr Jesus«, möchte ich sagen, »wenn ich eine dringende Sitzung habe, dann kann ich mich nicht aufhalten lassen von irgendwem!« »Jesus aber stand still und hieß ihn zu sich führen«, heißt es in der Bibel. Jesus, der die Probleme der Welt löst, hat Zeit für diesen blinden Bettler! So viel ist ihm ein Mensch wert!

So viel sind auch Sie ihm wert! Glauben Sie, daß in der ganzen Welt noch einmal jemand ist, dem Sie so viel wert sind? Und dafür haben Sie keine Zeit? Der Teufel muß Sie sehr dumm gemacht haben!

Ich habe mal eine dolle Geschichte gehört: Ein Schiff war im Untergehen. Ein Steward rennt durch die Gänge und brüllt: »Alle an Deck! Schiff geht unter!« Er kommt auch an der Küche vorbei. Da brät der Koch seelenruhig Hähnchen und sagt: »Ich muß erst meine Pflicht tun!« – und brät Hähnchen! Und dann ging er mit seinen Hähnchen unter. So kommt mir der Mensch von heute vor: »Jesus? Unaktuell! Interessiert mich nicht! Ich habe keine Zeit!« So fährt die Welt ohne Jesus zur Hölle!

Ich meine, das Wichtigste sollten wir zuerst tun. Und wenn Gott eine Errettung gibt, dann ist das Wichtigste, daß wir diese Errettung annehmen! Ich möchte, Sie stünden jetzt vor dem Kreuze Jesu und könnten mit dem Liederdichter sprechen: »Wem anders sollt ich mich ergeben, / O König, der am Kreuz verblich? / Hier opfr' ich dir mein Blut und Leben; / Mein ganzes Herz ergießet sich. / Dir schwör ich zu der Kreuzesfahn / Als Streiter und als Untertan.«

Achtung! Lebensgefahr!

Ich bin gerade über die Autobahn hergebraust zu Ihnen. Da habe ich, auch weil ich meinen Vortrag im Sinn hatte, die ganze Zeit immer denken müssen: »Achtung! Lebensgefahr!« Sie verstehen: Heute stirbt man normalerweise nicht mehr alt und lebenssatt im Bett. Heute verunglückt man. Oder man bekommt einen Herzinfarkt. Früher sind die Leute 90 Jahre alt geworden und haben sich dann zum Sterben niedergelegt. So geschieht das heute nicht mehr. Heute explodiert ein Flugzeug über dem Ozean: 80 Menschen tot. Da stürzt ein Omnibus den Abhang runter: 60 Menschen tot. Da gibt's eine Explosion in einer Fabrik: Tote. In den Bergwerken des Ruhrgebiets kommen immer wieder Menschen ums Leben. Und alle paar Jahrzehnte kommt ein großer Krieg. Da sterben im ersten Krieg 2 Millionen, im nächsten Krieg 5 Millionen. Wir sind förmlich umgeben von Gefahren.

Wenn ich das so überlege, dann denke ich oft: »Wir haben wirklich nicht die Chance, mal gemütlich im Bett zu sterben.« Stellen Sie sich mal vor, Sie verunglückten heute abend um 10 Uhr. Das könnte doch sein, nicht? Wo sind Sie dann um 11 Uhr? Was wird dann aus Ihnen? Haben Sie darüber schon einmal nachgedacht?

1. Der Ernst der Lage

Ich muß Ihnen eine nette Geschichte erzählen, die ich zwar nicht selber erlebt, aber von meinem Großvater gehört habe. Und der konnte großartig erzählen. Da kommt einmal ein junger Mann zu seinem alten Onkel und sagt: »Onkel, gratuliere mir mal! Ich habe mein Abitur bestanden!« »Wie schön!« erklärt der Onkel, »hier hast du 20 Mark, kauf dir zur Belohnung was Schönes dafür. Und nun sag mir: Was hast du jetzt vor?« »Jetzt«, antwortet der Junge, »jetzt werde ich studieren. Ich will Jurist werden.« »Schön«, sagt der Onkel, »und dann?« »Nun, dann werde ich mal Referendar am Amtsgericht.« »Schön«, sagt der Onkel, »und dann?« »Na, dann werde ich Assessor am Landgericht.« »Schön«, sagt der Onkel, »und dann?« »Na, Onkel, dann werde ich mich mal umsehen unter den Töchtern des Landes, werde heiraten und eine Familie gründen.« »Schön«, sagt der Onkel, »und dann?« »Ja, und dann werde ich hoffentlich mal ein großer Mann, Landgerichtspräsident oder Erster Staatsanwalt.« »Schön«, sagt der Onkel, »und dann?« »Ja, Onkel« – der Junge wird langsam nervös – »dann werde ich auch mal alt und pensioniert werden.« »Schön«, sagt der Onkel, »und dann?« »Na, dann ziehe ich in eine schöne Gegend, baue mir ein Häuschen und pflanze Erdbeeren.« »Schön«, sagt der Onkel, »und dann?« Da wird der Junge ärgerlich: »Dann stirbt man auch einmal.« »So«, sagt der Onkel, »und dann?« Da lacht der Junge nicht mehr. Er erschrickt bis in den Tod: »Dann sterbe ich – und dann?« »Und dann???« fragt der Onkel. »Onkel«, antwortet er, »darüber habe ich noch nie nachgedacht.« »Wie«, sagt der Onkel, »du hast das Abitur gemacht und bist so dumm, daß du nur von hier bis da denkst? Sollte ein Mensch, dem Gott einen Verstand gegeben hat, nicht ein bißchen weiter denken? Was dann?« Da erwidert der Junge schnell: »Onkel, was nach dem Tode kommt, das weiß niemand!« »Das stimmt nicht, mein Junge«, sagt der Onkel, »es gibt einen, der weiß Bescheid über das, was nach dem Tode kommt. Das ist Jesus. Und der hat gesagt: ›Der Weg ist breit, der in die Verdammnis führt; und der Weg ist schmal, der zum ewigen Leben führt.‹ Nach dem Tode kommt Gottes Gericht. Und man kann verlorengehen, oder man kann selig werden.«

Ich habe Sie aufzurütteln und Ihnen zu sagen: Es genügt nicht, daß Sie Lebenspläne machen bis ans Grab. Man muß fragen: Was kommt dann?

Als Jugendpfarrer habe ich es meinen Jungen oft so klargemacht: Wenn ich ein Paar Schuhe repariert haben will, dann gehe ich nicht zum Autoschlosser. Autoschlosser sind feine Kerle, aber von Schuhen verstehen sie nichts. Mit meinen Schuhen gehe ich zum Schuhmacher! Wenn aber mein Auto eine Panne hat, dann gehe ich nicht zum Schuhmacher, sondern zum Autoschlosser. Und wenn ich Brötchen kaufen will, dann gehe ich nicht zum Fleischer oder Metzger. Das sind feine Leute, aber vom Brötchenbacken verstehen sie nichts. Wenn ich Brötchen kaufen möchte, dann gehe ich zum Bäkker. Und wenn meine Wasserleitung platzt, dann gehe ich zum Flaschner oder Klempner. Das heißt: Ich gehe immer zum Fachmann! Aber wenn wir wissen wollen, was nach dem Tode kommt, dann fragen wir Hinz und Kunz oder verlassen uns auf unsere eigenen trüben Gedanken. Sollten wir uns mit dieser wichtigen Frage – Was kommt nach dem Tode? – nicht erst recht an den Fachmann wenden?! Wer ist Fachmann? Es gibt nur einen Fachmann! Und das ist der Sohn Gottes, der aus der anderen Welt kam und selber im Totenreich war. Er ist am Kreuz gestorben und wiedergekommen. Der kennt sich aus! Und der sagt: »Du kannst in die Verdammnis kommen! Du kannst aber auch in den Himmel kommen!« Und wenn mir 25 Professoren heute beweisen: »Mit dem Tode ist alles aus!« – dann sage ich: »Allen Respekt vor Ihren vielen Titeln, aber Fachleute sind Sie in dieser Sache nicht. Sie waren nämlich noch nicht drüben. Aber ich kenne einen, der war drüben: Jesus. Und der sagt es anders.«

Die Menschen leben heute auf eigene Gefahr, daß sie so tun, als wäre mit dem Tode alles aus oder als würde man selbstverständlich in den Himmel kommen, wenn man getauft ist und der Pfarrer einen beerdigt. In der Hölle wird es einmal wimmeln von Leuten, die getauft und vom Pfarrer beerdigt sind! Verstehen Sie: Sie befinden sich in akuter, ernsthafter Lebensgefahr. Wir werden alle über kurz oder lang vor Gottes Gericht stehen!

Ich muß Ihnen offen sagen, daß dieser Gedanke der Anlaß war für mich, daß ich heute hier stehe. Als junger Mann habe ich nie gedacht, daß ich einmal auf einer Kanzel stehen würde. Ich war junger Offizier im Ersten Weltkrieg. Wir hatten sehr viel Verluste in unserem Regiment. Ich war Offizier wie alle, nicht besser und nicht schlechter. Aber wenn mir einer gesagt hätte: »Du wirst mal in Kirchen predigen«, dann hätte ich laut gelacht. Ich muß Ihnen das jetzt als Zeugnis sagen: Ich war ferne von Gott. Mein Vater fragte mich einmal: »Glaubst du nicht an Gott?« Da habe ich geantwortet: »So dumm bin ich nicht, daß ich Gott leugne. Zum Atheismus gehört eine riesige Portion Dummheit, die ist unerreichbar. Aber«, so sagte ich, »Gott ist mir nicht begegnet. Darum interessiert er mich nicht.« Es war kurz nach diesem Gespräch, daß ich mit einem Kameraden, einem anderen jungen Leutnant, – wir waren auf dem Vormarsch in Frankreich – in einem Straßengraben bei Verdun zusammensaß. Wir warteten auf den Befehl zum Vorrücken. Da rissen wir – alte Soldaten wissen Bescheid – drekkige Witze. Und dann erzähle ich einen dreckigen Witz – und der Kamerad lacht nicht. »Kutscher«, sage ich, so hieß er,

»warum lachst du nicht?« Da kippt der um, und ich sehe: Der ist tot! Ein kleiner Splitter einer Granate hatte ihn direkt ins Herz getroffen. Ich stehe mit meinen 18 Jahren vor der Leiche des Kameraden und bin zuerst noch ganz ungerührt: »Was bist du unhöflich, mein Lieber, daß du abgehauen bist, ehe ich den Witz zu Ende erzählt habe!« Doch im gleichen Moment überkommt es mich: »Wohin ist denn der?« Ich sehe mich noch an diesem Straßengraben stehen, als es mich wie ein grelles Licht, heller als ein Atomblitz, überfiel: »Der steht jetzt vor dem heiligen Gott!« Und die nächste Feststellung war: »Wenn wir jetzt andersherum gesessen hätten, dann hätte es mich erwischt, und dann stünde ich jetzt vor Gott!« Nicht vor irgendeinem Herrgott, sondern vor dem Gott, der seinen Willen kundgetan hat, der Gebote gegeben hat, die ich alle übertreten habe – wie Sie sie auch alle übertreten haben! Es gibt Leute, deren Sünden zum Himmel schreien und die doch sagen: »Ich tue recht und scheue niemand.« Lügen Sie doch nicht so! – In dem Augenblick wußte ich: »Ich habe alle Gebote Gottes übertreten! Und wenn ich jetzt einen Schuß kriege, dann stehe ich vor Gott!« Und es war mir klar: »Dann komme ich in die Hölle!« Da kamen unsere Burschen mit den Pferden gerannt: »Es geht vorwärts!« Ich stieg aufs Pferd. Da lag mein toter Freund. Und nach langen Jahren faltete ich zum erstenmal die Hände und betete nur: »Lieber Gott, laß mich nicht fallen, ehe ich weiß, daß ich nicht in die Hölle komme!« Ich will es Ihnen ruhig sagen: Ich bin später zu einem Militärpfarrer gegangen und habe ihn gefragt: »Herr Pfarrer, was soll ich tun, daß ich nicht in die Hölle komme?« Da hat er mir geantwortet: »Herr Leutnant, wir müssen erst mal siegen, siegen, siegen!« »Sie wissen es selber nicht!« habe ich ihm erwidert. – Ist das nicht erschütternd, daß da Tausende von jungen Männern in den Tod gingen, und keiner konnte ihnen sagen, wie man selig wird? Und das in einem christlichen Volke! – Und ich wäre wohl ziemlich in Verzweiflung geraten, wenn mir nicht eines Tages – ich kann das nicht so ausführlich erzählen – ein Neues Testament in die Hand geraten wäre. Ich sehe noch das Milieu in dem französischen Bauernhaus hinter der Front vor mir, in dem ich mich befand. »Ein Testament! Da steht wohl drin, wie man nicht verlorengeht!« dachte ich. Ich blätterte es so durch, denn ich kannte mich nicht richtig aus. Da bleibt mein Auge an einem einzigen Satz hängen: »Jesus

Christus ist gekommen in die Welt, die Sünder selig zu machen.« Das war, wie wenn ein Blitz einschlägt. »Sünder« – das bin ich, das brauchte mir keiner mehr zu erklären. – Wollen Sie nicht auch endlich mal dahinkommen, daß Sie das vor Gott und Menschen zugeben: »Sünder bin ich!«? Hören Sie auf mit Ihrer falschen Rechtfertigung! – In dem Augenblick brauchte ich keinen Pfarrer. »Sünder bin ich!« Das war klar. Und »selig werden« wollte ich! Ich wußte nicht genau, was das ist. Ich verstand nur: »selig werden« heißt, aus dem Zustand herauszukommen, in dem ich war, Frieden mit Gott zu finden. »Jesus Christus ist gekommen in die Welt, die Sünder selig zu machen.« Wenn Jesus das konnte, dann mußte ich Jesus finden! Es hat noch einige Wochen gedauert. Ich habe gesucht, ob mir jemand Jesus zeigen könnte. Keiner hat mir Jesus zeigen können. Und da habe ich etwas getan, was ich Ihnen allen empfehlen möchte: Ich habe mich – wir befanden uns wieder auf dem Vormarsch – in ein altes französisches Bauernhaus eingeschlossen. Es war halb kaputt und geräumt, aber ein Zimmer war noch ganz. In der Tür steckte ein Schlüssel. Ich ging hinein, schloß von innen ab, fiel auf meine Kniee und sagte: »Herr Jesus! In der Bibel steht, daß du gekommen bist von Gott, ›Sünder selig zu machen‹. Ich bin ein Sünder. Ich kann dir auch für die Zukunft nichts versprechen, weil ich einen schlechten Charakter habe. Aber ich möchte nicht in die Hölle kommen, wenn ich jetzt einen Schuß kriege. Und darum, Herr Jesus, übergebe ich mich dir vom Kopf bis zu den Füßen. Mach mit mir, was du willst!« Da gab's keinen Knall, keine große Bewegung, aber als ich rausging, hatte ich einen Herrn gefunden, einen Herrn, dem ich gehörte.

Und es ging mir von Tag zu Tag – damals war ich 18 Jahre alt – größer auf, in welcher ungeheuren Lebensgefahr die Menschen sind. Man lebt ohne Vergebung der Sünden! Wissen Sie, ob Ihre Sünden vergeben sind? Wie wollen Sie bestehen im Gericht Gottes?! Man lebt ohne Frieden mit Gott. Man lebt ohne Umkehr. Man ist ein bißchen christlich getüncht und angestrichen, aber drinnen ist das ganz elende, arme, friedelose, unbekehrte Herz! Hören Sie: Gott will nicht, daß wir in die Hölle kommen! Gott will es nicht! »Gott will, daß allen Menschen geholfen werde und sie zur Erkenntnis der Wahrheit kommen.« Und darum sendet er seinen Sohn. Aber, meine Freunde, dann müssen wir auch zu Jesus kommen.

Dann müssen wir ihm auch gehören. So wie die Christenheit in Deutschland und anderswo mit Gott und mit der Rettung durch Jesus umgeht, das kann nicht gutgehen. Da schaudert mir. Verstehen Sie: Wir befinden uns in größter Lebensgefahr, weil wir dem Gericht Gottes entgegengehen!

Ich hatte in meinem Jugendkreis einmal einen netten jungen Kerl. Der kam zunächst regelmäßig in unsere Bibelstunde. Es war in der Zeit des Hitler-Reiches. Auf einmal mußte er nationalsozialistische Schulungskurse mitmachen – und da kam er ganz ab. Ich sah ihn nicht mehr. Doch eines Tages läuft er mir in die Finger. »Guten Tag, Günter!« sage ich. »Heil Hitler!« entgegnet er. »Günter! Wie geht's dir? Ich habe dich lange nicht mehr gesehen?« frage ich ihn. Da richtet er sich auf und erklärt: »Mein Wahlspruch heißt: ›Ich tue recht und scheue niemand‹! Und sollte in meinem Leben etwas nicht recht sein und sollte es einen Gott geben, dann will ich als ehrlicher Kerl das vor Gott verantworten. Aber ich brauche keinen Sündenbock Jesus, der für mich stirbt!« Im Geist sehe ich Millionen Männer hinter ihm, die genauso denken: »Ich tue recht und bin recht, und ich kann mein Leben vor Gott verantworten!«

Liebe Freunde, ich möchte mich vor Gott nicht aufs Recht berufen, sondern ich weiß, daß ich gerade bei Berufung aufs Recht in größter Lebensgefahr bin. Verlassen Sie sich darauf: Wir kommen alle in Gottes Gericht! Und ich möchte Sie warnen. Mir wird heiß und kalt, wenn ich daran denke, wie die Menschen dem Gericht Gottes entgegengehen!

Es gibt gewaltige Plastiken von dem Maler und Bildhauer Ernst Barlach. Aber er hat auch ein Theaterstück geschrieben: »Der blaue Boll«. Der blaue Boll ist ein Gutsbesitzer, der immer ein bißchen blau ist. Und da hat er einmal gut zu Mittag gegessen und getrunken und kommt in der Mittagshitze auf den Marktplatz des kleinen Städtchens. Er steht auf einmal vor der Kirche, an deren Türen vier Cherubinen, die Posaune blasen, ausgemeißelt sind. Und wie er die Cherubinen so ansieht, da ist es ihm plötzlich, als wenn sie lebendig wären und das Gericht Gottes anbliesen: »Jetzt kommt die Menschheit vor Gottes Gericht!« Wörtlich schreibt Barlach: »Heraus, ihr Toten, aus den Gräbern! Keine Verwesung vorgeschützt! Heraus!« Da geht dem blauen Boll auf: »Ich kann Gott nicht entrinnen. Einmal stehe ich vor ihm in meiner ganzen Armseligkeit!«

Und wir wissen im Grunde alle, daß es mit unserer Selbstgerechtigkeit – »Ich tue recht und scheue niemand!« – nicht weit her ist. Das Gericht Gottes kommt! Und da wird alle eigene Gerechtigkeit vergehen wie Wachs in Feuersglut!

Nun weiß ich wohl, daß man diese Botschaft heute nicht gern hört. Wenn ich davon spreche: »Ohne Bekehrung zu Jesus kommst du in die Hölle!«, dann bekomme ich lächelnd zur Antwort: »Hölle! Das ist ein mittelalterlicher Begriff. Das gibt's ja gar nicht!« Wenn ich das höre, dann fällt mir immer eine Geschichte ein, die ich Ihnen erzählen muß.

Es war während des Krieges. Ich wollte einen Besuch machen. Als ich unterwegs bin, kommt ein Fliegerangriff. Ich sause in den nächsten Bunker und warte, bis der Zauber vorüber ist. Dann gehe ich weiter und komme in die Siedlung, in der ich den Besuch machen will. Die steht noch! Aber ich finde die etwa 20 Häuser dieser Siedlung alle ganz verlassen vor. Ich denke: »Du träumst! Die Häuser stehen alle – und die Leute sind alle weg!« Da treffe ich einen Luftschutzwart und frage ihn: »Warum sind die Leute alle weg?« Er sagt nichts, nimmt mich nur am Arm, führt mich in eins dieser Siedlungshäuser hinein und geht mit mir an ein Fenster. Und dann sehe ich's: Die Häuser standen im Kreis um einen Rasenplatz – und mitten auf dem Rasenplatz liegt eine riesige Bombe, so groß wie der Kessel einer Dampflokomotive. Ich sage: »Ein Blindgänger!« »Nee«, antwortet der Luftschutzwart, »es ist kein Blindgänger! Es ist eine Bombe mit Zeitzündung!« Das waren die ganz raffinierten Bomben. Sie explodierten nicht beim Aufschlag, sondern vielleicht 5 oder gar 20 Stunden später.

Wenn alle Leute aus den Bunkern zurück waren, dann gingen die Dinger los. »Hier sind alle geflohen!« fährt er fort. »Hören Sie, wie es tickt?« Wahrhaftig, man konnte das Ticken des Zeitzünders sogar hören. Und jeden Moment konnte die Bombe explodieren. »Kommen Sie«, fordere ich den Luftschutzwart auf, »es ist nicht gemütlich hier!« Wir gehen ein Stück zurück und stellen uns unter, um ein wenig Deckung zu haben, falls die Bombe losgeht. In dem Moment sehe ich ein komisches Bild: Ein ganzer Schwarm Spatzen kommt angeflogen – und läßt sich gemütlich auf der Bombe nieder. Einer sitzt sogar auf dem Zünder vorn. Ich rufe: »Ihr Spatzen, das ist gefährlich!« Da war mir's, als schrieen die Spatzen zurück: »Haha! Wir sind aufgeklärt. Wer glaubt heute noch an Bomben! Völlig gefahrlos!«

Sie verstehen: So dumm spotten die Menschen unserer Tage! Gott hat schon unheimlich ernst mit uns geredet durch sein Wort und durch Gerichte, auch mit unserem Volk. Und der Sohn Gottes ist gekommen, ans Kreuz gegangen und von den Toten auferstanden. Das kann doch jeder kapieren, daß Gott da ist und ein heiliger Gott ist! Und wenn einer kommt und sagt: »Ihr seid in Lebensgefahr! Ihr müßt eurer Seelen Seligkeit suchen!«, dann lachen die Leute und sagen: »Haha! Wer glaubt denn noch an so was!«

Sehen Sie: Die Bibel kann ja auch sehr höhnisch sein. Den ganzen Atheismus, also die Gottesleugnung, erwähnt sie nur ein einziges Mal mit einem Satz. Da sagt sie: »Die *Narren* sprechen in ihrem Herzen: Es ist kein Gott.« So spricht die Bibel über den Atheismus. Die Sache kommt gar nicht weiter in ihren Gesichtskreis.

2. Die Lebensrettung

Gott hat schon einmal über die Welt ein schreckliches Gericht gehen lassen. Und da wurde nur ein Mann mit seiner Familie gerettet. Der Mann hieß Noah. Dem hatte Gott Anweisung gegeben, eine Arche zu bauen, ehe das Gericht anging. – Kennen Sie die Geschichte von der Sintflut? Wenn Sie sie nicht kennen, dann genieren Sie sich und verraten Sie's keinem! – Ehe das Gericht angeht, befiehlt Gott dem Noah: »Gehe in die Arche, du und dein Haus!« Da ging Noah hinein, und Gott schloß hinter ihm zu.

Sehen Sie: Die Welt geht Gottes gerechtem Gericht entgegen. Und da ist eine Arche: die Gnade, die uns angeboten wird in Jesus. Er kommt aus der Welt Gottes in unsere elende Welt. Er stirbt für uns am Kreuz! – Hören Sie: Wenn Sie nicht viel verstehen, aber das werden Sie begreifen: Wenn Gott seinen Sohn grauenvoll am Kreuz sterben läßt, dann muß das eine Erlösung sein, wodurch der größte Sünder errettet werden kann! – Er steht von den Toten auf. Er ruft uns durch den Heiligen Geist. Jesus ist die Arche! Und so, wie Gott damals dem Noah sagte: »Gehe in die Arche, du und dein Haus!«, so läßt er Sie jetzt durch mich bitten: »Geh hinein in die Gnade

Jesu Christi! Tue den Schritt in den Frieden Gottes! Brich mit allem, was dich aufhält! Sag deinem Heiland: ›Hier kommt ein ganz großer Sünder.‹ Leg alle Schuld unter sein Kreuz! Glaube, daß sein Blut für dich fließt! Sag zu ihm: ›Herr, ich gebe dir mein ganzes Leben.‹« Das heißt: in die Arche gehen.

»Achtung! Lebensgefahr!« Wie viele von uns gehen noch völlig unbekehrt und ungeschützt dem Gericht Gottes entgegen! Doch die große Gnade ist da. Und Glauben heißt: einen Schritt aus dem Gericht Gottes in die Gnade Jesu tun. Dieser Schritt ist kein Kinderspiel. Aber er bedeutet Errettung aus der Lebensgefahr!

Der bekannte Missionsinspektor Albert Hoffmann, Pioniermissionar auf Neu-Guinea, erzählte mir einmal eine Geschichte, die ich nicht vergessen habe. Ich hatte zu ihm gesagt: »Bruder Hoffmann, ich habe solch einen Kampf um meinen Christenstand. Es ist kein Kinderspiel, auch für einen Pastor nicht, in einer Welt, die dem Teufel dient und der Hölle entgegeneilt, Jesus zu gehören.« »Da will ich dir mal was erzählen«, begann er. »Wir hatten auf Neu-Guinea die Sitte, daß die Papuas, wenn sie Christen werden wollten, Unterricht bekamen, damit sie Jesus richtig kennenlernten. An einem Sonntag wurden sie dann getauft. Das war immer ein großes Fest. Auch viele Heiden kamen dazu. Aber das Entscheidende geschah immer am Abend vorher. Da wurde ein großes Feuer angezündet. Die Täuflinge schritten heran. Auf den Armen hatten sie all ihr Zeug vom Götzendienst: Zaubersachen, Götzenbilder, Amulette. Und dann traten sie ans Feuer – und warfen diese Zeichen ihres alten Lebens in die lodernden Flammen. Einmal habe ich eine junge Frau beobachtet. Die trat auch mit einem Arm voll Götzenbildern und Amuletten ans Feuer. Aber in dem Moment, als sie das Zeug hineinwerfen will, da kann sie es nicht. Sie hat sicher gedacht: ›Damit haben meine Ahnen gelebt. Damit ist meine ganze Vergangenheit verbunden. Davon kann ich mich doch nicht trennen!‹ Sie geht zurück. Dabei fällt ihr ein: ›Aber dann kann ich nicht Jesus gehören!‹ Darauf geht sie wieder drei Schritte vor, kann sich aber wieder nicht davon trennen und geht noch einmal zurück. Da bin ich zu ihr gegangen«, berichtete Missionsinspektor Hoffmann weiter, »und habe gesagt: ›Es fällt dir zu schwer. Überlege es dir lieber noch einmal. Du kannst dich ja zur nächsten Taufe wieder anmelden.‹ Darauf überlegte die junge Frau einen Augenblick lang, tat schnell drei Schritte vor, warf die Sachen ins Feuer und sank ohnmächtig zusammen.« Und ich vergesse nicht, wie Missionsinspektor Hoffmann, ein Siegerländer mit einem Gesicht wie ein Holzschnitt, mir abschließend sagte: »Ich glaube, nur wer eine wirkliche Bekehrung erlebt hat, versteht die Erschütterung dieser Frau.«

Meine Freunde, es ist nur ein Schritt in die Arche! Heraus aus der Lebensgefahr – hinein in die Arme Jesu. Aber dieser Schritt ist kein Kinderspiel. Er bedeutet Bruch mit der ganzen Vergangenheit. Aber – hören Sie –: Billiger geht's nicht!

Habe ich deutlich geredet? Es erschüttert mich immer wieder zu sehen, wieviel Menschen trotz aller Warnungen in ihr ewiges Verderben laufen! Gott will das nicht! Gott will, daß Sie selig werden! Darum hat er seinen Sohn gesandt. Darum hat der für Ihre Schuld bezahlt. Sie brauchen jetzt nur Ihre Schuld anzuerkennen und die Bezahlung Jesu im Glauben anzunehmen!

Als ich während des Dritten Reiches wieder einmal zur Gestapo bestellt wurde, habe ich in einem Raum warten müssen, in dem lauter Aktenschränke standen. In den Schränken stapelten sich die Aktenbündel zu Bergen. Und aus jeder Akte hing eine Zunge heraus. Auf diesen Zungen standen die Namen: »Meier, Karl« oder »Schulze, Friedrich«. Als ich da so endlos lange warten mußte zwischen den Aktenschränken, habe ich Gott gedankt, daß ich mein Leben nicht unter solchen Akten verbringen muß. Und aus Langeweile fing ich an, die Namen zu lesen: »Meier, Karl«, »Schulze, Friedrich«. Auf einmal lese ich: »Busch, Wilhelm«! Da war ja eine Akte von mir! Mit einem Schlage waren die Aktenschränke nicht mehr langweilig, das können Sie sich denken! Da war meine Akte! Ich hätte sie schrecklich gern mal herausgeholt und darin nachgesehen, was die Kerle über mich geschrieben hatten. Doch das riskierte ich nicht. Aber ich stand geradezu zitternd davor: »Meine Akte!«

Und sehen Sie: So ist es mir mit dem Kreuz Jesu gegangen. Es gab Zeiten in meinem Leben, in denen mir nichts langweiliger war als das Christentum, jeder Dujardin war mir interessanter – bis zu der Stunde, in der ich zum erstenmal das Kreuz Jesu richtig sah: »Da geht es um meine Akte! Da ist von meiner Schuld und von meiner Errettung die Rede!« Seitdem ist das Kreuz Jesu das Interessanteste für mich. O, sehen Sie den

Mann mit der Dornenkrone an! Er ist der große Lebensretter! Da am Kreuz geschieht Ihre und meine Lebensrettung! Es geht Sie an, auch wenn Sie es noch nicht wissen. Ach, ich spreche zu laut, ich weiß, ich müßte leiser reden, aber bleiben Sie mal unerregt bei dieser Botschaft!

3. Vom Tode zum Leben

»Achtung! Lebensgefahr!« Ich möchte dieses Wort Ihnen noch nach einer anderen Seite hin zeigen. Als es mir so durch den Kopf ging: »Achtung! Lebensgefahr! Stopp! Mensch, kehr um! Suche deinen Heiland!«, da dachte ich auf einmal: »In Lebensgefahr kann sich ja eigentlich nur jemand befinden, der lebt!« Wenn ein Omnibus einen Abhang hinuntergestürzt ist und alle Insassen tot sind, dann sind sie nicht in Lebensgefahr. Verstehen Sie? Und jetzt möchte ich es mal so sagen: Sie befinden sich in der Gefahr, daß Sie gar nie zum Leben kommen, daß Sie tot durch die Welt gehen und schließlich tot weggeworfen werden! Drücke ich mich deutlich genug aus? Die Lebensgefahr, die ich bei Ihnen sehe, ist die, daß Sie das Leben überhaupt verpassen! Die Bibel sagt ganz deutlich: »Wer den Sohn Gottes hat, der hat das Leben. Wer den Sohn Gottes nicht hat, der hat das Leben nicht!«

Neulich treffe ich ein Fräulein aus Berlin, eine Fremdsprachenlehrerin. »Verzeihen Sie!« sage ich zu ihr. »Ein Pastor darf ja mal unhöflich sein. Frage: Wie alt sind Sie, Fräulein?« Das tut man im allgemeinen nicht, ein Fräulein nach seinem Alter fragen, aber ein alter Pfarrer darf das schon mal. Da antwortet sie ohne Zögern: »8 Jahre!« »Moment!« stutze ich. »8 Jahre? Sie sind Fremdsprachenlehrerin in drei Sprachen – und 8 Jahre alt?« Da lacht sie und erklärt: »Vor 8 Jahren habe ich Jesus gefunden. Da bin ich zum Leben gekommen. Vorher war ich tot.« Ich staune: »Das ist ja doll ausgedrückt!« Und da sagte sie mir dies Wort: »Wer den Sohn Gottes hat, der hat das Leben. Wer den Sohn Gottes nicht hat, der hat das Leben nicht.« Und sie fuhr fort: »Sehen Sie: Vorher hatte ich keinen Heiland, kein richtiges Leben. Da habe ich nur Geld verdient und mich amüsiert, aber Leben war das nicht!«

Ist das nicht eine kühne Behauptung? Wer sich nicht mit einem willigen Entschluß Jesus übergibt, der hat überhaupt kein Leben. Ja, ohne Jesus haben wir gar keine Ahnung vom Leben! Nur wer den Sohn Gottes hat, der hat das Leben!

Da kommt vor Jahren ein junger Mann zu mir. Ich frage: »Was willst du?« »Das weiß ich auch nicht!« antwortet er. »Ich weiß nur das eine: Das ist doch kein Leben, was ich habe!« Überrascht erkundige ich mich: »Wieso? Du hast eine gute Stelle als Schlosser und verdienst viel Geld!« »Das ist doch kein Leben!« erwidert er. »Das ist doch kein Leben! Montags Schlosser, dienstags Schlosser, mittwochs Schlosser, donnerstags Schlosser, freitags Schlosser, samstags Fußball und sonntags Kino und Mädel, montags Schlosser, dienstags Schlosser, mittwochs Schlosser, donnerstags Schlosser, freitags Schlosser, samstags Fußball und sonntags Kino und Mädel. Das ist doch kein Leben!« »Junge«, habe ich da gesagt, »da hast du recht. Da bist du schon weit, daß du kapierst: Das ist doch kein Leben! Ich will dir sagen, was Leben ist: In meinem Leben gab's einen gewaltigen Umschwung. Da fand mich Jesus, der für mich gestorben und auferstanden ist. Er wurde mein Heiland und Versöhner mit Gott. Als mir das aufging, da habe ich ihm mein Herz gegeben. Und denk dir: Seitdem habe ich das Leben!« Der Junge hat es dann auch gefunden. Neulich habe ich ihn in Freiburg wiedergetroffen. »Na«, habe ich ihn gefragt, »wie ist es? Ist das jetzt ein Leben?« Da antwortete er strahlend: »Ja, jetzt ist es ein Leben!« Er ist jetzt sehr lebendig, er leitet einen Jugendkreis und führt andere Menschen zu Jesus. Er hat in Jesus das Leben gefunden.

Verstehen Sie? Sie sind in Lebensgefahr insofern, als Sie das Leben verpassen könnten, daß Sie zwar vom Christentum hören – aber doch nie Ihren Heiland finden!

Ich habe einen Freund, der ist Kaufmann. Neulich war er bei einem Fabrikanten eingeladen. Dieser Fabrikant hatte eine schöne Villa in einem wunderbaren Park. Etwa hundert Gäste waren da. In dem Getümmel des Festes trifft mein Freund den Hausherrn und sagt: »Mann, was haben Sie es gut! Ein König sind Sie! Eine solche Besitzung! Eine große Fabrik! Eine nette Frau! Reizende Kinder!« Da antwortet der Mann: »Ja, Sie haben recht: Mir geht's gut.« Und auf einmal wird er todernst und sagt: »Aber fragen Sie mich nur nicht, wie es hier drin aussieht.« Und dabei zeigte er auf sein Herz.

Und wenn ich über die Straßen gehe, dann denke ich oft:

»Wenn die Leute ehrlich wären, blieben sie alle stehen und schrieen: ›Fragt mich nicht, wie es hier drin aussieht, hier in meinem Herzen!‹« Da ist Friedelosigkeit. Die Gedanken verklagen sie. Da ist Schuld.

Und sehen Sie: Es gibt nur einen, der uns heilen kann. Denken Sie nur: Gott sieht unser Elend! Wir können von uns aus nicht zu Gott kommen. Aber Gott ist in seiner großen Liebe in Jesus zu uns gekommen. Das ist die atemberaubende Botschaft, die ich zu verkündigen habe: »So sehr hat Gott diese Welt geliebt . . .« Ich hätte sie nicht geliebt; ich hätte sie mit Eisenbahnschienen zusammengehauen, diese Welt voll Dreck und Bosheit und Dummheit. Und die hat Gott geliebt! Da bleibt einem der Verstand stehen. »So sehr hat Gott diese Welt geliebt, daß er seinen Sohn Jesus gab, auf daß alle, die dessen Liebe annehmen, nicht verloren werden, sondern das Leben haben.« Sagen Sie mal: Was soll Gott noch für Sie tun, als daß er seinen Sohn sterben läßt, damit Sie das Leben haben?!

Ich möchte mit einer schönen Geschichte schließen: Zu dem großen englischen Erweckungsprediger Charles Haddon Spurgeon kam nach einer Predigt einmal ein junger Mann und sagte: »Herr Prediger, Sie haben recht, ich muß auch den Mann von Golgatha finden und ein Kind Gottes werden. Ich werde mich eines Tages bekehren.« »Eines Tages?« fragt Spurgeon. »Nun ja, später.« »Später? Warum nicht heute?« Da erklärt der junge Mann ein bißchen verlegen: »Ich möchte ja selig werden, und darum werde ich mich auch mal bekehren zu Jesus, aber vorher möchte ich noch etwas vom Leben haben.« Da lacht Spurgeon laut auf und sagt: »Junger Mann, Sie sind sehr anspruchslos. Daß Sie *etwas* vom Leben haben wollen, das wäre mir zu wenig. Ich will nicht *etwas* vom Leben, sondern *das Leben*. Und in meiner Bibel steht (und da schlug er ihm die Stelle auf): ›Jesus spricht: Ich bin gekommen, daß sie *das Leben* und volles Genüge haben sollen.‹«

Sehen Sie: Wenn solch ein Vortrag zu Ende ist, dann habe ich ein kladriges Gefühl, weil ich denke: »Du hast den Leuten das vielleicht gar nicht richtig gesagt!« Darf ich deshalb noch einmal ganz kurz wiederholen? Gott hat Jesus am Kreuz sterben lassen für uns verlorene und verdammte Sünder, damit wir hier – hier und heute! – das Leben haben. Wenn ich morgens aufwache, dann kann ich singen vor Freude, daß ich ein

Kind Gottes geworden bin, weil ich in ihm das Leben habe! Hören Sie: Jesus ist gekommen, daß wir hier das Leben haben und in Ewigkeit vor dem Gericht Gottes bewahrt werden – und ewiges Leben haben.

Da zieht man fröhlich seine Straße.

Lassen Sie mich ein kleines Bild brauchen: Es war an einem Novemberabend. Es regnete und schneite durcheinander. Der Wind blies. Es war kalt. Auf der Straße wandern zwei Männer. Der eine geht daher ohne Mantel, den Kragen des Rockes hochgeschlagen. Ihm ist es gleichgültig, wie durchnäßt er ist. Er kann so oder so herumlaufen, es ist egal, denn er hat keine Heimat! So wandern die meisten Leute durch die Welt. Sie haben kein Ziel. Wo geht's mit Ihnen hin? Es ist trostlos, kein Ziel zu haben! Der gottlose Philosoph Nietzsche hat einmal in einem Gedicht gesagt: »Die Krähen ziehen schwirren Flugs zur Stadt, / Bald wird es schnei'n, / Weh dem, der keine Heimat hat!« Haben Sie auch keine ewige Heimat? Und dann kommt ein anderer Wanderer auf der Landstraße daher. Der hat denselben Sturm, denselben Dreck, denselben Regen, denselben Schnee. Aber der pfeift ein Lied und geht mit wakkerem Schritt. Warum? Er sieht da drüben die Lichter seiner Heimat! Da ist er zu Hause! Da ist's warm! Ihm macht der Weg nichts aus. So gehen die Leute durch die Welt, die Jesus gehören und in ihm das Leben haben für Zeit und Ewigkeit.

So, jetzt bitte ich Sie: Gott sagte zu Noah: »Gehe in die Arche!« Gehen auch Sie in die Stille! Jesus ist da! Sie können mit ihm reden! Schütten Sie ihm Ihr Herz aus! Es fragte mich jemand: »Machen Sie keine Sprechstunden?« Ich antwortete: »Wozu? Die Leute müssen doch nicht mit mir reden. Sie müssen direkt mit Jesus reden!« Tun Sie's auch!

Was sollen wir denn tun?

Meine Freunde, ich bekomme eine Menge Briefe mit allerhand Anfragen. In einem Brief hieß es neulich: »Ist das eigentlich Ihre eigene Meinung, die Sie verkündigen, oder ist das die Lehre Ihrer Kirche?« Da konnte ich nur antworten: »Es ist die Lehre der Bibel!« Und sehen Sie: Da habe ich weiter gedacht: »Solange Sie die Meinung von Pastor Busch hören, sind Sie betrogene Leute. Davon haben Sie nicht viel. Sie müssen die Stimme Jesu hören! Jesus hat sich den »guten Hirten« genannt. Und die Stimme dieses »guten Hirten« müssen Sie hören! Ich kann in aller Schwachheit nur ein wenig helfen, daß die Stimme Jesu, des »guten Hirten« unserer Seele, zu Gehör kommt.

Und wenn wir jetzt sprechen über das Thema »Was sollen wir denn tun?«, dann ist es ganz besonders wichtig, daß Sie sich das vom Herrn Jesus selbst sagen lassen, daß Sie die Hirtenstimme Jesu hören.

1. Machen Sie Schluß mit Ihrem fadenscheinigen Unglauben!

Als langjähriger Pastor in der Großstadt habe ich so viel Einwände gegen die biblische Botschaft gehört, ist mir so viel fadenscheiniger Unglaube begegnet, daß ich Sie als erstes bitten möchte – und dabei geht es um Ihrer Seelen Seligkeit –: Machen Sie Schluß mit Ihrem fadenscheinigen Unglauben!

Während des Krieges hatte ich neben meinem Jugendpfarramt eine Zeitlang die Seelsorge in einem großen Krankenhaus. Eines Tages stehe ich gerade vor der Tür eines Krankenzimmers in der Privatstation und will anklopfen, da kommt durch den langen Gang eine junge Schwester angestürzt und sagt, noch etwas atemlos: »Bitte, gehen Sie nicht in dies Zimmer, Herr Pfarrer!« »Aber warum denn nicht?« frage ich. »Der Herr hat sich ganz energisch jeden Besuch eines Pfarrers verbeten! Er will bestimmt nicht, daß Sie zu ihm kommen! Er wird Sie hinauswerfen!« Dabei zeigt sie auf das Namensschildchen an der Tür, und ich lese den Namen eines bekannten Geschäftsmannes, den ich von seiner Reklame her kenne. »Schwester«, erkläre ich, »ich habe allmählich Nerven wie

Drahtseile!« – und klopfe an. »Herein!« ruft eine kräftige Männerstimme. Ich trete ins Zimmer. Im Bett liegt ein alter Herr mit grauem Haar. »Guten Tag!« sage ich. »Ich bin der Pastor Busch!« »O«, erwidert er, »von Ihnen habe ich viel gehört. Sie dürfen mich ruhig mal besuchen!« »Das ist ja reizend!« freue ich mich. Und da fährt er fort: »Aber mit Ihrem Christentum lassen Sie mich bitte in Ruhe!« »Was ein Pech!« lache ich ihn an. »Genau davon wollte ich mit Ihnen reden!« »Ausgeschlossen!« winkt er ab. »Kommt nicht in Frage! Damit bin ich restlos fertig! Wissen Sie: Als Junge wurden mir die Psalmen eingetrichtert. Und wenn ich sie nicht konnte, dann kriegte ich Prügel. Als Mann habe ich mir dann eine eigene Weltanschauung zurechtgebaut, in der sind Darwin, Häckel und Nietzsche die tragenden Säulen!« Da sah ich rot! Da ich leider etwas schnell ärgerlich werde, fahre ich auf ihn los: »Hören Sie mal, alter Herr! Wenn mir ein 16jähriger Junge in der Pubertätszeit erzählt, er hätte zum Beispiel Nietzsche zu seinem Propheten gemacht, dann würde ich lächeln und denken: ›Naja, es ist eine Übergangserscheinung. Du wirst schon noch dahinterkommen, daß die modernen Philosophen selber nicht mehr an ihre alten Propheten glauben.‹ Aber wenn ein alter Mann wie Sie am Rand der Ewigkeit mir solche Dinge sagt, dann ist das furchtbar! Sie sind todkrank. Wollen Sie, wenn Sie vor Gott stehen, mit solch einem Unsinn antreten? Ich bitte Sie!« Erstaunt sieht er mich an. Der Ton ist ihm offenbar neu. Doch da fällt mir ein: »Halt! Im Krankenhaus darfst du nicht so explodieren. Da muß man mit Samtpfötchen kommen.« Und auf einmal überkommt mich ein ganz großes Mitleid mit diesem armen Mann. Ich schalte herunter auf den ersten Gang und erzähle ihm trotz seines ersten Abwehrens von Jesus, der auch sein guter Hirte sein will. Er seufzt tief: »Ja, das wäre schön! Aber was soll ich denn mit meiner ganzen Weltanschauung machen!? Soll ich denn alles, was ich ein Leben lang geglaubt habe, über Bord werfen?« »Aber gewiß!« rufe ich fröhlich. »Lieber Herr! Werfen Sie alles über Bord, was Sie im Angesicht der Ewigkeit doch nicht brauchen können! Werfen Sie alles über Bord, lieber heute als morgen! Auf Ihren fadenscheinigen Unglauben kann man doch nicht richtig leben und nicht selig sterben. Und dann werfen Sie sich in die offenen Arme des Sohnes Gottes, der für Sie starb und Sie erkauft hat. Dieser Heiland will auch Ihr Heiland sein!« Da kam die Schwester. Sie staunte, als sie uns in so vertraulichem Gespräch sah. Dann winkte sie mir. Ich verstand. Es war Zeit zu gehen. Fest drückte ich dem alten Herrn die Hand und verließ leise das Zimmer. Ich weiß nicht, ob er's angenommen hat. In der Nacht ist er gestorben!

Sehen Sie: Da ging mir erschütternd auf, wie selbst gebildete Leute durch die Landschaft krebsen mit Darwin, Häckel und Nietzsche – und sich mit solch fadenscheinigem Unglauben um ihr ewiges Heil bringen. Und deshalb möchte ich Sie vor allen Dingen erst einmal bitten: Werfen Sie Ihre fadenscheinigen Gründe, mit denen Sie Ihren Unglauben begründen, über Bord! Weg damit! Ihr fadenscheiniger Unglaube ist keinen Pfennig wert! In der Bibel steht: »Es ist ein Gott und ein Mittler zwischen Gott und den Menschen, nämlich Jesus Christus.«

Eines Tages saß ich einem Mann gegenüber. Wissen Sie: ein Kerl wie ein dreiteiliger Schrank. Ich nenne ihn in meinem Herzen immer Ringelmann, weil er einen Ringelpullover anhatte, aber er hieß natürlich ganz anders. Seine Frau war durch Bomben umgekommen. Zwei Söhne waren ihm im Kriege gefallen. Ein armer Kerl! Und dann besuchte ich ihn. Ich hatte kaum Platz genommen, da legte er schon los: »Herr Pfarrer, bleiben Sie mir mit dem Christentum vom Halse! Ich habe so viel durchgemacht, daß ich nichts mehr glauben kann. Ich habe viel zuviel erlebt! Mir kann einer erzählen, was er will, ich glaube nichts mehr!« Da habe ich gelacht und erklärt: »Das kann ich mir nicht denken! Sagen Sie mal, Herr Ringelmann«, – er hieß also in Wirklichkeit anders – »fahren Sie mal ab und zu mit der Eisenbahn?« »Ja!« Ich sage: »Dann werden Sie doch hoffentlich jedesmal vorher zum Lokführer gehen und ihn auffordern: ›Zeigen Sie mir Ihren Führerschein!‹« »Nein, nein!« meint er. »Das kann man der Bahn doch zutrauen, daß ihre Lokführer . . .« »Wie?!« staune ich. »Da steigen Sie ein, ohne sich davon zu überzeugen, daß der Kerl da vorne auch fahren kann?! Sie vertrauen dem Burschen Ihr Leben an – ohne Garantie?! Na, hören Sie! Das nenne ich glauben, Herr Ringelmann, daß ich einem mein Leben anvertraue! Sagen Sie von jetzt an nie mehr: ›Ich glaube gar nichts!‹, sondern sagen Sie: ›Ich glaube gar nichts – außer der Bundesbahn!‹« »Ja – – –« Ich frage weiter: »Herr Ringelmann, gehen Sie ab und zu in die Apotheke?« »Ja«, erklärt er, »ich habe immer so Kopfschmerzen. Da hole ich mir in der Apotheke

Migränepulver.« »Aber«, sage ich, »Herr Ringelmann, Apotheker haben aus Versehen schon Gift abgegeben. Da lassen Sie das Migränepulver doch vorher untersuchen?« »Nein«, antwortet er, »Herr Pfarrer, so ein approbierter Apotheker, der versteht doch etwas davon, der betrügt mich doch nicht!« »Wie?« staune ich, »Sie schlucken das ununtersucht? Sie vertrauen dem Apotheker Ihr Leben an? Sie nehmen seine Medizin ein, einfach im Vertrauen?! Das nenne ich glauben! Lieber Herr Ringelmann, sagen Sie nie mehr: ›Ich glaube gar nichts!‹, sondern sagen Sie: ›Ich glaube gar nichts – außer der Bundesbahn und dem Apotheker!‹« Und so bin ich fortgefahren, Sie verstehen. Es kam immer mehr heraus. Und dann habe ich ihm bezeugt: »Sehen Sie: Eines Tages ist mir in meinem Leben der eine entgegengekommen, der von Gott gesandt ist, der von den Toten auferstanden ist, der in den Händen die Nägelmale hat, die verkünden, daß er mich geliebt hat bis in den Tod. Niemand in der weiten Welt hat so viel für mich getan wie Jesus! Niemand ist so vertrauenswürdig wie Jesus! Glauben Sie, daß Jesus mal gelogen hat?« »Nein!« »Bitte: Das Zeugnis würde ich keinem Menschen ausstellen – nur Jesus! Und als ich das erkannte, da habe ich gesagt: ›Dann will ich mein Leben Jesus anvertrauen!‹« Da fragt er: »Ist das so einfach?« Und ich sage: »So einfach ist das, Herr Ringelmann. So einfach! Sie glauben nach allen Himmelsrichtungen hin an alles mögliche, bloß dem einen, dem man wirklich glauben kann, dem wollen Sie nicht glauben! Werfen Sie die fadenscheinigen Gründe Ihres Unglaubens über Bord und geben Sie Ihr Leben dem Herrn Jesus!« Ich habe einmal Hunderten von Jungen gesagt: »Ich setze eine Million Mark aus als Prämie für denjenigen, der mir jemand nachweist, der es bereut hat, Jesus in sein Leben aufgenommen zu haben!« Ich hatte keine Million, aber ich konnte sie getrost aussetzen, denn solch einen Menschen gibt es nicht, der das bereut hätte. Aber ich habe eine Menge Menschen kennengelernt, die es bereut haben, daß sie es nicht getan haben!

Darum: Machen Sie Schluß mit Ihrem fadenscheinigen Unglauben! Glauben Sie dem, der alles für Sie getan hat! Das ist eine Sache zwischen ihm und Ihnen. Da müssen Sie in die Stille gehen und sagen: »Herr Jesus, von heute ab will ich dir gehören!«

2. Machen Sie Schluß mit Ihrer unglaublichen Selbstgerechtigkeit

In der Bibel heißt es: »Das ist gewißlich wahr und ein teuer wertes Wort, daß Christus Jesus gekommen ist in die Welt, die Sünder selig zu machen« – wörtlich: »zu erretten«. Viele Leute gehen an der Stelle hoch und sagen: »Ich bin aber kein Sünder! Ich bin doch kein Verbrecher!« Und denen sage ich jetzt: Das lügen Sie! Das müssen Sie an jenem Tage vor Gottes Angesicht mal sagen: »Ich bin kein Sünder! Ich habe alle deine Gebote gehalten!« Werden Sie das sagen können? Ach, hören Sie auf mit dieser unglaublichen Selbstgerechtigkeit, die sich einbildet, es wäre alles in Ordnung! Nichts ist in Ordnung, nichts!

Ich habe vor Jahren mal ein Gespräch mit einem jungen Burschen von 20 Jahren gehabt, das ich nie vergessen habe. Eines Tages treffe ich ihn und sage: »Mein lieber Heinz, ich sehe dich nicht mehr in unseren Bibelstunden und im Jugendkreis!« Da antwortet er: »Ja, wissen Sie, Herr Pfarrer, ich habe mir inzwischen die Sache überlegt. Sie reden dauernd von Jesus, der für Sünder gestorben ist. Ich brauche aber keinen Sündenbock, der für mich eintritt. Wenn ich was verkehrt gemacht habe und wenn es einen Gott gibt, dann will ich dafür auch vor ihm geradestehen! Aber das ist doch lächerlich, daß ich da einen Heiland brauchen soll, der für mich gestorben ist!« Ich habe ihm erwidert: »Gut, mein Lieber! Du willst dich also vor dem heiligen Gott aufs Recht berufen. Das darfst du! Du darfst Jesus verwerfen und sagen: ›Ich berufe mich vor Gott aufs Recht!‹ Aber mein Lieber, mache dir bitte klar: In Frankreich wird man nach französischem Recht gerichtet, in England nach englischem Recht und vor Gott nach Gottes Recht! Mein Lieber, ich wünsche dir, daß du auch nicht ein einziges Gebot Gottes übertreten hast, sonst bist du verloren! Auf Wiedersehen!« »Moment!« sagt er. »So genau wird's ja wohl nicht drauf ankommen!« »Ha!« entgegne ich. »Wie stellst du dir den heiligen Gott vor?! Nimm mal an, ich hätte 50 Jahre gut und ordentlich gelebt, und dann hätte ich mal drei Minuten lang geklaut. Das kommt heraus, und ich komme vor Gericht. Ich stehe also vor dem Richter und erkläre: ›Herr Richter, seien Sie mal nicht so kleinlich! 50 ordentliche, unbestrafte Jahre und drei Minuten Klauen, das hebt sich ja wohl auf! Wer wird denn so kleinlich sein, Herr Richter!‹ Kannst du dir das vorstellen? Da wird der Richter antworten: ›Moment mal! Ich rede nicht von Ihren 50 ordentlichen Jahren, sondern ich rede von den drei Minuten, in denen Sie geklaut haben! Das Gesetz klagt Sie um dieser Sache willen an!‹ Und wenn das ein irdischer Richter schon tut, dann tut das Gott schon lange!«

Meinen Sie nicht, daß Sie vor Gott angeklagt sind? Meinen Sie nicht, daß Sie Vergebung der Sünden brauchen? Meinen Sie nicht, daß Sie ein Sünder sind? Ach, machen Sie doch Schluß mit Ihrer unglaublichen Selbstgerechtigkeit und suchen Sie den Herrn, der für Ihre Sünde am Kreuze starb und an Ihrer Stelle bezahlt hat, nehmen Sie den an, bekennen Sie dem Ihre Sünde und sagen Sie: »Herr, ich werfe mich und all meine Ungerechtigkeit dir hin! Ich möchte jetzt deine Gnade haben! Wasche mich rein mit deinem Blute!«

3. Tun Sie den entscheidenden Schritt!

Dazu erzähle ich Ihnen am besten wieder eine Geschichte, die deutlich macht, was ich meine.

Es war im Anfang des Nazi-Reiches, als ich es mal wieder mit einem hohen Lametta-Träger zu tun bekam. Lametta nannten die jungen Leute das Blech in Silber und Gold, das die Nazi-Größen an ihren Röcken trugen – wie die Pfauen. Ich ging mit Zittern und Zagen zu dem Mann hin, denn die Pfarrer galten ja gar nichts. Erstaunlicherweise hat mich der Mann aber nicht einfach hinausgeworfen, sondern sogar freundlich angehört. Als wir fertig sind, sage ich: »Hören Sie mal! Es ist mir selten passiert, daß mich einer wie Sie freundlich behandelt. Ich möchte Ihnen dafür danken! Und weil Sie so nett waren zu mir, möchte ich Ihnen ein großes Geschenk machen. Ich möchte Ihnen meine Botschaft sagen: ›So sehr hat Gott die Welt geliebt, daß er seinen Sohn gab, auf daß alle, die sich dem anvertrauen, nicht verloren werden, sondern das ewige Leben haben.‹« Da guckt er mich an und erklärt: »Sie brauchen mir gar nichts weiter zu sagen. Meine Eltern sind fromme, gläubige Leute. Ihre Botschaft weiß ich von Jugend auf. Aber . . .« Er legte einen großen, weißen Bogen Papier auf den Tisch, nahm einen Bleistift zur Hand und zog mitten durch den weißen Bogen einen Strich und fuhr fort: »Sehen Sie, Herr Pfarrer, ich weiß alles, und ich weiß, wenn ich's haben wollte, dann müßte ich über so eine Grenze gehen, wie ich sie hier aufgezeichnet habe, dann müßte ich einen Schritt über die Linie tun. Ich stehe dicht« – und dabei zeigte er neben den Strich – »an dieser Grenze. Aber ich müßte den entscheidenden Schritt über die Grenze wagen!« Und dann sagte er etwas verlegen: »Aber das erlaubt mir meine gesellschaftliche Stellung nicht!« Dann ging ich, sehr betrübt. Er ist längst tot. Seine gesellschaftliche Stellung wird ihn in Ewigkeit nicht retten! Aber er hatte begriffen: »Wenn ich ins Reich Gottes will, dann muß ich einen Schritt über die Grenze tun.«

Haben Sie Mut dazu? O, es lohnt sich! Jesus erwartet Sie mit offenen Armen! Tun Sie den entscheidenden Schritt über die Grenze – in die offenen Arme Jesu!

4. Brechen Sie mit klar erkannten Sünden!

Ich weiß von einem Mann, der lebt im Ehebruch. Ich habe ihn gestellt und ihm gesagt: »Sie leben im Ehebruch! Sie machen Ihre Frau unglücklich! Sie werden in die Hölle kommen!« Da hat er geantwortet: »Ist doch Unsinn! Ich will Ihnen das mal erklären: Meine Frau versteht mich nicht . . .« Und dann hat er mir eine große Geschichte erzählt, dabei wußte er genau: »Es ist Sünde, was ich tue!« Es gibt Menschen, die im Streit leben und sagen: »Der andere hat angefangen!« Es gibt überhaupt nur Streit, wo der andere angefangen hat. Kein Mensch hat je selbst einen Streit angefangen, nicht wahr? Es haben immer nur andere angefangen. Aber ich möchte Ihnen sagen: In Gottes Augen ist Streit so gut wie Mord! Warum machen Sie nicht Schluß? »Was soll ich denn tun?« fragen Sie. Ich will es Ihnen sagen: Brechen Sie mit klar erkannten Sünden!

Daß Sie doch mal eine Pause in Ihrem Leben einlegten und sich fragten: »Was ist in meinem Leben nicht in Ordnung? Womit müßte ich jetzt eigentlich Schluß machen?« Sie werden das ganz genau wissen! Meinen Sie, Jesus gibt Ihnen seine Gnade, wenn Sie weiterhin bewußt sündigen wollen? In der Bibel heißt es: »Kehret um!« Der verlorene Sohn hat sein altes Leben hinter sich gelassen. Sie dürfen zu Jesus kommen, wie Sie sind: beladen und ungläubig. Aber Sie müssen dann Schluß machen mit den Dingen, die Sie ins Verderben bringen, von denen Sie ganz genau wissen, daß sie Sünde sind!

In den vielen Briefen, die ich jeden Tag bekomme, kommt es immer wieder vor, daß Leute hochgehen und sagen: »Das ist zu hart, was Sie sagen! Das und das ist nicht Sünde!« Und dann werden oft Dinge genannt, die ich gar nicht gesagt habe. Dabei spüre ich dann, wie unsere Gewissen rebellieren gegen die Herrschaft Jesu Christi in unserem Leben. Hören Sie: Sie können nicht zum lebendigen Glauben kommen und im lebendigen Glauben stehen, wenn Sie nicht den Mut haben, Ihr Leben Jesus so zu geben, daß auch Schluß gemacht wird mit dem, womit Schluß gemacht werden muß. Brechen Sie mit klar erkannten Sünden!

5. Reden Sie mit Gott!

Können Sie beten? Sie können vielleicht ein Verschen herunterschnurren, aber beten? Also wissen Sie: Mancher hat ja eine Vorstellung vom Beten, da sträubten sich meine Haare, wenn ich noch welche hätte. Neulich bin ich in einem Hause. Da sagt die Mutter: »Ja, wir sind auch gut christlich. Komm mal her, Klärchen!« Die Mutter fordert ihr 4jähriges Töchterchen auf: »Du kannst schon so schön beten, nun bete dem Pastor doch mal was vor!« Und dann fing das Kind an. Ich unterbrach es schnell: »Schluß. Nicht: ›Bete dem Pastor doch mal was vor!‹ Um alles in der Welt, bitte nicht!« Das ist doch kein Beten! Beten heißt, mit dem lebendigen Gott, der in Jesus da ist, sprechen, ihm sein Herz ausschütten. Haben Sie schon mal so gebetet?

Ein Mann namens Robinson, ein englischer Bischof, hat ein schreckliches Buch geschrieben: »Gott ist anders«. Darin sagt er, der moderne Mensch könne überhaupt nicht mehr beten. Das glaube ich allerdings auch. Aber das spricht doch nicht gegen das Beten, sondern gegen den modernen Menschen! Finden Sie nicht auch? Der Bischof will nun das ganze Christentum umkrempeln, weil der moderne Mensch nicht mehr beten kann. Da würde ich vielmehr sagen: Laß den modernen Menschen besser wieder das Beten lernen!

Riskieren Sie es einfach mal zu beten! Und wenn Sie bloß sagen: »Herr, laß mich dich finden!« Oder: »Herr, errette mich doch auch!« Oder: »Herr, führe mich zum rechten Glauben!«

Oder: »Herr, vergib mir meine Sünden!« Aber fangen Sie mal an! Beten kann man nicht gleich großartig. Pfarrer beten vielleicht großartig – mit einem Buch in der Hand, woraus sie ablesen. Aber das ist auch gar nicht nötig, daß wir großartig beten, wenn wir nur überhaupt anfangen, richtig mit dem lebendigen Gott zu reden. Fangen Sie nur erst mal an, dann lernen Sie das Beten schon!

Wissen Sie: Glauben ist ein Ich-Du-Verhältnis zwischen meinem Herrn und mir. Und da muß gesprochen werden, nicht? Da rede ich mit ihm – und er redet mit mir! Und damit bin ich bei meinem nächsten Punkt:

6. Lesen Sie die Bibel!

Wie redet Gott denn mit Menschen? Er redet durch die Bibel! Deshalb müssen Sie unbedingt anfangen, die Bibel zu lesen! »Die Bibel liest doch heute kein Mensch mehr!« denken Sie. Ja, leider! Es hat mal einer erklärt: Die Evangelischen singen am Reformationsfest immer das Luther-Lied »Ein feste Burg«. Da heißt es am Schluß: »Das Wort sie sollen lassen stahn.« Und nun lassen die Christen es »stahn« – auf dem Bücherbrett und holen es ja nicht herunter und denken: »Da steht es gut und richtig!« Aber so hat Luther das nicht gemeint!

Oft, wenn ich in die Häuser komme, dann heißt's: »Ja, Herr Pastor, wir haben sogar noch eine alte Bibel von 1722, von unserer Urgroßmutter!« Und dann wird da so'n Möbel angeschleppt, was todsicher keiner liest! Bei allem Respekt vor den alten Bibeln, ich empfehle Ihnen: Kaufen Sie sich mal ein kleines Neues Testament! Es gibt welche, die sind kleiner als meine Hand. Es gibt ganz entzückende Ausgaben des Neuen Testamentes. Solch eine moderne Ausgabe kaufen Sie sich mal!

Und dann setzen Sie jeden Tag eine bestimmte Zeit an, in der Sie drin lesen. Einfach mal hören! Da redet nämlich Jesus mit Ihnen!

Vielleicht gibt's Stellen, die Sie gar nicht verstehen, dann lesen Sie ruhig weiter. Ich pflege das meinen Jungen immer so zu erklären: Mir hat mal ein Farmer aus Brasilien erzählt, wie er da hinübergekommen sei, habe er ein Stück Land bekommen. Als er es besichtigte, stellte er fest, daß es ein Stück Urwald war. Da hat er Bäume umgesägt und Felsbrocken und

Baumstümpfe ausgegraben. Und eines Tages war er soweit, daß er zwei Ochsen vorspannen und zum erstenmal pflügen konnte. Als er drei Schritte gepflügt hatte, da saß der Pflug schon wieder fest. Was machte er jetzt? Ging er nach Hause, holte Dynamit und sprengte den Felsbrocken mitsamt dem Pflug und den Kühen in die Luft? Nein! Er führte den Pflug um den Felsbrocken herum, pflügte aber weiter. Als er am Schluß fertig war, sah das Ganze noch kläglich aus. Aber er säte und erntete schon einiges. Und als er im nächsten Jahr pflügte, war es ein bißchen besser. Dann hatte er schon wieder mehr Felsbrocken und Baumstümpfe ausgegraben, da ging es schon viel besser. Und beim drittenmal ging es noch glatter.

So müssen Sie die Bibel lesen. Fangen Sie erst einmal an! Und wenn Sie etwas nicht verstehen, dann überschlagen Sie es zunächst. Nur weitermachen! Auf einmal kommt ein Wort, gleich im ersten Kapitel des Neuen Testamentes, das heißt: »Jesus wird sein Volk erretten von ihren Sünden.« Sie werden sagen: »Das verstehe ich! Das paßt ja für mich!« So lassen Sie Gott durch die Bibel zu sich reden! Nehmen Sie sich jeden Tag Zeit für Gottes Wort! Und bitten Sie ihn dabei: »Herr! Gib mir auch Licht! Laß es mich auch verstehen! Erleuchte mein Herz und mein Gehirn und meine Seele!«

Und noch etwas hierzu: Lassen Sie sich von niemand die Bibel madig machen! Die Bibel ist ein großartiges Buch. Ja, es gibt kein aktuelleres und aufregenderes Buch als die Bibel!

Als junger Soldat im Ersten Weltkrieg lag ich einmal bei Verdun auf Beobachtung. Es war am Abend. Die Dämmerung brach herein. Ich saß am Rande einer Schlucht. Und ehe es vollends Nacht wird, sehe ich auf einmal, wie durch eine Schneise eine wohl etwas verfrühte Feldküche des Feindes holpert. Wir hätten gar nicht gedacht, daß man durch diese Schneise hätte fahren können. Aber diese Feldküche, die den Einbruch der Dunkelheit nicht abgewartet hatte, verriet uns: Da ist ein Anmarschweg in die feindlichen Stellungen! Wenn die Feldküche daherfährt, dann kommt auch der Infanterie-Nachschub, dann kommen auch die Munitionskolonnen durch diese Schneise ins feindliche Lager! Da ist der Anmarschweg des Feindes! Was haben wir nun gemacht? Haben wir gedacht: »Die Schneise aussparen! Nur ja nicht dahinschießen!«? Im Gegenteil: Wir haben genau diese Schneise die ganze Nacht unter Feuer genommen!

Hören Sie: Die Bibel ist der Anmarschweg, der Weg für die Verpflegungs- und Munitionstransporte, der Nachschubweg Gottes für die Christen. Und so schlau ist der Teufel auch, daß er diesen Weg Gottes unter Feuer nimmt. Darum wird die Bibel beschossen. Der dümmste Junge sagt: »Pah! So ein Buch!« Und klügste Professoren weisen nach, daß die Bibel auch nur Menschenwerk ist. Verstehen Sie? Da ist man sich einig: Sperrfeuer auf die Bibel! Aber wenn Sie ein Kind Gottes sein und selig werden wollen, dann dürfen Sie sich darum nicht kümmern. Lassen Sie sich die Bibel nicht madig machen! Die Bibel sagt, daß sie geschrieben ist von Menschen, die erfüllt und erleuchtet waren vom Heiligen Geist. Und wenn Sie die Bibel lesen, werden Sie bald merken, daß ein anderer, ein göttlicher Geist darin ist.

Es klagte mir mal jemand: »Für mich ist das Wort Gottes so tot. Ich möchte gern selig werden, aber sein Wort hat mir nichts zu sagen.« Da habe ich geantwortet: »Bitten Sie Gott um den Heiligen Geist! Bitten Sie, wenn es sein muß, ein Vierteljahr jeden Tag: ›Herr, schenke mir den Heiligen Geist, damit ich dein Wort verstehe, daß ich lebendig werde im Glauben!‹ Glauben Sie mir: Gott antwortet Ihnen, ganz sicher!«

Und dann möchte ich Ihnen noch ein Letztes sagen:

7. Gehen Sie unter Gottes Wort!

Gehen Sie auch dahin, wo Sie klar Gottes Wort hören können! Ich stehe nicht an zu sagen: Es gibt heute Kanzeln, wo ein verdünntes Evangelium gepredigt wird. Da ginge ich nicht hin. Also: An Limonade habe ich kein Interesse, aber an dem Freudenwein des Evangeliums! Das kriegen Sie schon heraus, ob Ihnen die frohe Botschaft verkündigt wird oder nicht. Es sind überall Pfarrer, Prediger und Leute, die das Evangelium sagen können. Aber gehen Sie unter Gottes Wort! Halten Sie sich zu denen, die es unter allen Umständen hören wollen. Neulich sagte mir einer: »Wissen Sie: Ich bin Individualist!« Da kann ich nur antworten: »Sie werden nie im lebendigen Glauben stehen können, wenn Sie sich nicht zu andern Christen halten, wenn Sie nicht dahin gehen, wo Gottes Wort verkündigt wird!«

Dazu möchte ich Ihnen zum Schluß noch eine Geschichte von einer alten Frau, die ich kennengelernt habe, erzählen.

Ein junger Mann sagte mir mal: »Erzählen Sie doch nicht eine Geschichte von einer alten Frau!« Aber das war eben das Empfinden eines jungen Mannes. Die alte Frau hat in meinem Leben eine große Rolle gespielt. Ich traf nacheinander drei Ingenieure, die durch sie zum Glauben an Jesus gekommen waren. Da merkte ich, daß von dieser Frau große Kraft ausgegangen ist, und ich suchte sie auf, diese Witwe eines Bergmannes. Sie freute sich, als ich kam, und erzählte mir, wie sie zum Glauben gekommen ist. Sie wohnte in einem Vorort, der heute mit Essen zusammengewachsen ist, er heißt Stoppenberg, wir nennen ihn »Korkenhügel«. Eines Tages liest sie in der Zeitung, daß in der Paulus-Kirche zwei neue Pfarrer eingeführt werden. Da sagt sie zu ihren Freundinnen: »Das ist immer eine große Sache in Essen. Kommt, da gehen wir hin!« Dann wandern sie durch die Felder nach Essen. Bis zur Paulus-Kirche war es ein weiter Weg. Wie sie ankommen, ist die riesige Paulus-Kirche schon rammelvoll. Sie stellen sich hinten hin. Und da wurde ein Pfarrer eingeführt, der in Essen eine tiefe Wirkung hatte: Julius Dammann. Die Frau erzählte: »Julius Dammann trat auf die Kanzel, zum erstenmal, und las das Wort: ›So sehr hat Gott die Welt geliebt, daß er seinen Sohn gab, auf daß alle, die an ihn glauben, nicht verloren werden, sondern das ewige Leben haben.‹ Und dann beugte er sich vor und sagte: ›Von den Hunderttausenden von Wörtern der Bibel fürchte ich keins so sehr wie das Wort *verloren*. Man kann ewig verlorengehen, daß einen Gott aufgibt. Das ist die Hölle!‹ Ich stand als junges Mädchen hinten in der großen Kirche. Von da an habe ich nichts mehr gehört. Es schlug wie ein Blitz ein: ›Ich bin ja auch verloren! Ich habe ja keinen Frieden mit Gott! Ich habe ja keine Vergebung der Sünden! Ich bin kein Kind Gottes! Ich bin verloren!‹ Ich bin nach Hause gegangen wie im Traum. Nach drei Tagen fragte mein Vater: ›Bist du krank?‹« Sie versucht, es den Eltern zu erklären. Die sagen: »Du hast einen Vogel! Du hast kranke Nerven!« Sie kann keinem Menschen die Todesangst deutlich machen: »Ich bin verloren!« – Ich wünsche Ihnen alles Gute – und trotzdem oder besser deshalb wünsche ich Ihnen, daß Sie das erleben, daß Sie die Wirklichkeit des heiligen Geistes kennenlernen und wissen: »Ich bin verloren!« – Sie erzählte weiter: »Ich bin vier Wochen herumgelaufen, völlig unbrauchbar. Und dann lese ich: ›Pfarrer Dammann predigt wieder.‹ Und dann bin ich wieder von Stoppenberg nach Essen gelaufen. Auf dem ganzen Weg habe ich gebetet. Mir fiel nur ein Gebet ein, ein Liedvers: ›Eins ist not, ach Herr, dies Eine / Lehre mich erkennen doch! / Alles andre, wie's auch scheine, / Ist ja nur ein schweres Joch.‹« Das hat sie auf dem ganzen Weg gebetet. Und dann kommt sie in die Paulus-Kirche. Dammann predigt. Alles ist schon überfüllt. Sie bekommt wieder keinen Platz und muß hinten stehen. Und dann betet sie noch einmal: »Eins ist not, ach Herr, dies Eine / Lehre mich erkennen doch!« Sie schlägt das angeschlagene Lied auf. Und zu ihrem Erstaunen ist es genau dies Lied: »Eins ist not, ach Herr, dies Eine.« Da denkt sie: »Wenn das alle betend singen, dann muß doch etwas passieren!« Und dann steigt Pfarrer Dammann auf die Kanzel und liest einen Text aus dem Johannes-Evangelium vor: »Jesus spricht: Ich bin die Tür. Wer durch mich eingeht, wird selig werden. Amen.« Sie erzählte: »Jetzt war ich zum zweitenmal in der Kirche und habe wieder weiter nichts gehört als dies Wort, denn in dem Augenblick war alles klar: Jesus, der Auferstandene, ist die Tür zum Leben! Ich ging hindurch. Ich hörte von der Predigt nichts mehr, aber mir genügte es völlig. Ich trat ins Leben ein!«

Ich pflege die Geschichte oft zu erzählen, wenn ich Leute treffe, die mir sagen: »Ach, ich gehe nicht in die Kirche! Ich kann die Luft nicht vertragen. Ich gehe lieber in den grünen Wald, wo die Vöglein singen, die Bäume rauschen . . .« Dann entgegne ich: »Die Frau wäre nie zum lebendigen Glauben gekommen, wenn sie nicht unter Gottes Wort gegangen wäre!«

Was sollen wir denn tun? Machen Sie Schluß mit Ihrem fadenscheinigen Unglauben! Machen Sie Schluß mit Ihrer unglaublichen Selbstgerechtigkeit! Tun Sie den entscheidenden Schritt! Brechen Sie mit klar erkannten Sünden! Reden Sie mit Gott! Lesen Sie die Bibel! Gehen Sie unter Gottes Wort!

Ich sollte die Frage beantworten: »Was sollen wir denn tun?« – und ich habe Ihnen wichtige Antworten gegeben. Aber es ist mir ungeheuer wichtig, Ihnen zum Schluß noch mit wenigen Worten das Wichtigste zu sagen:

Entscheidend ist im Grunde nicht, was wir tun – so wichtig das ist. Entscheidend ist das, was Gott für uns getan hat – in Jesus! Das ist die frohe Botschaft, die ich Ihnen zu verkündigen habe: »Jesus hat alles für alle getan!« Er ist zu uns gekommen, er ist für uns gestorben, er ist für uns auferstanden, er sitzt für uns zur Rechten Gottes, er ist der gute Hirte, der alles für seine Schafe tut. Der Psalmist des 23. Psalms bezeugt: »Der Herr ist mein Hirte, mir wird nichts mangeln . . .« Und dann zählt er auf, wie unendlich viel der gute Hirte für ihn tut. O, ich wünschte, Sie könnten auch sagen: »Der Herr ist mein Hirte!«

Warum schweigt Gott?

Es geschehen schreckliche Dinge in der Welt!

Ich ging – ich glaube, es war im Jahre 1937 – in Essen über die Straße, als mir ein 16jähriger Junge ganz verstört entgegenkam. Weil ich ihn von meiner Jugendarbeit her kannte, fragte ich ihn: »Was ist mit dir los?« Darauf antwortete er mir: »Mich haben sie ins Krankenhaus geschleppt und sterilisiert, weil meine Mutter Jüdin ist. Und als ich nach Hause kam, waren meine Eltern fort.« Er hat sie nie wiedergesehen. Der Vater wurde verhaftet. Die Mutter kam nach Auschwitz ins Konzentrationslager! Ich habe den Jungen nur noch nach Holland schaffen können. Von dort kam er weiter nach Amerika. Aber ich werde nie das Bild dieses verstörten Jungen vergessen: »Mich haben sie ins Krankenhaus geschleppt und sterilisiert, weil meine Mutter Jüdin ist. Und als ich nach Hause kam, waren meine Eltern fort!« Und ähnliches geschah millionenmal! Da tauchen einem schon die Fragen auf: »Und Gott?« – »Wo ist denn Gott?« – »Hat er gar nichts dazu zu sagen?« – »Warum schweigt Gott?«

In Köln ist ein Verrückter mit einem Flammenwerfer in eine Volksschule eingedrungen: 12 kleine Kinder brachte er um! Da stehen doch die Fragen vor einem: »Und Gott?« – »Warum schweigt Gott?«

Oder ich denke an eine junge Frau, die Krebs hat. Langsam und unter schrecklichen Qualen stirbt sie von ihren Kindern weg. Wer das so miterlebt, der muß doch fragen: »Und Gott?« – »Warum schweigt Gott?«

Es gibt viele Leute, die könnten jetzt ihre Geschichte erzählen und am Schluß fragen: »Und Gott?« – »Wo war denn Gott?« – »Warum schweigt Gott?«

Unser lieber deutscher Dichter Friedrich Schiller hat einmal ein »Lied an die Freude« gedichtet: »Freude, schöner Götterfunken, Töchter aus Elysium . . .« Darin kommt die Zeile vor: »Brüder, überm Sternenzelt muß ein lieber Vater wohnen.« Doch der Mensch von heute ist versucht zu sagen: »Brüder, überm Sternenzelt kann kein lieber Vater wohnen!«

Wem das nun so begegnet, wem sich auf einmal die Fragen aufdrängen: »Wo ist Gott?« – »Warum läßt er das zu?« – »Warum schweigt er zu all den schrecklichen Dingen?«, der kommt vielleicht an den Punkt, wo der gefährliche Gedanke auftaucht: »Vielleicht gibt es gar keinen Gott?! Vielleicht ist der Himmel leer?! Vielleicht ist der Atheismus doch das Wahre?!« Meine Freunde, wem diese Gedanken kommen, der sollte sich entsetzen. Denn wenn es wahr wäre, daß kein Gott lebt, dann wäre das fürchterlich. Dann wären wir Menschen – wir Bestien! – alleingelassen. Dann wären wir wie verlorene Kinder, die ihren Weg nach Hause nicht mehr wissen. Kein Gott da!? Das wäre schauerlich! Wenn mir Leute erklären: »Ich bin Atheist!«, dann sage ich: »Ihr ahnt ja nicht, was ihr damit aussprecht! Über uns nichts! Wir alleingelassen! Wir allein untereinander!« Nichts ist schrecklicher für den Menschen als der Mensch, nicht? Die Römer hatten ein Sprichwort: »Homo homini lupus.« Das heißt: »Ein Mensch ist des anderen Wolf« – schrecklich!

Das kann ich gar nicht aussprechen, wie oft ich als Pfarrer diesen Satz zu hören bekommen habe: »Wie kann Gott das alles zulassen? Warum schweigt Gott zu all dem?« Und weil ich das so oft gefragt worden bin, möchte ich jetzt darauf antworten.

Ich muß aber von vornherein sagen: Ich bin nicht Gottes Geheimsekretär. Er hat mir seine Pläne nicht anvertraut oder ins Stenogramm diktiert. Verstehen Sie? An sich ist es schon ein bißchen dumm, so zu fragen, als wenn wir Gott verstehen könnten. Der Gott, den ich verstehen kann, der wäre höchstens ein Dekan oder ein Superintendent. Die kann ich noch verstehen. Aber das könnte kein Gott sein, den ich richtig verstehen kann. Gott sagt einmal in der Bibel: »Meine Gedanken sind nicht eure Gedanken, und meine Wege sind nicht eure Wege.« Das ist sehr einleuchtend.

Aber ich habe aus der Bibel doch einige Erkenntnisse bekommen und möchte nun, so gut ich kann, antworten auf die Frage: »Warum schweigt Gott?«

1. Die grundfalsche Fragestellung

Das möchte ich zuerst einmal sagen: Die Frage »Warum schweigt Gott?« ist verkehrt gestellt. Die ist nämlich so gestellt, als wenn da ein Gerichtssaal wäre: Auf dem Richterstuhl sitzt Frau Schulze oder Pastor Busch. Und auf der Anklagebank sitzt Gott. Und dann sagen wir: »Angeklagter Gott, wie kannst du das alles zulassen? Warum schweigst du?« Ich möchte Ihnen in aller Deutlichkeit sagen: Einen Gott, der uns auf dem Richterstuhl sitzen läßt und sich auf die Anklagebank setzt, den gibt es nicht!

Ich erinnere mich einer dollen Szene, als ich noch ganz junger Pfarrer war. Mit 27 Jahren war ich gerade nach Essen gekommen, als ein großer Bergarbeiterstreik ausbrach, der damals die Gemüter sehr erregte. Eines Tages komme ich an einem freien Platz vorbei. Da steht ein Mann auf einer Seifenkiste und redet gewaltig auf die um ihn stehenden Leute ein. Er spricht von hungrigen Kindern, Ausbeuterlöhnen und Arbeitslosigkeit. Auf einmal sieht er mich, erkennt mich und brüllt los: »Ha, da ist ja der Pfaffe! Komm mal her!« Nun, einer freundlichen Einladung folge ich meistens. So gehe ich also zu diesem Haufen hin. Die Männer machen mir Platz, so daß ich bis zu dem Redner vordringe. Vielleicht hundert Bergleute stehen um mich herum. Mir war schon ein bißchen wunderlich zumute. Auf solche Situationen war ich auf der Universität nicht vorbereitet worden. Und dann legt der los: »Hör mal, Pfaffe! Wenn's einen Gott gibt, was ich nicht weiß, aber es kann ja einen geben, dann will ich, wenn ich gestorben bin, vor ihn treten und zu ihm sagen« – und dann schrie er –: »›Warum hast du zugelassen, daß Menschen auf Schlachtfeldern zerfetzt wurden?! Warum hast du zugelassen, daß Kinder verhungert sind und andere das Essen wegschütteten, weil sie zuviel hatten?! Warum hast du zugelassen, daß Menschen an Krebs elend dahingeslecht sind?! Warum? Warum?‹ Und dann will ich zu ihm sagen: ›Du, Gott, tritt ab! Weg mit dir! Hau ab!‹« So schrie der Mann. Da habe ich auch geschrieen: »Ganz richtig! Weg mit diesem Gott! Weg mit diesem Gott!« Auf einmal ist es ganz still. Der Redner macht ein erstauntes Gesicht und sagt: »Moment mal! Sie sind doch Pfarrer! Da dürfen Sie doch nicht schreien: ›Weg mit diesem Gott!‹« Darauf habe ich geantwortet: »Hör mal zu! Den Gott, vor den du so trittst, vor dem du deinen Mund so aufreißen kannst, der sich so zur Rechenschaft ziehen läßt, daß du als Richter vor ihm stehst und er dein Angeklagter ist – den gibt es nur in deiner Einbildung. Zu dem kann ich auch nur sagen: ›Hinweg mit diesem Gott!‹ Hinweg mit diesem albernen Gott, den unsere Zeit sich selbst gemacht hat, den wir anklagen, beiseiteschieben oder zurückholen können – je nach Bedarf! Den Gott gibt es nicht! Aber ich will dir was sagen: Es gibt einen anderen wirklichen Gott. Vor den wirst du als Angeklagter treten, und da wirst du den Mund gar nicht aufmachen können, denn er wird dich fragen: ›Warum hast du mich nicht geehrt? Warum hast du mich nicht angerufen? Warum hast du in Unreinigkeit gelebt? Warum hast du gelogen? Warum hast du gehaßt? Warum hast du gestritten? Warum hast du . . .?‹ So wird er dich fragen. Dann wird dir das Wort in der Kehle steckenbleiben! Und dann wirst du auf tausend nicht eins antworten können! Es gibt keinen Gott, zu dem wir sagen könnten: ›Hinweg mit dir!‹ Aber es gibt einen heiligen, lebendigen, wirklichen Gott, der zu uns einmal sagen könnte: ›Hinweg mit dir!‹«

Und das möchte ich Ihnen auch sagen: Wenn Sie heute Menschen hören, die Gott vorwerfen: »Wie kann Gott das alles zulassen? Warum schweigt Gott?«, dann sagen Sie ihnen: »Das wäre ein alberner, eingebildeter Gott, den wir anklagen könnten! Es gibt nur einen heiligen Gott, der uns anklagt, Sie und mich!« Haben Sie Gottes Gebote gehalten? Wie denken Sie sich das denn? Gott nimmt es ernst mit seinen Geboten. Wir sind die Angeklagten, nicht Gott!

Das ist das erste, was ich in aller Deutlichkeit sagen mußte: Die ganze Fragestellung ist grundfalsch.

Und nun das zweite:

2. Das Schweigen Gottes ist sein Gericht

»Warum schweigt Gott?« Sehen Sie: Ja, Gott schweigt oft. Und Gottes Schweigen ist das schrecklichste Gericht über uns!

Ich bin überzeugt, daß es eine Hölle gibt. Die ist aber sicher nicht so, wie es auf den vielen Bildern dargestellt wird, daß da der Teufel die Seelen röstet oder ähnlich dummes Zeug. Sondern ich glaube, das wird die Hölle sein, daß Gott den Menschen nichts mehr zu sagen hat. Da können Sie ihn anrufen, da können Sie beten, da können Sie schreien – er antwortet Ihnen nicht mehr! Der russische Dichter Dostojewski hat einmal gesagt: »Die Hölle ist der Ort, wo Gott nicht mehr hinsieht« – und wo wir ihn endgültig los sind, wo wir wirklich von Gott verlassen sind. Ja, Gottes Schweigen ist sein Gericht. Und sehen Sie: Damit fängt die Hölle hier schon an, daß Gott schweigt.

Ich möchte Ihnen dazu eine Geschichte aus der Bibel erzählen: Da waren zwei Städte, Sodom und Gomorra, hochkultivierte Städte mit einer verfeinerten Zivilisation. Man hat Gott nicht geleugnet. Es gab wahrscheinlich auch ein paar Pfarrer, so arme Typen. Aber man nahm Gott einfach nicht ernst. Vielleicht hat man bei Hochzeiten und Beerdigungen den lieben Gott noch bemüht, aber im übrigen kümmerte man sich nicht um ihn. Man trat alle seine Gebote mit Füßen. In Sodom wohnte ein frommer Mann namens Lot. Der hat ab und zu gesagt: »So kann man nicht mit Gott umgehen! Irret euch nicht, Gott läßt sich nicht spotten! Was der Mensch sät, das wird er ernten!« »Ach«, haben die Leute geantwortet, »mach doch keine Witze! Du bist doch kein Pastor! Hör doch auf, solchen Unsinn zu reden: ›Was der Mensch sät, das wird er ernten‹!« Und dann geschah es eines Tages im Morgengrauen – Gott hatte den Lot vorher herausgeholt aus der Stadt –, daß Gott vom Himmel Feuer und Schwefel auf die Städte regnen ließ. Wie das ist, haben wir im Bombenkrieg erlebt. Aber Gott kann das auch ohne Flugzeuge machen. Ich kann mir vorstellen, wie die Leute aus dem Bett gestürzt sind und gebrüllt haben: »In die Keller!« Man rennt in die Keller. Und dann wird's glühend heiß im Keller – wie im Backofen. Man hält's nicht mehr aus. Neue Parole: »Wir müssen raus!« Und dann stürzt man raus. Aber draußen regnet's überall Feuer und Schwefel. Ratlose Menschen: Raus können Sie nicht, und in den Kellern ersticken sie schier. So erzählt's die Bibel. Und da habe ich mir vorgestellt – das schildert die Bibel nicht –, daß so ein Trupp Menschen beieinander ist: eine mondäne junge Frau – den lieben Gott hat sie bisher einen guten Mann sein lassen; ein älterer Herr – der jede Rotweinmarke am Geschmack erkennen konnte, er hatte auch nichts gegen den lieben Gott, aber der war ihm völlig gleichgültig. Solche Typen waren da in einem Keller beieinander: nette Menschen, ordentliche Leute, brave Staatsbürger, gute Steuerzahler. Alle hatten ihre dunklen Geheimnisse – wie jeder Mensch heute auch. Es wird immer heißer in dem Keller. Sie wollen hinaus, aber sie können nicht, denn ringsum wütet das Verderben. Und dann packt sie das Grauen. Da sagt der dicke Herr auf einmal: »Leute, der Lot hat recht gehabt: Gott lebt wirklich!« Und die mondäne junge Frau sagt: »Dann hilft nur noch eins: Man müßte jetzt beten! Wer kann denn beten?« Und dann erheben sich die Hände – im Altertum betete man mit erhobenen Händen –, die sich bisher nie erhoben haben. Auf einmal geht's: »Herr, erbarme dich doch! Wir haben gesündigt! Wir haben dich verachtet! Aber hör doch auf! Du bist doch der liebe Gott, du bist doch gnädig! Herr, erbarme dich doch!« Und es bleibt still! Nur das Heulen und Knistern des Feuers ist zu hören. Dann sinken die Arme nieder, die ausgebreiteten Hände ballen sich zu Fäusten: »Gott, warum schweigst du?!« Und es bleibt still! Man hört nur das Brausen des Feuers. Sie dürfen jetzt beten oder fluchen – Gott antwortet nicht mehr!

Es gibt eine Grenze, die kann ein Mensch oder eine Stadt oder ein Volk überschreiten, eine Grenze der Gleichgültigkeit gegen den lebendigen Gott. Von da ab hört oder antwortet Gott nicht mehr. Da dürfen Sie dann beten oder fluchen – er antwortet nicht mehr. Verstehen Sie, daß dieses Schweigen über Sodom das grauenvollste Gericht Gottes war? Gott hatte ihnen nichts mehr zu sagen! Und wenn ich unser Vaterland ansehe in seiner völligen Gleichgültigkeit gegen Gottes Wahrheit, gegen Gottes Gebote und gegen Gottes Heil, dann packt mich oft das Grauen. Vielleicht erleben Sie es noch, daß Sie beten oder fluchen – und Gott hat nichts mehr zu sagen.

Es heißt einmal in der Bibel von Gott: »Ich habe euch gerufen – und ihr habt nicht geantwortet.« Warum schweigst du, Mensch, wenn Gott dich ruft?

Also: Das Schweigen Gottes ist schrecklichstes Gericht Gottes!

Das dritte, was ich sagen möchte, ist dies:

3. Die weite Entfernung verhindert das Hören

Wenn wir das Gefühl haben, daß Gott schweigt, dann kann es sein, daß wir von ihm zu weit weg sind!

Neulich kommt ein junger Mann zu mir und sagt: »Pastor Busch, Sie machen mich nervös! Sie reden dauernd von Gott. Ich laufe Ihnen über den Weg – und schon fangen Sie wieder von Gott an. Ich höre Gott nicht, ich sehe Gott nicht. Wo redet er denn? Ich höre nichts!« Da habe ich geantwortet: »Junger Mann, kennen Sie die Geschichte vom verlorenen Sohn?« »So ungefähr!« erklärt er. »›So ungefähr‹ ist gar nichts. Ich will sie Ihnen erzählen, eine Geschichte, die Jesus selbst erzählt hat. Da war ein reicher Gutsbesitzer, der hatte zwei Söhne.

Einer war so ein bißchen leichtfertig. Dem war es zu eng zu Hause, zu muffelig. Ihm paßte es einfach nicht. Eines Tages erklärt er seinem Vater: ›Alter, gib mir mein Erbe, zahl mir's jetzt schon aus, ich möchte in die Welt!‹ Der Vater gibt ihm das, und der Sohn zieht in die weite Welt. Einmal heißt es von ihm: ›Er brachte sein Gut um mit Prassen.‹ Sie können es sich vorstellen: Man kann sein Geld in Großstädten wunderbar loswerden. Und ausgerechnet da kommen eine Hungersnot und eine Arbeitslosigkeit. Er sackt hoffnungslos ab und landet schließlich als Schweinehirte bei den Schweinen. In Israel galten die Schweine als unrein. Für einen Israeliten war das schlimmste, was ihm passieren konnte, Schweinehirte zu werden. Weil aber Hungerszeit herrschte, war er froh, ein bißchen aus den Trögen der Schweine klauen und essen zu können. Dort konnte er die Stimme des Vaters nicht mehr hören. Er war einfach zu weit weg von ihm. Der verlorene Sohn konnte sagen: ›Ich höre die Stimme des Vaters nicht.‹ Klar! Die hörte er natürlich nicht!« – Erlauben Sie mir, daß ich hier einen Einschub mache und mir die Geschichte ausdenke, wie sie nicht in der Bibel steht. Da sitzt der Weggelaufene bei seinen Schweinen. Er hat Kohldampf. Und da klagt er seinen Vater an: »Wie kann der es zulassen, daß es mir so dreckig geht!« So kommt mir die Welt von heute vor: Sie hat Gott verlassen, das Elend stürzt über sie herein – und sie schreit: »Wie kann Gott das alles zulassen?! Warum schweigt Gott?!« – Doch Jesus erzählt die Geschichte vom verlorenen Sohn anders: Es gibt eine Stunde in seinem Leben, in der er zu sich kommt: »Ich bin ja wahnsinnig! Bei meinem Vater gibt's Brot die Fülle – und ich verderbe im Hunger. Ich will mich aufmachen und zu meinem Vater gehen und zu ihm sagen: ›Vater, ich habe gesündigt.‹« Und er macht sich auf und kehrt um! Sein Vater sieht ihn von ferne und läuft ihm entgegen. Der verlorene Sohn aber sprach zu ihm: »Vater, ich habe gesündigt!« Da nimmt ihn der Vater in die Arme und ruft: »Bringet das beste Kleid her und gebet ihm einen Fingerreif an seine Hand und Schuhe an seine Füße!« Auf einmal hört er die Stimme des Vaters. »Wenn Sie die Stimme Gottes nicht hören können, so sind Sie zu weit weg! Sie müssen umkehren, das wissen Sie ganz genau!« sagte ich dem jungen Mann.

Menschen können sehr weit weg sein von Gott – sogar bis zu den Schweinen, bildlich gesprochen. Ich habe das in der

Zeit größter Gottlosigkeit als Leutnant im Ersten Weltkrieg immer gewußt und gedacht: »Ich müßte eigentlich umkehren!« Und ich habe noch nie einen Menschen getroffen, der nicht im Grunde gewußt hätte: »Ich müßte eigentlich umkehren!« Die selbstgerechteste Frau erklärt: »Ich bin in Ordnung!« Aber wenn ich länger mit ihr rede, sagt sie: »Ja, ich müßte eigentlich umkehren! Es ist viel Schuld in meinem Leben. Im Grunde ist mein Herz ganz versteinert!«

Jeder von uns weiß: »Ich müßte eigentlich umkehren!« Warum tun Sie es nicht? Kehren Sie doch um! Dann hören Sie auch die Stimme des Vaters!

Ich muß einen weiteren Punkt sagen zu der Frage »Warum schweigt Gott?«:

4. Wir müssen Gottes letztes Wort hören!

Können Sie noch zuhören? Bin ich langweilig? Also, wenn's langweilig ist, liegt's an mir und nicht am Evangelium. Pfarrer können's Evangelium langweilig machen, das kriegen sie hin! Aber dann lesen Sie die Bibel ohne uns. Das Evangelium ist atemberaubend – glauben Sie mir!

Was ich Ihnen jetzt sagen möchte, ist das Wichtigste: Wenn Sie das Gefühl haben, Gott schweigt, dann müssen Sie Gottes letztes Wort hören! Also – jetzt zitiere ich einen Satz der Bibel, der ist so lang, daß ich ihn eigentlich zweimal sagen müßte. Er steht im ersten Kapitel des Hebräerbriefs: »Nachdem Gott vorzeiten manchmal und auf mancherlei Weise geredet hat zu den Vätern durch die Propheten (durch Mose und Jeremia zum Beispiel), hat er am letzten zu uns geredet durch seinen Sohn.« Wissen Sie, wer der Sohn Gottes ist? Das ist Jesus!

Jesus! Da bin ich wieder beim Thema. Da schlägt mir's Herz höher, wenn ich von Jesus reden kann. Dieser Jesus ist – so wird er einmal genannt – das menschgewordene Wort Gottes: »Das Wort ward Mensch und wohnte unter uns.« Verstehen Sie: Wenn wir ein Wort sagen, dann ist es auch schon weg – wie ein Hauch. Gott hat ein Wort Fleisch werden lassen – in Jesus. Jesus ist Gottes letztes Wort!

Kennen Sie den Ausdruck »mein letztes Wort«? Also angenommen, ich wollte Ihnen eine Kuh verkaufen. Keine Angst, ich tu's nicht! Ich hab keine Ahnung vom Kühe-Verkaufen. Aber angenommen, ich wollte Ihnen eine Kuh verkaufen. Was ist eine Kuh wert? Ich weiß es nicht. Sagen wir: 1000,- Mark. Sie sagen: »300,– Mark gäbe ich dafür. Mehr nicht!« »Ich müßte aber eigentlich 1200,– Mark dafür haben!« erkläre ich. Dann bieten Sie 400,– Mark. Dann erwidere ich: 1100,– Mark muß ich haben!« Und dann handeln wir miteinander, bis ich erkläre: »Also: 800,– Mark ist mein letztes Wort!« Wenn ich jetzt kein Hampelmann bin, dann bleibt es dabei, und dann kommt danach nichts mehr. Jesus ist Gottes letztes Wort! Und wenn Sie den nicht aufnehmen, dann hat Ihnen Gott nichts mehr zu sagen. Verstehen Sie? Wenn die Menschen sich beschweren: »Gott redet nicht! Warum schweigt Gott?«, dann antworte ich: »Gott hat euch nichts mehr zu sagen, wenn ihr sein letztes Wort nicht annehmen wollt!« Sie müssen Jesus annehmen! Sie dürfen Jesus annehmen! Anders geht es nicht!

Ich treffe oft Leute, die mir sagen: »Ich glaube auch an den lieben Gott. Aber Jesus?« Hören Sie: Jesus ist das fleischgewordene, letzte Wort Gottes an uns! Was das bedeutet, muß ich Ihnen noch weiter erklären. Und dazu muß ich ein wenig von Jesus erzählen. Nichts tue ich lieber als das!

Da ist eine Menschenmenge um Jesus her. Und er spricht. Auf einmal gibt's hinten eine Störung. Die Leute fangen an zu reden und zu laufen. Jesus unterbricht seine Rede: »Was ist denn los?« Es war etwas Furchtbares los: Ein Aussätziger war gekommen. Wissen Sie, was Aussatz ist? Da verfault der Mensch bei lebendigem Leibe. Grauenvoll ist das: der Eiter, der die Ohren, die Nase, die Lippen wegfrißt. Und dieser Aussatz ist so ansteckend, daß sogar der Atem ansteckt. Aussätzige mußten deshalb in der Wüste leben. Sie durften nicht unter Menschen kommen. Und da kommt solch ein Aussätziger in die Volksmenge! Er hat von Jesus gehört, und ihn treibt das große Verlangen: »Ich möchte den Heiland sehen!« So kommt er. Und der Mann bekommt vielleicht Platz! Die Leute weichen nur so zurück. Und dann brüllen sie: »Geh weg, du! Hau ab!« Sie ergreifen Steine und drohen. Aber er läßt sich nicht hindern. Ich kann mir das so gut vorstellen, wie mitten durch die Menge ein Weg frei wird, freigemacht von entsetzten Leuten. Und durch die entstandene Gasse geht er nach vorn – bis er vor Jesus steht. Nein, er steht nicht vor Jesus, er sinkt in den Staub vor ihm und weint dem Heiland sein ganzes Elend hin: »Mein Leben ist verkorkst, verdorben! Jesus, wenn du willst, kannst du mich reinmachen. Hilf mir!« Ah, wissen Sie: Das zerstörte Menschenbild und der Heiland, der Sohn Gottes, müssen zusammenkommen! So muß es sein: Unser Elend muß vor Jesus kommen! Ach, ich wünsche Ihnen, daß Sie Ihr bißchen »Religion« über den Haufen werfen und Ihr Elend vor Jesus bringen. Und da liegt der Aussätzige vor Jesus: »So du willst, kannst du mich reinigen!« Und nun geschieht etwas, was ich unendlich schön finde. Ich könnte mir vorstellen, daß Jesus einen Schritt zurückträte vor diesem entsetzlich zerstörten Menschenbild und sagte: »Ja, gut. Steh auf! Sei gereinigt!« Aber nein, das tut er nicht. Jesus geht einen Schritt vor und legt seine Hände auf das kranke Haupt! Die Leute schreien vor Entsetzen: »Einen Aussätzigen faßt man doch nicht an!« Die Bibel berichtet: »Und Jesus rührte ihn an.« Kein Schmutz ist dem Heiland zu eklig! Kein Elend ist ihm zu groß! Er legt seine Hand darauf! Wenn ich der andere Wilhelm Busch wäre, der Zeichner, das wollte ich malen: die Jesushände auf dem zerstörten, halbverwesten Angesicht des Aussätzigen. Das ist Jesus, das Wunder der Zeiten! Und wenn jetzt ein Mensch hier ist, von dem keiner was wissen will, dann legt ihm Jesus die Hand auf und sagt: »Ich habe dich erlöst, du sollst mein sein!« Wenn jetzt einer da ist, den es quält, daß er aussätzig ist von Schmutz und Sünde, dann legt ihm Jesus die Hand auf und sagt: »Sei gereinigt!«

In Jesus kommt die ganze Liebe Gottes zu uns in unser Elend hinein, in unsere Sünde, in unseren Schmutz, in unsere Krankheit! Jesus ist das menschgewordene Wort Gottes! Und da sagen die Leute: »Warum schweigt Gott?« Hat Gott nicht deutlich und herrlich genug geredet? Ist das nicht gesprochen von Gott?!

Und dieser Jesus wird eines Tages auf ein Kreuz gelegt. Man schlägt ihm die Nägel durch Hände und Füße. Dann wird das Kreuz aufgerichtet. Um das Kreuz herum eine tobende Menge. Römische Kriegsknechte drängen die Menschen zurück. Kommen Sie, wir wollen uns zu dieser Menge schlagen, wir wollen auch unterm Kreuz stehen! Sehen Sie ihn an, den Mann von Golgatha! Das »Haupt voll Blut und Wunden, voll Schmerz und voller Hohn«, das »Haupt, zum Spott gebunden mit einer Dornenkron«! Sehen Sie ihn an! Fragen Sie ihn: »Warum hängst du da?« Und er antwortet Ihnen: »Weil du Schuld hast vor Gott. Entweder bezahlst du sie in der Hölle –

oder ich bezahle sie hier für dich. Einer muß bezahlen! Ich will's für dich tun. Nun glaube an mich!«

Als ich das als junger Mensch begriffen habe, meine Freunde: Da ist ja das Opferlamm, das der Welt Sünde trägt – auch meine, da trägt Jesus meine Schuld weg, da versöhnt er mich mit Gott, da zahlt er das Lösegeld, um mich für Gott zu erkaufen, da habe ich mein Herz unters Kreuz hingelegt und habe gesprochen: »Wem anders sollt ich mich ergeben, / O König, der am Kreuz verblich? / Hier opfr' ich dir mein Blut und Leben, / Mein ganzes Herz ergießet sich.«

Und dann wird Jesus in ein Felsengrab gelegt. Eine Felsenplatte wird davorgewälzt. Römische Soldaten halten die Wache. Und am frühen Morgen des dritten Tages wird es hell, als sei in der Nähe eine Atombombe explodiert, so hell, daß die Kriegsknechte – und das waren Kerle, keine hysterischen Jungfern – in Ohnmacht fallen. Und das letzte, was sie sehen, ist, wie dieser Jesus glorreich aus der Grabeshöhle herauskommt!

Ich erzähle Ihnen keine Märchen. Ich spreche zu Ihnen, weil ich weiß, daß dieser Jesus von den Toten auferstanden ist. Dieser Jesus, der für Sie gestorben ist, lebt! Es ist keiner da, für den Jesus nicht gestorben ist. Und dieser Jesus lebt. Und er ruft Sie – als Gottes letztes Wort! Und es ist die entscheidende Frage Ihres Lebens, ob Sie ihn aufnehmen!

»Warum schweigt Gott?« Gott schweigt ja gar nicht, meine Freunde. Er redet ja. Sein Wort heißt: »Jesus!« Und das heißt: Liebe, Gnade, Erbarmen!

Ich habe in meinem Leben schreckliche Stunden durchgemacht – in Nazi-Gefängnissen und im Bombenkrieg. Ich erinnere mich einer der schrecklichsten Stunden. Mir blieb der Schreckensschrei im Halse stecken, als ich – es war während des Bombenkrieges – auf einen Hof geführt wurde. Um mich her lagen etwa 80 Leichen, die man am Tage aus einem verschütteten Bunker gebuddelt hatte. Gewiß, ich hatte ähnlich schreckliche Bilder auf den Schlachtfeldern des Ersten Weltkrieges gesehen. Aber – dies war noch viel furchtbarer. Hier lagen nicht Soldaten. Hier lagen alte Männer, verarbeitete Frauen und – Kinder; Kinderchen, deren mageren Körperchen man den langen Krieg ansah. Kinder!! Was hatten die mit diesem wahnsinnigen Krieg zu tun!? Und als ich da zwischen diesen vielen Leichen stand – allein in dem Grauen, allein in der Totenstille –, da habe ich in meinem Herzen geschrieen: »O Gott, wo bist du denn? Warum schweigst du so?« Und dann stand vor meiner Seele auf einmal das Wort der Bibel: »So sehr hat Gott die Welt geliebt, daß er seinen Sohn gab.« Gott selber mußte dieses Wort in meine Verzweiflung hineingerufen haben. Und auf einmal stand das Kreuz von Golgatha vor mir, an dem Gott seinen Sohn verbluten läßt – für uns!

Ich verstehe Gott nicht. Ich verstehe nicht, warum Gott so vieles zuläßt. Aber es gibt ein Fanal, ein Zeichen, ein Denkmal, einen Leuchtturm seiner Liebe. Das ist das Kreuz Jesu. »Er hat seines eigenen Sohnes nicht verschont, sondern hat ihn für uns alle dahingegeben. Wie sollte er uns mit ihm nicht alles schenken!« So sagt der Apostel Paulus. Und so ist es: Wenn ich unter dem Kreuz Jesu Frieden mit Gott finde, dann habe ich keine weiteren Fragen mehr.

Als meine Kinder klein waren, da haben sie nicht alles begriffen, was ich gemacht habe, aber sie haben vertraut: »Der Vater wird das schon richtig machen!« Wenn ich unter dem Kreuze Jesu Frieden mit Gott finde, ein Kind Gottes bin, dann kann ich dem himmlischen Vater auch vertrauen: Er macht alles richtig. Da habe ich gar keine Fragen mehr. Es kommt alles darauf an, daß Sie dieses letzte Wort Gottes – Jesus – annehmen und aufnehmen!

Können Sie mir noch fünf Minuten zuhören? Ich muß nun noch etwas sagen, was ganz wichtig ist:

5. Das Schweigen Gottes kann zum Ruf werden

Sehen Sie: Man kann stundenlang darüber diskutieren, warum Gott dies oder jenes zuläßt, aber die Frage wird doch immer erst richtig aktuell und akut, wenn's einen selber trifft. Finden Sie nicht? In allen schrecklichen Dunkelheiten meines Lebens habe ich immer nur durchgefunden vom Kreuze Jesu her.

Neulich sagte mir ein junges Mädchen ganz verzweifelt: »Ich kann nicht mehr weiterleben!« Ich weiß nicht, in welcher Lage Sie sind, aber für die Dunkelheiten Ihres Lebens möchte ich Ihnen sagen: Es kommt nicht darauf an, daß wir fragen: »Warum? Warum? Warum?«, sondern wir müssen fragen: »Wozu?« Dazu möchte ich Ihnen zum Schluß noch eine Geschichte erzählen.

Als ich vor einigen Jahrzehnten Pfarrer in einem Bergarbeiter-Bezirk wurde, ging es da schrecklich zu. Eines Tages hörte ich von einem Arbeiter, der auf der Zeche unter Tage verunglückt war. Ein Stein war ihm ins Kreuz gefallen. Und nun war er querschnittsgelähmt, ohne jede Hoffnung auf Besserung. Schrecklich! Nun, ich besuchte ihn, aber dieser Besuch war fürchterlich, ja, es war der fürchterlichste Besuch, den ich je erlebt habe. Die Bude war voll mit Kumpels. Die Schnapsflaschen standen auf dem Tisch. Der Gelähmte saß in seinem Fahrstuhl. Als ich reinkomme, hebt ein lautes Gebrüll an: »Du schwarze Drossel, bleib draußen! Wo war denn dein Gott, als der Stein mir ins Kreuz fiel? Warum schweigt Gott denn?« Und dann kamen die Flüche. Es war so wie die Hölle. Ich konnte kein Wort sagen und ging raus. Ich hatte ein paar Freunde unter den Bergleuten meines Bezirks, denen erzählte ich am nächsten Abend im »Männerkreis« von meinem Besuch. Und eine Woche später, als ich gerade den »Männerkreis« beginnen wollte, ging polternd die Tür auf und – der Fahrstuhl mit dem querschnittsgelähmten Mann wurde hereingeschoben. Die Freunde unter den Bergleuten hatten ihn einfach abgeholt und in unseren »Männerkreis« mitgebracht. Ich weiß gar nicht, ob sie ihn viel gefragt haben, aber wahrscheinlich nicht. So saß er also vor mir. Und dann sprach ich über das Wort: »So sehr hat Gott die Welt geliebt« – nicht daß er es uns gutgehen läßt, sondern »daß er seinen Sohn gab.« Ich sprach von Jesus, dem letzten Wort Gottes, das wir hören müssen, und fuhr fort: ». . . auf daß alle, die an Jesus glauben, nicht verloren werden.« Und der Mann hörte zu! Zum erstenmal hörte er so von Jesus! Auf einmal sah er Licht. Ich will's kurz machen: Ein Vierteljahr später war er ein Eigentum dieses Herrn Jesu geworden. Ich kann Ihnen gar nicht sagen, wie alles neu wurde. Seine Wohnung kam in Ordnung. Wo man früher nur Fluchen hörte, da erklangen nun Jesus-Lieder. Die alten Freunde blieben weg, dafür kamen neue. Die Schnapsflaschen verschwanden, dafür lag die Bibel auf dem Tisch. Frau und Kinder lebten auf. Kurz vor seinem Tode besuchte ich ihn noch einmal. Es ist mir unvergeßlich. Er hatte so einen netten Namen: »Amsel«. Er wird's mir nicht übelnehmen, daß ich sogar seinen Namen nenne, er ist jetzt in der Ewigkeit. »Amsel«, frage ich, »wie geht's?« »Ach«, sagt er, »seitdem mein Leben Jesus gehört, seitdem ich Vergebung meiner Sünden habe, seitdem ich ein

Kind Gottes bin, da ist in meinem Hause« – er überlegte einen Augenblick, dann fuhr er fort – »jeder Tag wie der Tag vor Weihnachten.« Das ist doch schön ausgedrückt von so einem Bergmann, nicht? Und dann kam das, was ich nie vergesse. Da sagte er: »Busch! Ich sterbe bald, ich spüre das.« Wir sagten »du« zueinander, weil wir so gute Freunde geworden waren. »Und dann gehe ich durch das Tor und stehe vor Gott. Es ist mir ganz klar: Mit dem Tod ist nichts aus. Und wenn ich dann in der Ewigkeit vor dem Thron Gottes stehe, dann will ich vor ihm niederfallen und will ihm danken, daß er mir – die Wirbelsäule zerbrochen hat.« »Amsel«, unterbreche ich ihn erschreckt, »was erklärst du da!« Und da antwortet er: »Ich weiß, was ich sage. Sieh, wenn das nicht gekommen wäre, wenn Gott mich so gottlos hätte weiterlaufen lassen, dann wäre ich schnurstracks in die Hölle gelaufen, in die ewige Verdammnis. Da mußte Gott in seiner rettenden Liebe so hart eingreifen und mir die Wirbelsäule zerbrechen, damit ich zu seinem Sohne, zu Jesus, finden konnte. Durch Jesus wurde ich ein fröhliches Kind Gottes. Und darum will ich ihm dafür danken!« Und dann kam ein Satz, der sich mir unauslöschlich eingeprägt hat: »Es ist besser, gelähmt Jesus zu gehören und ein Kind Gottes zu sein, als mit zwei gesunden Beinen in die Hölle zu springen!« Das vergesse ich nie, wie der Mann das sagte: »Es ist besser, gelähmt Jesus zu gehören und ein Kind Gottes zu sein, als mit zwei gesunden Beinen in die Hölle zu springen!« Da habe ich erwidert: »Mein lieber Amsel! Siehst du: Gott hat dir schrecklich Schweres geschickt. Im Anfang hast du gehadert: ›Wo war denn Gott? Warum schweigt Gott?‹ Und jetzt hast du begriffen, wozu Gott das geschickt hat: Er hat dich zu Jesus ziehen wollen, damit Jesus dich zu ihm ziehen konnte!«

Sehen Sie: Wir sollten nicht fragen »Warum?«, sondern vielmehr »Wozu?«. Und dazu möchte ich Ihnen sagen: Ich glaube, alles Schwere in unserem Leben ist dazu da, daß Gott uns durch Jesus zu sich selber ziehen kann! Ich singe so gern den Liedvers: »Zieh mich, o Vater, zu dem Sohne, / Damit dein Sohn mich wieder zieh zu dir; / Dein Geist in meinem Herzen wohne / Und meine Sinne und Verstand regier, / Daß ich den Frieden Gottes schmeck und fühl / Und dir darob im Herzen sing und spiel.« Ich wünschte, Sie sängen ihn betend mit!

Unser Recht auf Liebe!

Ich habe dieses Thema auch schon so formuliert: »Kann denn Liebe Sünde sein?« Es geht um die Frage des Geschlechtlichen, die uns alle stark beschäftigt. Lassen Sie mich gleich einsteigen in das Thema »Unser Recht auf Liebe!«. Ich habe Ihnen dazu Ernstes und Wichtiges zu sagen.

1. Die grenzenlose Not

Ein ganz merkwürdiger Tatbestand unserer Zeit ist der, daß die Menschen noch nie so einsam waren wie heute. Dabei haben wir noch nie so eng aufeinandergehockt wie heutzutage. Und doch – obwohl wir wie die Sardinen zueinandergepreßt sind, sind wir noch nie so einsam gewesen wie heute.

Ein 16jähriger Junge sagte mir mal: »Ich habe keinen Menschen!« Ich erwiderte: »Rede keinen Unsinn! Du hast doch deinen Vater!« »Ach, der Alte!« antwortete er, »der kommt nachmittags um fünf Uhr nach Hause, schimpft ein bißchen, ißt und geht wieder weg.« »Und deine Mutter?« »Ach, die hat so viel um die Ohren. Die kann sich um mich nicht kümmern!« »Und deine Arbeitskameraden?« »Das sind Kollegen, sonst nichts! – Ich habe keinen Menschen, dem ich mein Herz ausschütten könnte.« Das sagte mir ein 16jähriger Junge! Aber diese Einsamkeit gibt's nicht nur bei Kindern. Ehefrauen leben oft todeinsam neben ihrem Mann, und umgekehrt. Der Mann hat keine Ahnung, was die Frau bewegt. Und die Frau hat keine Ahnung, was den Mann bewegt. Und das nennt sich dann Ehe! So sind wir lauter einsame Leute!

Wenn die Philosophen unserer Tage über die Einsamkeit des Menschen von heute sprechen, dann finden sie offene Ohren. Der Mensch schreit förmlich nach Erlösung aus der Einsamkeit. Und sehen Sie: Diese Sehnsucht nach Erlösung aus der Einsamkeit verbündet sich mit der stärksten Macht, die es in unserem Leben gibt, mit dem Geschlechtstrieb. Und nun reißen die Dämme: Der 15jährige sucht eine Freundin, die ihn aus der Einsamkeit erlöst. Der Ehemann, der neben seiner Frau herlebt und völlig einsam ist, geht mit seiner Sekretärin los, daß sie ihn vielleicht aus der Einsamkeit erlöse. Der junge Student, einer unter 11000 oder 20000 Studenten an einer

Universität und im Grunde furchtbar einsam, gesellt sich zu einer Studentin, die genauso einsam ist. Die Sehnsucht nach Erlösung aus der Einsamkeit verbündet sich mit dem mächtigsten Trieb im Leben, dem Geschlechtstrieb, und so kommt es, daß wir heute in einer doll sexualisierten Welt leben. Und diese Tatsache, daß der Mensch auf sexuellem Gebiet Erlösung aus der Einsamkeit sucht, machen sich tüchtige Geschäftsleute zunutze: Filmproduzenten und Romanschreiber zum Beispiel. Und nun heißt es: Kein Film mehr ohne mindestens eine Bettszene! Kein Buch mehr ohne mindestens einen Ehebruch!

Wenn man das Treiben nun so beobachtet – es wird geflirtet, es wird poussiert, es wird geküßt –, dann hat man das Gefühl, das Ganze spielt sich in dulci jubilo ab, ist helle Freude. Ein junges Mädel sagt mir: »Herr Pfarrer, wir haben da eben völlig andere Vorstellungen als unsere Großväter. Wir haben eine neue Moral, eine neue Ethik!« Da wäre ich dann beinahe versucht, ehrfürchtig den Hut abzunehmen, wenn ich einen aufhätte, und zu antworten: »Allen Respekt!« Aber wenn man so lange Großstadtpfarrer ist wie ich, dann glaubt man die großen Worte nicht mehr. Und ich weiß aus Erfahrung, daß dieses »Kling-Klang-Gloria« nur die Fassade ist. Hinter dieser Fassade aber ist eine grenzenlose Not: Junge Männer und junge Mädel, die in trüben Bindungen leben und nicht fertig werden mit sich selbst. Ehen, die in lauter Heuchelei weitergeführt werden oder zerbrechen. Eine grenzenlose Not! Und von dieser Not wissen wir alle. Ich rede ja nicht von irgendwelchen Leuten, sondern von uns.

Vor Jahren habe ich einmal in einem kleinen Städtchen im Lipperland einen solchen Vortrag über ein ähnliches Thema gehalten, und zwar nur für junge Leute. Als ich in den Saal kam, dachte ich: »Das ist die Hölle!« Burschen, Mädels, Zigarettenqualm! Ein paar von den Burschen zogen sogar Schnapsflaschen heraus. Einige von den Mädels saßen auf dem Schoß der Burschen. »Da soll ich reden! Junge, Junge!« dachte ich. Und dann fing ich mit diesem Satz an: »Auf dem Gebiet des Geschlechtlichen ist eine schreiende Not!« In dem Augenblick war es, als wenn alle Jalousien hochgingen. Ich sehe noch so einen Burschen, wie er sein Mädchen auf einmal wegschiebt. Das traf ihn. Plötzlich war Totenstille. Und da habe ich denken müssen: »Im ersten Augenblick sah es so aus, als sei alles Freude und Jubel, aber es stimmte doch: Auf dem Gebiet des Geschlechtlichen ist eine grenzenlose Not!«

2. Worin die Not besteht

Und sehen Sie: Die Not besteht im Grund in einer Tatsache, nämlich darin, daß wir nicht mehr wissen, was eigentlich gut und was eigentlich böse ist. Wir sagen: »Wir haben heute neue Ansichten auf diesem Gebiet!« Aber es bleibt dabei: Sünde ist eine Wirklichkeit! Und wenn ich mich versündige, dann legt sich eine Last aufs Gewissen. Das ist eine Realität. So entsteht die Not, daß man nicht mehr weiß, was eigentlich gut und was böse ist. Also, lassen Sie mich mal ganz grob fragen: Ist der voreheliche Geschlechtsverkehr okay – oder ist er böse? Ist Ehebruch in schwieriger Ehe eine Notwendigkeit – oder ist er böse? Ist die lesbische Liebe, die Mädel untereinander treiben, Sünde – oder nicht? Ist Homosexualität, daß ein Mann mit einem andern oder mit einem Jungen oder Jungen untereinander schmutzige Dinge treiben, böse – oder nicht? Ist Selbstbefleckung, ist Ehescheidung böse – oder nicht? Was ist eigentlich böse, und was ist gut? Hier entsteht die Not! Tausende von Romanen tun so, als wenn dieses Gebiet jenseits von gut und böse wäre, als wenn diese Frage hierbei ausgeklammert sei. Nicht wahr: Unkameradschaftlich sein, das ist böse – aber dies Gebiet hat mit gut und böse nichts zu tun. Nehmen Sie moderne Filme: Großaufnahme Kuß, Vorhang fällt und dann Schatten hinter dem Vorhang. Das gehört einfach dazu, das scheint jenseits von gut und böse zu sein. Ist das richtig? Was ist böse, was ist gut? Ich weiß noch, wie ich als junger Mann zum Selbstbewußtsein aufwachte, da wurde das für mich zur quälenden Frage: »Was ist erlaubt, was nicht?«

Um diese Frage recht beantworten zu können, muß man erst eine andere Frage stellen: »Wer bestimmt eigentlich, was gut und böse ist? Wer hat denn das eigentlich zu sagen?« Da stand mal so ein Pärchen vor mir: sie mit Heidelbeertusche an den Augenwimpern, er ein etwas labiler junger Mann mit zigarettengebräunten Fingerspitzen. Ich sage: »Na, was mit euch los ist, das sieht man ja noch sieben Kilometer gegen den Wind!« Da erklärt das Flittchen mir: »Da ist doch nichts dabei, Herr Pfarrer! Da ist doch nichts dabei!« Ich erwiderte: »Moment mal. Wer hat denn eigentlich zu sagen, ob was dabei ist oder nicht?« Ja, wer sagt denn eigentlich, was gut und böse ist? Die Kirche? Nein! Da würde ich mich auch nicht unterwerfen. Als junger Mann habe ich keineswegs die Herrschaft der Pfarrer über mein Leben anerkannt, jetzt bin ich selber einer. Wer hat zu sagen, was gut und böse ist? Tante Amalie? Oder mein eigenes Gewissen? »Ich folge meiner inneren Stimme!« Hm, Hm! Wer hat eigentlich zu sagen, was gut und böse ist?

Sehen Sie: Jetzt sind wir an einer ganz wichtigen Stelle. Wenn es einen lebendigen Gott gibt, der Herr der Welt ist, dann hat er zu sagen, was gut und böse ist! Wenn's keinen Gott gibt, dann tun Sie, was Sie wollen! Wegen Tante Amalie anständig zu sein, das sehe ich auch nicht ein. An dieser Stelle ist jeder Mensch vor die Frage gestellt: Gibt's Gott – oder nicht? Ich kenne Menschen, die leben in jedem Schmutz, behaupten aber: »Ich glaube auch an einen Herrgott.« Dummes Zeug! Wenn es aber einen Gott gibt, dann gilt sein Wille auf dem Gebiet des Geschlechtlichen. Sie müssen sich entscheiden: Sie können Gott für Ihr Leben absetzen, aber dann sterben Sie auch drauf! Wir können nicht bis zum 45. Lebensjahr sagen: »Ich lebe ohne Gott!« – und hinterher werden wir alt und fromm. Das geht nicht! »Suchet den Herrn, solange er zu finden ist«, heißt es in der Bibel – nicht: »wenn's euch paßt.« Ich sage noch einmal: Wenn es keinen Gott gibt, dann können Sie tun, was Sie wollen. Wenn Gott aber lebt, dann hat er zu sagen, was gut und böse ist. Das leuchtet doch ein, nicht?

Und nun sage ich Ihnen: Gott lebt wirklich! Gott lebt wirklich! Und wenn Sie mich fragen, woher ich das so hundertprozentig weiß, dann antworte ich Ihnen: Weil er sich geoffenbart hat in Jesus! Ich möchte es Ihnen einhämmern: Seit Jesus gekommen ist, ist jede Gleichgültigkeit gegen Gott oder Gottesleugnung Unwissenheit oder böser Wille! Gott lebt! Und weil Gott lebt, hat er zu sagen, was gut und böse ist! Sie können ihn in Ihrem Leben absetzen; Sie können sagen: »Wir haben andere Moralgrundsätze!« – ich garantiere Ihnen, daß Sie vor Gott Rechenschaft ablegen müssen über Ihr Leben!

Es ist eine ganz große Befreiung, wenn einem aufgeht, daß Gott zu sagen hat, was gut und böse ist. Und in seinem Wort, in der Bibel, hat er uns das ganz klar und deutlich gesagt. Ein Mann fragte mich einmal ganz erstaunt: »Stehen in der Bibel denn auch solche Sachen?« Da habe ich ihm geantwortet: »Ja, die stehen auch drin! Gott gibt ganz klar Anweisungen über gut und böse auf dem Gebiet des Geschlechtlichen!«

Sind Sie mir gefolgt? Wir müssen also fragen: »Was sagt eigentlich Gott über dieses Gebiet?« Ich will jetzt aus der Bibel die Quintessenz ziehen.

3. Was sagt Gott?

a) Gott bejaht die Sexualität

Es gibt ein Gedicht von Tucholsky, in dem er etwa so erklärt: Von der Gürtellinie aufwärts bin ich ein Christ – und von der Gürtellinie abwärts bin ich Heide. Das ist Unsinn! Die Bibel sagt: »Gott schuf den Menschen – und schuf sie einen Mann und eine Frau.« Und Gott schuf uns auch mit unserer Sexualität! Darum spreche ich hier offen darüber. Das ist nicht ein Tabu-Gebiet. Gott hat mich als Mann geschaffen – und Sie Männer auch. Seien wir auch Männer – und keine Hampelmänner! Und Gott hat Sie als Frauen geschaffen. Nun seien Sie auch Frauen! Der krampfhafte Versuch der Frauen, wie Männer zu sein, oder umgekehrt, ist ja krankhaft. Sie verstehen: Seien Sie doch richtige Frauen! Seien Sie richtige Männer! »Gott schuf den Menschen – und schuf sie zu einem Mann und zu einer Frau« – und nicht noch ein drittes Geschlecht. Gott bejaht unsere Sexualität. Das darf ich wissen. Hier muß nichts verdrängt werden. Die ganze Spannung, die darin liegt, daß man Mann oder Frau ist, gehört zur Schöpfung.

Aber wir sind eine gefallene Schöpfung. Die Welt ist nicht mehr so, wie sie aus der Hand Gottes hervorging. Und darum ist gerade dieses wichtige und zarte Gebiet des Geschlechtlichen so besonders gefährdet. Deshalb hat Gott dieses Gebiet geschützt:

b) Gott schützt die Sexualität durch die Ehe

Er bejaht die Sexualität, und er schützt sie durch die Ehe! Die Ehe ist nicht ein gesellschaftlicher Vertrag, sondern eine Institution Gottes.

Ein amerikanischer Psychiater, der ein großes Buch über dieses Gebiet geschrieben hat und selber gar kein Christ ist, sagt: »Es ist nie ein größerer Satz über die ganze Frage geschrieben worden als der in der Bibel: ›Gott schuf den Menschen – und schuf sie einen Mann und eine Frau.‹« Und er fährt fort: »Ich bin kein Christ, aber ich sage als Psychiater, daß dies das Richtige ist: die Ehe.« Verstehen Sie recht: die Ehe der Treue – nicht die siebte, achte, neunte oder zehnte »Ehe« der Hollywood-Filmstars! Daß diese »Ehen« als Ideal hingestellt werden, ist auch solch ein Wahnsinn unserer Zeit und macht die ganze Hilflosigkeit deutlich. Gott hat die Ehe als Institution geschaffen: die Ehe der Liebe und Treue.

Und nun möchte ich eigentlich eine kleine Rede über die Ehe halten: Ihr lieben Frauen, ihr seid noch nicht genug gute Frauen, wenn ihr euren Männern gute Mahlzeiten kocht und die Knöpfe annäht, die abreißen. Ihr Männer, es reicht nicht, daß ihr euren Frauen Haushaltsgeld gebt und euch sonst nicht weiter um sie kümmert. Ehe soll nach dem Willen Gottes Erlösung aus der Einsamkeit sein! Ist das Ihre Ehe, ihr verheirateten Leute? Vielleicht müssen Sie mal ein Gespräch führen miteinander und sagen: »Wo sind wir eigentlich hingeraten? Unsere Ehe sollte Erlösung aus der Einsamkeit sein!« »Es ist nicht gut«, sagt Gott im Anfang, »daß der Mensch allein sei; ich will ihm eine Gehilfin machen.« Verstehen Sie: Erlösung aus der Einsamkeit!

Ich erzähle an dieser Stelle gern eine Geschichte, die Bände spricht: Als ich ein ganz kleiner Junge war, durften meine Schwester und ich einmal mit zu Verwandten nach Stuttgart auf eine Hochzeit. Es war die erste Hochzeit, die ich mitmachte, und alles war so interessant. Mit Kutschen fuhr man zur Kirche, und dann gab's im Hotel ein großes Essen. Auf der Speisekarte stand am Schluß: »Eisbombe«. Und meine Schwester und ich, wir saßen unten am Tisch und hatten nur ein Verlangen, daß nämlich die Eisbombe bald kommen möge. Die kam aber endlos lange nicht, weil immer noch ein Onkel eine große Rede hielt. Diese Reden waren uns schrecklich langweilig. Und trotzdem ist eine dieser Reden mir unvergeßlich geblieben. Da stand ein Onkel auf, der ein bißchen witzig sein wollte, und sagte: »Meine lieben Festgäste! Man erzählt sich, im Himmel stünden zwei Stühle, die für die Eheleute bestimmt wären, die es keine Sekunde bereuten, geheiratet zu haben.« Und dann fuhr er fort: »Aber die Stühle sind bis zum heutigen Tage leer!« In dem Moment wurde er unterbrochen. Mein Vater rief quer durch die große Gesellschaft meiner Mutter zu, die am anderen Ende der Festtafel saß: »Mutter, die Stühle kriegen wir!« Ich war ein kleiner Junge und habe den tiefen Sinn gar nicht ganz verstanden. Aber es ging ein Strom von Freude durch mein Herz, weil ich die ganze wundervolle Wärme eines solchen Elternhauses spüren durfte. Ist Ihre Ehe so? So hat Gott sie sich gedacht!

Als ich heiratete, hatte ich einen alten Kollegen, der eine arg nette Tischrede über das Bibelwort hielt: »Ich will ihm eine Gehilfin machen, die um ihn sei.« Er sagte: »Nicht eine Herrin, die *über ihm* den Pantoffel schwingt. Nicht eine Sklavin, die *unter ihm* zu Füßen liegt. Auch nicht *neben ihm* – als Nebensache. Sondern eine Gehilfin, die *um ihn* ist.« Ach, ich möchte, ich könnte jetzt ein großes Loblied über die Ehe singen; ich wollte, ich hätte die Zeit dazu.

Es hat mich tief beeindruckt, wie mein Vater bei der Silbernen Hochzeit seine Frau anschaute und sagte: »Ich habe dich in den 25 Jahren jeden Tag liebergewonnen!« Da dachte ich an all die Ehen, in denen in den 25 Jahren allmählich alles erkaltet ist. Grauenvoll! Es gibt viele Eheleute, die zum Ehepartner sagen sollten: »Du, wir müssen noch einmal von vorne anfangen!« Das kann man! Das kann man!

Und nun das dritte: Es gibt viele junge Leute, die sagen: »Ich denke noch gar nicht ans Heiraten. Wie ist es denn mit uns? Können wir tun, was wir wollen?« Denen habe ich zu sagen:

c) Gott will eine reine Jugend

Ich weiß: Das klingt heute lächerlich. Aber glauben Sie, daß Gott sich nach der Mode richtet? Das ist ja nicht mein Satz. Sondern das sagt Gottes Wort.

Ich darf's vielleicht noch ein bißchen begründen. Sehen Sie, die Bibel hat einen ganz großartigen Gedanken: Sie berichtet von einem jungen Mann namens Isaak. Für den läßt sein Vater eines Tages eine Frau suchen. Da geht der Isaak aufs Feld und betet, weil er überzeugt ist, daß Gott es ist, der ihm seine Frau zuführt. Und dieser Frau, die er noch gar nicht kennt, der hält er schon die Treue. Ihr jungen Männer, die ihr noch gar nicht ans Heiraten denkt, ihr dürft überzeugt sein, daß Gott euch das rechte Mädchen zur rechten Zeit gibt. Und diesem Mädchen sollt ihr jetzt schon die Treue halten! Oder umgekehrt: Ihr Mädels, haltet dem die Treue, den ihr noch gar nicht kennt! Das ist der Gedanke der Bibel. Gott will eine reine Jugend!

Mir erklärte einmal ein Arzt, ein Psychiater: »Ich bin überzeugt, daß ein Mädchen im Grunde nur einmal richtig lieben kann. Nur einmal geht ihr Herz richtig auf. Wenn so ein Mädel sieben Poussagen gehabt hat, dann ist sie« – so drückte er's wörtlich aus, er war Schwabe – »versaut für die Ehe. Sie heiratet den siebten und meint immer den ersten, den sie geliebt hat.« Da erwiderte ich: »Interessant! Sie kommen von der Psychiatrie zu denselben Wahrheiten wie Gottes Wort.«

Ich muß also in aller Deutlichkeit sagen: Vorehelicher Geschlechtsverkehr, lesbische Liebe, Homosexualität, Ehebruch, Ehescheidung sind Sünde, für die Sie geradestehen müssen vor dem Angesicht des heiligen Gottes!

Eigentlich könnte ich jetzt hier aufhören. Ich weiß, wie es für mich als junger Mensch eine große Hilfe war, als ich begriff, was der Wille Gottes ist und daß er allein zu sagen hat. Aber ich wäre grausam, wenn ich jetzt abbräche und nicht noch etwas Wichtiges dazu sagte.

4. Wie die Not überwunden wird

Es gibt eine wundervolle, erschütternde Geschichte in der Bibel: Da ist Jesus, der Sohn des lebendigen Gottes, in einem Kreis von Menschen. Auf einmal gibt's einen Mordstumult. Man macht Platz. Ein Volkshaufe – Priester und Pöbel – schleppt eine hübsche junge Frau an. Ich sehe sie förmlich vor mir mit ihren halbzerrissenen Kleidern. Sie zerren sie vor Jesus und sagen: »Herr Jesus! Diese junge Frau haben wir ertappt mit einem fremden Mann im Ehebruch. Gottes Gebot sagt, daß der Ehebrecher des Todes schuldig ist. Du bist immer so barmherzig, Herr Jesus, aber gegen Gottes Willen wirst du wohl nichts sagen. Wir möchten von dir hören, daß die Frau jetzt gesteinigt werden muß!« Da sieht Jesus diese junge Frau an und antwortet: »Ja, Gott nimmt das sehr, sehr ernst; und sie ist nach dem Willen Gottes des Todes schuldig.« Schon geht ein Leuchten über die Gesichter. Einige ergreifen bereits Steine, denn Ehebrecher wurden mit Steinen totgeworfen. Doch Jesus fährt fort: »Einen Moment noch! Der unter euch, der ganz und gar ohne Sünde ist – in Gedanken, Worten und Werken, der soll den ersten Stein werfen.« Und dann bückt sich Jesus nieder und schreibt etwas in den Sand. Ich würde gern wissen, was er geschrieben hat, aber es steht nicht in der Bibel. Nach langer Zeit richtet er sich auf – und da ist der Platz leer. Nur die Frau steht noch da. In der Bibel heißt es: »Sie gingen hinaus, überführt von ihrem Gewissen.«

Und nun frage ich Sie alle: Hätten Sie den ersten Stein auf die Frau werfen dürfen, weil Sie auf diesem Gebiet in Gedanken, Worten und Werken ganz rein sind? Hätten Sie den ersten Stein werfen können? Keiner, nicht?! Dann aber sind wir hier eine Sünderversammlung, ja, das sind wir in der Tat.

Sehen Sie: Diese Leute haben einen großen Fehler gemacht. »Sie gingen hinaus, überführt von ihrem Gewissen.« Sie hätten's umgekehrt machen müssen. Sie hätten sagen sollen: »Herr Jesus! Wir müssen uns neben die Frau stellen. Du hast sie nicht verdammt, hilf auch uns!« Ich weiß in der sexuellen Not unserer Zeit im Grunde keinen anderen Helfer als Jesus. Und wenn ich das so sage, dann sage ich das als einer, der selber von der Hilfe Jesu gelebt hat. Wenn ich von Jesus rede, dann rede ich nicht Theorien. Er war meines Lebens Leben und ist es bis zu dieser Stunde. Ein Pfarrer ist ja auch nicht neutral, ist ja auch ein Mann. Der braucht den Heiland genauso gut wie Sie. Und ich habe erfahren, welch ein Erretter Jesus ist, und zwar nach zwei Seiten hin:

a) Jesus vergibt Schuld

Kein Pfarrer, kein Priester, auch die Engel nicht, können Ihnen Ihre Sünden vergeben. Der erste schmutzige Gedanke und jeder Fall sind unwiederbringlich Schuld. Und Sie gehen mit Ihrer Schuld in die Ewigkeit, ins Gericht Gottes – wenn Sie nicht vorher Jesus finden und dem Ihre Sünden bekennen und sie sich vergeben lassen. Jesus ist der einzige, der unsere Schuld vergeben kann.

Stellen Sie sich im Geist vor Jesu Kreuz und sagen Sie: »Jetzt lege ich mal alle meine Jugendsünden vor dich hin. Alle meine trüben Bindungen bekenne ich dir, ich will nichts verschweigen.« Und dann schauen Sie auf zu seinem Kreuz und sprechen Sie: »Es quillt für mich / Dies teure Blut, / Das glaub und fasse ich! / Es macht auch meinen Schaden gut, / Denn

Christus starb für mich.« Hören Sie: »Das Blut Jesu Christi, des Sohnes Gottes, macht uns rein von aller Sünde.« Ein befreiendes Wort!

Ich wurde mit 17 Jahren Soldat und beim Militär durch eine Mühle von Schmutz gedreht. Plötzlich wachte ich auf und fragte im Blick auf den Weg voll Schmutz: »Wer nimmt mir mein versiebtes Jugendleben weg?« Und dann begriff ich: »Jesus liquidiert meine Vergangenheit. Jesus vergibt meine Schuld!« Da habe ich mich zu ihm bekehrt. Und jetzt möchte ich nicht mehr leben ohne ihn.

Ich habe in Düsseldorf mal in einer großen Versammlung davon gesprochen, daß Jesus durch Vergebung der Schuld Vergangenheit liquidiert. Als die Versammlung zu Ende war und alles hinausströmt, sehe ich, wie sich ein hochgewachsener vornehmer Herr durch die hinausströmende Menge nach vorne zu mir durchdrängt. Schließlich steht er ganz aufgeregt vor mir und fragt: »Ist es wahr, was Sie gesagt haben, daß es Vergebung der Schuld gibt?« »Ja«, antworte ich, »Gott sei Dank! Davon lebe ich!« Da sagt er: »Ich bin Psychiater. Sehen Sie, zu mir kommen viele Menschen mit seelischen Krankheiten. Sie haben Komplexe. Aber sie wissen nicht, woran sie leiden. Meist sind es alte Schuldgeschichten, an die sie sich nicht mehr deutlich erinnern können oder wollen. Ich muß lange an ihnen arbeiten, daß ich die alten Geschichten aus dem Unterbewußtsein in das Bewußtsein hebe. Doch dann hört meine Macht auf. Ich kann die alte Schuld wohl ans Tageslicht bringen: die Lüge, den Streit, die Unkeuschheit. Aber ich habe oft verzweifelt gedacht: ›Wenn ich doch die Schuld auch wegschaffen könnte!‹ Und deshalb frage ich Sie, Herr Pfarrer Busch, gibt's wirklich einen, der Schuld wegschaffen kann? Ist das wahr oder nicht?« Darauf habe ich noch einmal fröhlich bestätigt: »Gott sei Dank! Ja!« Und es ging mir auf, was für eine unerhörte und großartige Botschaft wir im Neuen Testament haben: Jesus vergibt Schuld!

Und das andere:

b) Jesus löst Bindungen

Als ich einer sehr hübschen jungen Sekretärin einmal sagte: »Fräulein, Sie gehen in die Hölle! Ihr Verhältnis zu Ihrem Chef ist grauenvoll! Machen Sie den Mann und seine Familie doch nicht unglücklich!«, da antwortete sie – ein Schmerz ging über ihr Gesicht –: »Ich kann doch da nicht raus! Ich liebe ihn doch!« »Ja«, erwiderte ich, »aber der Mann hat doch Frau und Kinder! Sie sind grausam!« Und wieder sagte sie: »Ich kann doch nicht heraus!« Dabei spürte ich, wie sie selber die Qual dieser Bindung empfand, sie aber nicht zu zerreißen vermochte. Da war ich glücklich, daß ich ihr sagen konnte: »Sehen Sie, Fesseln der Sünde können wir tatsächlich nicht zerreißen, aber in der Bibel steht: ›Wen der Sohn Gottes frei macht, der ist recht frei.‹ Rufen Sie Jesus an! Er vermag auch solche trüben Bindungen zu zerreißen!«

Es gibt einen Liedvers, den ich so gern singe: »Jesus ist kommen, nun springen die Bande, / Stricke des Todes die reißen entzwei« – das habe ich als Großstadtpfarrer erlebt, wie Todesstricke entzwei rissen! – »Unser Durchbrecher ist nunmehr vorhanden, / Er, der Sohn Gottes, der machet recht frei, / Bringet zu Ehren aus Sünde und Schande: / Jesus ist kommen, nun springen die Bande!«

An dieser Stelle unserer sexuellen Nöte und Bindungen wird deutlich, daß junge und alte Menschen den Heiland, den Erlöser brauchen. Daß Jesus eine herrliche und ganz reale Erlösung schenkt, das kann man ausprobieren! Sie brauchen einen Heiland, sonst haben Sie ein ganz jämmerliches Dasein!

5. Die Welt hungert nach »agape«

Ich muß noch etwas einfügen. Es gibt viele Mädchen, die sagen: »Ja, wir sind schon vierzig, und es hat uns keiner geheiratet. Wie ist das denn mit uns?«

Sehen Sie: Ich bin hundertprozentiger Pazifist – ich will es ruhig gestehen – und bin es eigentlich geworden an der Not solcher Mädchen. Im Zweiten Weltkrieg sind fünf Millionen junge Männer gefallen. Das bedeutet, daß fünf Millionen Mädchen der höchste Wunsch ihres Lebens versagt blieb, einen Mann glücklich zu machen, daß fünf Millionen Mädchen in unserem Volk ihren Weg einsam gehen müssen. Brauche ich noch mehr Gründe gegen den Krieg? Wollen Sie sich mal klarmachen, was diese schweigende Not von fünf Millionen Mädchen bedeutet in unserem Volk! Die Männer, die sie glücklich machen wollten, liegen auf den Schlachtfeldern. Solchen Mädels möchte ich sagen: »Um Gottes willen, raubt euch jetzt nicht durch die Sünde, was euch entgangen ist! Brecht nicht in fremde Ehen ein! Es ist ein Strom von Gefahr und Versuchung eingebrochen in unser Volk.« »Ja, was ist denn mit uns?« fragen sie. Da antworte ich: »Wenn ihr schon so geführt worden seid, dann sagt ›Ja‹ dazu. Man muß nicht unter allen Umständen arm sein, wenn man nicht heiratet!«

Die Bibel erzählt von einer unverheirateten Frau namens Tabea. Sie lebte in der Stadt Joppe, dem heutigen Jaffa. Bei ihrem Tode war gerade der Apostel Petrus in der Nähe. Der wird gerufen. Als Petrus in das Sterbezimmer kommt, verschlägt's ihm den Atem. Er hatte gedacht: »Gewiß liegt das alte Jüngferchen allein auf seinem Sterbelager!« Doch da ist die Stube voll! Da ist eine Witwe, die sagt: »Diesen Rock hat Tabea mir genäht!« Da ist ein blinder Mann, der bezeugt: »Ich war so allein. Und jeden Sonntagnachmittag von drei bis vier Uhr kam Tabea und las mir eine Stunde vor. Es war die helle Stunde meines Lebens!« Da sitzen kleine Kinder – wissen Sie: solche, denen die Nase läuft – und berichten: »Wir sind Schlüsselkinder. Keiner kümmerte sich um uns. Und dann kam Tabea und nahm sich um uns an!« Auf einmal geht dem Petrus auf: »Die Tabea hat ein viel reicheres Leben gehabt als manche Ehefrau, die neben einem langweiligen Ehegatten mit der Zeit säuerlich geworden ist!«

Wir haben im Deutschen nur ein Wort für Liebe. Im Griechischen gibt es zwei Wörter für Liebe. Und das Neue Testament ist griechisch geschrieben. Die Liebe, von der wir zuerst sprachen, die heißt im Griechischen »eros«. Daher auch das Wort »Erotik«. Und dann gibt's ein zweites Wort für Liebe, das heißt »agape«. Das ist die Liebe Gottes, die ich weitergeben darf.

Ihr jungen Mädchen, die ihr nicht heiratet, sagt »Ja« zu eurem Weg – und füllt euer Leben aus mit »agape«! Die Welt hungert nach solcher Liebe.

Darf ich noch einmal wiederholen? Gott bestimmt, was gut und böse ist! Gott sagt: Eine reine Jugend, eine Ehe der Treue. Und wenn's nicht in die Ehe führt, dann geht es um die Bejahung dieses Weges.

6. Liebe, auf die wir kein Recht haben

Zum Schluß möchte ich noch einmal auf Jesus zu sprechen kommen. Mein Thema hieß: »Unser Recht auf Liebe!« Es gibt eine Liebe, auf die wir kein Recht haben, die uns frei geschenkt wird. Und das ist die Liebe Jesu Christi. Wir sind Sünder. Wir brauchen einen Heiland. Lassen Sie es mich als persönliches Zeugnis sagen:

Ich saß im Dritten Reich mal wieder im Gefängnis – um meines Glaubens willen. Der Anstaltspfarrer hatte mich besucht und gesagt: »Ihre Aussichten sind schrecklich dunkel.« Dann war er gegangen. Und ich blieb allein zurück in dieser Zelle. Sie war sehr eng. Ganz oben war ein kleiner Lichtspalt. Es war kalt, und ich fror. Ach, die ganze Atmosphäre, in die ich geraten war, war so grauenvoll kalt. Ich hatte Heimweh nach meiner Frau, nach meinen Kindern, nach meinem Amt, nach meinen Jungen, ich war ja Jugendpfarrer. Und da saß ich – ohne Hoffnung, je von diesem Weg runterzukommen. Als der Abend hereinbrach, überfiel mich eine grenzenlose Verzweiflung. Ich weiß nicht, ob Sie in Ihrem Leben mal an irgendeiner Stelle in wirkliche Verzweiflung geführt worden sind. Das aber war der Augenblick – ich kann es Ihnen nur so bezeugen –, wo der Herr Jesus in meine Zelle trat! Er lebt! Er kann durch verschlossene Türen gehen. Und er tat es und stellte mir sein Sterben am Kreuz vor die Augen, wo er für mich als Sünder gestorben ist. Und ich hörte sein Wort im Ohr: »Ich bin der gute Hirte. Der gute Hirte läßt sein Leben für die Schafe.« In dieser Stunde ging ein solcher Strom göttlicher Liebe aus den Händen Jesu über mich hin, daß ich's fast nicht mehr ertrug, daß es fast zuviel war für mein Herz. Und ich begriff: Da ist eine Liebe, die wir nicht verdient haben, auf die wir kein Recht haben, die uns geschenkt wird.

Und diese Liebe ist auch Ihnen offen! Warum lassen Sie diesen Strom an sich vorbeirauschen? Er will mitten in Ihr Herz hineinströmen!

Kann man mit Gott reden?

Im Schwabenland erzählt man sich ein nettes Geschichtlein. Seiltänzer waren in einem schwäbischen Dorf angekommen, die sich am Abend produzieren wollten. Ihr Gerüst mit einem langen Seil in der Mitte hatten sie schon aufgestellt. Da geht eine Mutter mit einem kleinen Kind vorbei. Das Kind fragt: »Mamma, kann mer denn do auf dem Seil laufa?« Darauf antwortet die Mutter: »Mer kann scho, wenn mer's kann! Aber ich kann's net!«

Das ist das erste, was ich Ihnen zu unserem Thema sagen muß:

1. Man kann, wenn man's kann

Ja, man kann es schon – Gott ist ja da! –, wenn man es kann. Aber viele von Ihnen müssen auch sagen: »Aber ich kann es nicht!« Natürlich kann man mit Gott reden! Sie können doch mit dem Herrn Meier reden, da sollten Sie nicht reden können mit dem lebendigen Gott? Er ist da! Aber können Sie mit Gott reden?

Als Kind habe ich das Lied gelernt: »In dem Himmel ferne, / Wo die Englein sind, / Schaut doch Gott so gerne . . .« Und da habe ich gedacht: »Dann hat's keinen Sinn mehr zu beten, denn so laut kann ich nicht schreien, daß Gott im Himmel ferne mich hören kann.« Und die Russen spotten: Wir haben den Sputnik ins Weltall geschickt. Wenn ein Gott da wäre, dann hätten wir ihn treffen müssen.

Sehen Sie: Viele kommen damit nicht zurecht und fragen: »Ja, wo ist denn Gott? In dem Himmel ferne? Da oben? Wie hoch denn? Hundert Kilometer, tausend Kilometer hoch?« Da möchte ich Ihnen gleich in aller Deutlichkeit erklären: »In dem Himmel ferne«, davon steht nichts in der Bibel, sondern die Bibel sagt etwas ganz anderes. Sie sagt vom lebendigen Gott: »Fürwahr, er ist nicht ferne von einem jeglichen unter uns.« Und sie drückt es an anderer Stelle so aus: »Von allen Seiten umgibst du mich.« Das kann man nur verstehen, wenn man begreift, daß unsere Sinne nur die dreidimensionale Welt aufnehmen können. Die Welt ist aber größer. Und Gott ist in einer anderen Dimension, aber eine Handbreit neben Ihnen. Als sie sündigten, stand er daneben – und schwieg. Es gibt Menschen, die sind 40 oder 50 Jahre alt, haben ihm 40 oder 50 Jahre lang ins Gesicht hinein gesündigt – und er schweigt.

Natürlich kann man mit Gott reden! Aber das ist wie beim Seiltänzer: Man kann es, wenn man es kann! Doch die meisten Menschen müssen heute sagen: »Aber ich kann es nicht!« Bitte, seien Sie mal ganz ehrlich: Sie können doch gar nicht beten. Man könnte, wenn man's könnte. Aber man kann nicht!

Das ist das unheimliche Kennzeichen unserer Zeit, daß sie die Fähigkeit verloren hat zum Gebet und damit zum Glauben. Der berühmte Schriftsteller Franz Werfel hat einen Roman geschrieben mit dem Titel »Der veruntreute Himmel«. Darin sagt er einen Satz, der mir nachgeht, solange ich mit Menschen zu tun habe. Der Satz lautet: »Das Kennzeichen der modernen Zeit ist die metaphysische Verdummung des Menschen.« Mit »metaphysisch« bezeichnet man die ewigen Dinge, die auch wirklich, aber eben in der anderen Dimension sind. Die »metaphysische Verdummung«: daß der Mensch so lange verdummt worden ist durch Radio, Fernsehen, Geschwätz, Propaganda, Ideologien, Politik, Nachbarn, Terror in Fabriken, bis er gar nicht mehr die Fähigkeit hat, damit zu rechnen, daß Gott da ist und daß man mit ihm reden kann. Kann man mit Gott reden? Man könnte, wenn man nicht verdummt worden wäre durch hundert Jahre Geistesgeschichte!

Ein 16jähriger Junge erzählte mir von einem erschütternden Erlebnis, das er hatte, als er in den Krieg eingezogen wurde. Über seine Batterie war ein Bombenangriff niedergegangen. Als er als erster aus dem Bunker kommt, findet er einen Mann, dem der Leib aufgerissen ist. Er will ihm helfen. Da sagt der Mann zu ihm: »Ich muß sterben. Da brauchst du nicht mehr zu helfen. Ich brauche nur noch einen, der mit mir beten kann. Junge, bete mal!« Da antwortet der Junge: »Ich habe in der Hitler-Jugend fluchen gelernt, aber nicht beten.«

Und dann ist er zum Hauptmann gelaufen und hat gesagt: »Hauptmann, kommen Sie mal!« Der Hauptmann kniet bei dem Mann nieder, dem der Leib aufgerissen ist und dem die Gedärme herauskommen: »Was willst du, Kamerad?« »Hauptmann, ich muß sterben. Beten Sie mit mir!« »Himmel«, ruft der Hauptmann, »beten kann ich nicht.« Und dann holt der Hauptmann einen Oberleutnant. Und schließlich stehen diese gestandenen Männer da, die sich einen Stiefel darauf einbilden, was sie doch für Kerle sind, die jeden dreckigen Witz erzählen können, die fluchen können – und nicht einer kann beten. Nicht einmal ein einfaches Vaterunser kriegen sie heraus. Der Junge sagte mir: »Ich habe da gestanden und gedacht: ›Wenn ich aus diesem dreckigen Krieg herauskomme, dann ist das erste, was ich mache, daß ich irgendwo hingehe, wo ich das Beten lernen kann. Ich möchte nicht so elend verrecken wie dieser Mann!‹«

Sehen Sie: Das ist die Lage unserer Zeit. Ob ich bei Generaldirektoren bin oder bei Arbeitern: Der eine ist zu klug zum Beten, und der andere steht unter dem Terror des Freidenkertums. Wir können's nicht mehr. Und das ist allerdings eine beachtliche Katastrophe, was der gescheite Franz Werfel die »metaphysische Verdummung« nennt. Darum diese grauenvolle Hilflosigkeit jedem Schlag gegenüber. Ich habe mit Menschen in Essen in Bombenkellern gesessen, die eine große Klappe hatten und vom Endsieg, vom wunderbaren Führer und von Großdeutschland sprachen, und wenn die Bomben fielen, dann haben sie gewinselt. Und wir Christen haben gebetet und ihnen Jesus-Lieder vorgesungen, damit sie es durchhielten. Sie selbst konnten nicht mehr beten. O ja, wenn der Mensch nicht beten kann, dann ist das eine Katastrophe!

Neulich steht ein kluger, gebildeter Mann vor mir und erklärt lächelnd: »Herr Pfarrer, das Beten hilft auch nicht vorwärts!« Da habe ich ihn angedonnert und gesagt: »Schwätzen Sie doch nicht so dumm!« »Wieso?« fragt er verblüfft. Und ich antwortete ihm: »Sie kommen mir vor, wie wenn ein Beinamputierter erklärt: ›Skilaufen hat auch keinen Wert!‹ Er kann's ja gar nicht!«

Über Skilaufen kann man diskutieren, aber nicht mit Beinamputierten, nicht wahr? Aber so sind wir. Wir können nicht beten, stellen uns aber hin und erklären: »Beten hat auch keinen Zweck!« Sie hören aus meinen Worten, daß ich an diesem Punkt den Respekt vor der deutschen Männerwelt verloren habe. Das hat seine Gründe, glauben Sie mir. Je armseliger wir werden, desto größere Sprüche klopfen wir! Wenn ich Sie dazu brächte, daß Sie heute abend in die Stille gingen und sagten: »Weiß Gott, das Geringste, was ein Christ können sollte, ist beten! Und das kann ich nicht!«

Es packt mich allerdings nicht nur ein Zorn über die Verdummung unseres armen Volkes, sondern es packt mich auch eine große Wehmut. Sehen Sie: Es rührt mich, wenn ich daran denke, mit welcher Selbstverständlichkeit die Kirche immer noch tut, als wenn die Leute beten könnten. Ist es bei Ihnen auch so: An Weihnachten gehen die Leute in die Kirche, die sonst nie kommen. An einem solchen Weihnachtsgottesdienst ist alles überfüllt. Und wenn der Pfarrer sagt – und das rührt mich –: »Wir wollen beten!«, dann falten sie alle ihre Hände und senken ihr Haupt. Dann möchte ich schreien: »Tut doch nicht so! Keine 10 Prozent können ja beten! Ihr markiert ja alle!« Habe ich recht? Bei Trauungen: »Wir wollen beten!« Bei Beerdigungen: »Wir wollen beten!« Und dann stehen sie mit ihren Zylinderhüten da und meinen, wenn sie in ihren Zylinderhut gucken, das sei schon gebetet. Anschließend wird getrunken! Als ich Soldat war, schon vor 1915, da hatten wir einen Kirchgang befohlen. Vorher gab der Feldwebel Instruktionen: »Ihr geht ganz still in die Bankreihen. Wenn ihr in der Bank seid, dann bleibt ihr stehen, nehmt den Helm vor und zählt langsam bis 12, dann hinsetzen!« Und die Leute sahen die Soldaten und dachten: »Wie fromm die beten!« Dabei zählten sie nur langsam bis 12, dann setzten sie sich hin! Ich glaube, daß bei Trauungen und Beerdigungen, wenn es heißt: »Wir wollen beten!«, die Leute nicht einmal bis 12 zählen. Deshalb beschleicht mich eine Wehmut, wenn ich denke, daß man das einst so sagen konnte: »Wir wollen beten!« – und dann konnten die Leute beten und haben nicht markiert.

Der große Erforscher Innerafrikas, David Livingstone, einer der größten Männer, die die Welt kannte, mutig, gelehrt und klug, ist auf folgende Weise in die Ewigkeit gegangen, ein Weltmensch würde sagen: gestorben. Da war er im Innern Afrikas nur mit seinen eingeborenen Trägern unterwegs. Eines Morgens packten die Träger das Gepäck und brachen die Zelte ab. Nur das Zelt von Livingstone steht noch. Sie stören ihn nicht, weil sie wissen: Am Morgen betet er. Da spricht er mit seinem himmlischen »Tuan«, seinem Gott. Aber diesmal dauert's lange. Schließlich schaut der Führer der Trägerkolonne durch einen Schlitz ins Zelt und sieht: Er liegt noch auf den Knieen. Bis zum Mittag haben sie noch gewartet. Dann haben sie es endlich gewagt, das Zelt aufzumachen. Da lag er noch auf den Knieen, aber sein Herz stand still.

Dieser große Mann und bedeutende Geist ist auf den Knieen betend gestorben, heimgegangen zu seinem Herrn. Und der deutsche Spießbürger sagt: »Beten hat keinen Zweck!« – Schämen wir uns nicht?! –, statt zu sagen – unter Tränen –: »Ich kann's nicht mehr!« Der Mann konnte das. Er starb auf den Knieen. Wir sterben im Krankenhaus mit Spritzen. Sonst halten wir das Sterben nicht aus, wenn die Ärzte uns nicht betäuben. Der Mann brauchte keine Spritzen. Er redete mit Gott. Und im Gespräch mit ihm ging er in die Ewigkeit.

Wie ist das in den Häusern mit dem Gebet? In meinem Elternhaus – wir waren mit acht Geschwistern – war es so: Morgens vor dem Frühstück versammelten wir uns alle. Es wurde ein Lied gesungen: »Morgenglanz der Ewigkeit ...« oder »Lobe den Herren ...« Dann wurde ein Bibelabschnitt gelesen. Zum Schluß hat mein Vater gebetet. Das ging mit mir, auch als ich gottlos wurde, daß da zu Hause gebetet wurde. Und als ich abfiel und als junger Offizier auf schlimme Wege kam, da war das Gebet der Eltern wie ein Seil, das mich zurückriß. Haben Sie noch eine Morgenandacht? Ihr Männer, Gott fordert von euch einmal die Seelen eurer Kinder und Frauen, wenn ihr eurem Hause nicht recht vorgestanden habt. Wie fängt bei euch der Tag an? Singt man da ein Lied? Wird da ein Bibelwort gelesen? Ihr könnt nicht beten? Was passiert, wenn eure kleinen Kinder sagen: »Papa, bete du mal morgens mit uns!«?

Ich habe es erlebt, daß ein vornehmer Herr in Essen mich bat: »Besuchen Sie mich mal!« Und da saß er mit seiner Frau und berichtete mir: »Es ist etwas Dolles passiert. Mein 16jähriger Sohn kommt aus Ihrem Jugendkreis und fragt: ›Warum wird bei uns nicht gebetet?‹ Als ich ihm erkläre: ›Ach, das sind ja alles bloß so Formeln. Da ist ja nichts dahinter!‹, hat der Sohn weitergefragt: ›Papa, was hältst du vom Heiligen Geist?‹ Darauf ich: ›Da halte ich gar nichts von!‹ Da hat der Sohn erklärt: ›Das ist eben das Unglück unserer Familie. Wir brauchen einen Vater, der um den Heiligen Geist beten kann!‹« Das erzählt mir der Mann. Und da habe ich gefragt: »Hören Sie mal! Soll ich Ihrem Sohn den Kopf waschen, daß er ein bißchen frech ist zu seinem Vater?« Doch der Herr erwidert: »Nein, nein! Ich meine es so: Wenn der Junge recht hat, dann liege ich schief!« Darauf konnte ich nur noch sagen: »Sie liegen schief! Der Junge hat recht.« »Ja«, erklärte er, »das fürchte ich auch. Was soll ich tun?«

Verstehen Sie: Dem Mann ging auf einmal auf: »Meine wichtigste Verantwortung als Hausvater habe ich verpaßt!« Es genügt nicht, daß Sie Ihren Kindern Kleidung kaufen und zu essen geben. Ihr Väter habt eine größere Verantwortung! Könnt ihr beten?

Wissen Sie: Mir kommen die Menschen unserer Tage vor wie – ich muß ein Beispiel brauchen –: Es gibt unter Seeleuten eine Sage, daß über die sieben Weltmeere ein Schiff geistere, das völlig verlassen sei und dennoch nicht untergehe. Und dann könne es passieren, daß ein Dampfer übers Meer fährt und das Schiff plötzlich sieht. Er funkt das Schiff an – aber das Schiff antwortet nicht! Wir sind wie solche Gespensterschiffe. Gott funkt uns an. »Bald mit Lieben, bald mit Leiden / Kamst du, Herr, mein Gott, zu mir, / Dir mein Herze zu bereiten.« Gott funkt uns an durch Ereignisse und Erlebnisse – und vor allem durch sein Wort. Aber wir können nicht antworten! Gespensterschiffe!

Ich habe erlebt, als ich über diese Dinge sprach, daß ein kleines Kind nachher seine Mutter fragte: »Warum schimpft der Mann auf der Kanzel so?« Ich hoffe, Sie verstehen: Ich schimpfe nicht, sondern mir bricht manchmal das Herz vor Erbarmen, wohin man unser armes Volk, Gebildete und Arbeiter, Männer und Frauen, Alte und Junge, gebracht hat, daß man es einfach nicht mehr kann: Gott anrufen, der neben mir ist.

Viele Leute sind »christlich« oder »für die Kirche« – aber sie können nicht beten. Wenn ich Hausbesuche mache, treffe ich immer Leute, die sagen: »Wir sind sehr christlich, Herr Pfarrer. Meine Mutter kannte auch den Pastor Schulze. Haben Sie den gekannt? Nein? Den kannte meine Mutter sehr gut!« Da antworte ich: »Mitsamt Ihrem Pfarrer Schulze fahren Sie in die Hölle, wenn Sie Jesus nicht kennen. Die Frage ist, ob Sie den Namen Jesus anrufen können, ob Sie beten können!« Bitte, fragen Sie sich selber: »Kann ich beten? Bete ich?« – und geben Sie sich selber Antwort.

Nun werden Sie vielleicht sagen: »Hör auf, Pastor Busch! Sag uns lieber: Wie lerne ich beten?« Und darauf muß ich jetzt kommen.

2. Wie lerne ich beten?

a) Der erste Lebensschrei

Na, wie lernt man denn sprechen? Können Sie sich erinnern, wie Sie das Sprechen gelernt haben? Nein, Sie können sich nicht mehr erinnern! Ich auch nicht. Aber wenn Sie das Beten lernen wollen, dann müssen Sie erst einmal den ersten Lebenslaut eines richtigen Lebens aus Gott lernen. Ich will Ihnen sagen, wie der heißt.

Der Herr Jesus erzählte mal eine Geschichte: Da gingen zwei Männer in die Kirche. Der eine war ein feiner Mann und spielte eine große Rolle. Er ging gleich nach vorne und fing an: »Lieber Gott, ich danke dir, daß ich so ein feiner Kerl bin!« Da hat Gott die Ohren schon verschlossen. Der Mann konnte reden, soviel er wollte – Gott hat gar nicht mehr zugehört. Das gibt's! Der zweite war eine ziemlich üble Type. Wir würden sagen: »Leicht kriminell!« Er war Schwarzhändler, Schmuggler oder so etwas. Die Bibel nennt es »Zöllner«. Und wie der in die Kirche kommt, da kriegt er Angst vor der Feierlichkeit, bleibt an der Türe stehen und denkt: »Da passe ich gar nicht rein! In die Kneipe, wo es rundgeht, da passe ich schon eher rein, aber hier nicht.« Er will schon umkehren, als ihm einfällt, warum er gekommen ist. Er hat ja so grenzenloses Heimweh nach Gott. Wir haben ja alle grenzenloses Heimweh nach Gott. Heimkommen zum Vater! Und so kann er nicht umkehren, der Mann. Aber hinein kann er auch nicht. Es fällt ihm ein, wie sein Leben aussieht – und da faltet er die Hände und sagt nur ein Sätzchen: »Gott, sei mir Sünder gnädig!« Die Bibel sagt: »Da fingen die himmlischen Heerscharen an zu singen.« Ein Mensch wird lebendig!

Der erste Lebensschrei eines neuen Lebens heißt: »Ich habe gesündigt!«

Ich mache es gern so anschaulich: Als mein erster Sohn geboren wurde, habe ich mit meiner Frau die Geburt durchgestanden, die sehr schwer war. Ich dachte an Jesu Wort: »Ein Weib, wenn sie gebiert, hat sie Traurigkeit.« Und ich dachte, daß die geliebte Frau, deren Kopf ich hielt, es fast nicht ertrüge. Auf einmal höre ich ein Stimmlein, ein quäkendes Stimmchen. Das Kind ist da! Ein neues Leben! Das war kein schöner Gesang, dieses Quäken. Aber ich habe geheult wie ein

Schloßhund, als ich es hörte. Können Sie das verstehen? Das hat mich erschüttert: Der erste Schrei eines neuen Lebens!

Und sehen Sie: Der erste Schrei eines Lebens aus Gott ist der, wenn ein Mensch endlich ins Licht der Wahrheit kommt und sagt: »Ich habe gesündigt! Gott, sei mir Sünder gnädig!« Ihre ganze Beterei wird nichts werden, wenn am Anfang nicht dieser erste Lebensschrei steht. Ich habe noch kein Kind gesehen, das damit angefangen hätte, große Reden zu halten, sondern am Anfang kommt der erste Lebensschrei. Es gibt auch keinen anderen Weg ins Reich Gottes!

Der erste Lebensschrei! Ist er schon gewesen in Ihrem Leben? Nein? Dann gehen Sie um Gottes willen in die Stille! Ich bin nicht Propagandist für die Kirche, meine Freunde, sondern ich möchte gern, daß ein paar von Ihnen nicht in die Hölle kämen! Und es geht nicht anders, als daß Sie den ersten Lebensschrei eines Lebens aus Gott tun: »Ich habe gesündigt! Gott, sei mir Sünder gnädig!«

Als der verlorene Sohn von den Schweinen nach Hause kam, war das erste, was er sagte: »Vater, ich habe gesündigt gegen den Himmel und vor dir.« In dem Augenblick, wo Sie das aussprechen, steht der Sohn Gottes, Jesus, vor Ihnen und verkündet Ihnen: »Mein Lieber, meine Liebe, für deine Sünde bin ich gestorben! Ich habe für dich bezahlt!«

b) Nur Kinder Gottes können richtig beten

Neulich habe ich einen Bekannten getroffen, der drei süße kleine Kinder hat, einen Jungen und zwei Mädchen. Als er mir so entgegenkam, sah ich, wie die Kinder auf ihren Vater einredeten: wie die Bücher, alle zur gleichen Zeit. Und der Vater hatte Mühe, allen zu antworten. Da komme ich dazu und sage: »Guten Tag, Herr Sowieso! Guten Tag, ihr Kinderchen!« Wie man's so macht! Und siehe da: Die Kinder verstummten sofort. Dem Fremden gegenüber verstummten sie. Das heißt: Kinder können eigentlich nur mit ihrem Vater oder ihrer Mutter richtig reden. Wenn ein Fremder kommt, dann werden sie verlegen.

So können wir nur richtig beten, wenn wir Kinder Gottes geworden sind! Darum können wir nicht beten, weil wir nicht Kinder Gottes sind.

Ach ja, wir sind »kirchlich«, wir sind konfirmiert; wir sind

»christlich«, wir gehen Weihnachten in die Kirche; wir sagen dem Pastor »Guten Tag« und boxen ihm nicht in die Rippen, so höflich sind wir. Ein Erweckungsprediger hat einmal gesagt: »Sie sind getaufte Hasen!« Da hat einer gefragt: »Was soll das heißen?« Und da hat er geantwortet: »Wenn du einen Hasen fangen und taufen würdest, dann würde er doch gleich wieder weg ins Feld springen. So machen sie es auch: Gerade getauft – und dann geht's gleich wieder in die Welt hinein!« Liebe Freunde, da kann man nicht beten. Nur Kinder Gottes können richtig beten! Und nur Kinder Gottes können deshalb richtig froh sein!

Sehen Sie: Sie müssen Kinder Gottes werden! Sie sind es von Natur nicht. Sie haben vielleicht eine christliche Tünche, aber Sie sind keine Kinder Gottes. Ein Kind wird man nur durch Geburt, ein Kind Gottes wird man nur durch Wiedergeburt. Sie müssen ein Kind Gottes werden – dann können Sie beten! Ja, Kinder Gottes können ohne Beten nicht mehr leben! Für Kinder Gottes ist das Beten wie das Atmen. Meine Jungen machen oft Spaß, indem einer dem andern zuruft: »Vergiß das Atmen nicht!« Sie vergessen das Atmen der Seele! Für Kinder Gottes ist das Beten Atmen. Sie müssen also ein Kind Gottes werden!

Ich will Ihnen kurz sagen, wie man ein Kind Gottes wird: Nur durch Jesus! Der sagt: »Ich bin die Tür. Wer durch mich eingeht, wird selig werden.« Da kommt durch den Nebel der Welt Jesus auf Sie zu, Jesus, der Mann mit den Nägelmalen. Sie haben sich nicht um ihn gekümmert. Es schien Ihnen dummes Zeug zu sein mit Jesus. Doch er kommt auf Sie zu. Und da kann's geschehen, daß Sie ihn erkennen: »Du Mann aus der anderen Dimension, du Sohn des lebendigen Gottes, du bist ja mein Heiland!« Der erste Schritt, wie ich ein Kind Gottes werde, ist: Jesus erkennen. Und der zweite Schritt ist, daß ich gegen diesen Jesus ein großes Vertrauen kriege: Er kann mein Innenleben, meine Friedelosigkeit, meine heimliche Schuld, meine Jugendsünden in Ordnung bringen! Im Alten Testament spricht ein Mann Gottes: »Du führst die Sache meiner Seele.« Auf einmal bekommt man Vertrauen zu Jesus. Und man vertraut ihm so, daß man es wagt, von seinem bisherigen Leben abzuspringen und ihm das ganze Leben in die Hand zu geben. Wir nennen das Bekehrung. Das war die Stunde in meinem Leben, als ich mit achtzehn Jahren absprang von einem gottlosen Leben und mein Leben Jesus gab. Da hat mir kein Mensch geholfen. Ich kann Ihnen auch nicht helfen. Sie müssen es mit ihm alleine ausmachen. Aber riskieren Sie es nur und sagen Sie ihm: »Nimm mein Leben, Jesu, dir / Übergeb ich's für und für!« In dem Augenblick, wo Sie das tun, sind Sie ein Kind Gottes geworden. Da kommen Leute zu mir und erklären mit, daß man auch auf andere Art und Weise selig werden kann. Versuchen Sie es! Ich sage Ihnen: Es gibt nur eine Tür ins Reich Gottes! Und diese Tür heißt Jesus! Jesus: für uns gestorben und für uns auferstanden!

Und sehen Sie: Wenn Sie ein Kind Gottes geworden sind – ach, suchen Sie doch Jesus, bitte, er sucht Sie schon so lange! –, dann können Sie beten, dann hört das Elend Ihres Lebens auf, dann können Sie Ihr Herz vor ihm ausschütten – wie ein Kind dem Vater.

Ich bin jetzt ein alter Pfarrer und habe viele Menschen kennengelernt. Und ich bin heute überzeugt, daß jeder Mensch – jeder! – seine dunklen Geheimnisse hat. Die tragen wir mit uns herum. Aber wenn ich ein Kind Gottes werde, dann kann ich mein Herz ausschütten vor Jesus. Ich kann ihm meine dunklen Geheimnisse, mein Nicht-fertig-Werden, meine trüben Bindungen sagen. Ich kann ihm das sagen, was ich keinem Menschen anvertraue.

Zum Schluß einer Freizeit mit meinen Jungen erzählten ein paar aus ihrem Leben. Ein junger Kerl von 18 Jahren sagte: »Ich war christlich, aber ich war nahe daran, alles über Bord zu werfen. Da habe ich eines Tages, bevor ich in die Bibelstunde ging, gesagt: ›Herr Jesus, wenn du mir heute abend nicht persönlich ein Wort sagst, dann werfe ich alles über Bord. Ich kann ohne Klarheit nicht fertig werden mit mir und dem Leben in der Großstadt!‹« Und dann fuhr er fort: »Als ich von der Bibelstunde nach Hause ging, war alles klar! Er hatte mein Gebet erhört und persönlich zu mir geredet!« Es hat mich gepackt, als der Junge das erzählte, wie er aus Unglauben und Verzweiflung heraus Jesus anruft – und Antwort bekommt. Wie bekommt man erst Antwort, wenn man als Kind Gottes ruft!

Meine Mutter lebte in Hülben bei Urach auf der Schwäbischen Alb. Im Krieg schrieb sie mir mal: »Ich bin heute nacht um drei Uhr aufgewacht. Da dachte ich an meine Kinder im

Feld und an die Enkel und an Euch im Bombengebiet und an Elisabeth in Kanada, von der ich keine Nachricht habe. Und da überfiel mich die Sorge, als wenn ein Gewappneter mit eisernen Handschuhen mich würgen würde. Ich habe es nicht ausgehalten. Und dann habe ich gebetet: ›Herr Jesus, gib mir ein Wort! Ich halte es nicht aus vor Sorge!‹ Dann habe ich das Licht angeknipst, meine Bibel genommen« – wohl dem, der immer eine Bibel auf dem Nachttisch liegen hat! – »und aufgeschlagen. Und das erste Wort, das ich fand, hieß: ›Alle eure Sorge werfet auf ihn, denn er sorgt für euch.‹« Der Brief meiner Mutter schloß dann mit den herrlichen Worten: »Da habe ich flugs alles auf meinen Heiland geworfen, das Licht ausgelöscht und bin fröhlich eingeschlafen.« Das ist eine Sache: »Da habe ich flugs alles auf meinen Heiland geworfen, das Licht ausgelöscht und bin fröhlich eingeschlafen«! Wenn man ein Kind Gottes geworden ist, dann kann man so leben.

Ich erinnere mich, daß meine Mutter eines Tages sagte: »Gestern abend war ich so müde, daß ich gar nicht mehr beten konnte. Da habe ich bloß noch gesagt: ›Gute Nacht, lieber Heiland!‹« Da habe ich gedacht: »So reden Kinder Gottes mit ihrem Herrn, so selbstverständlich!« Und er wacht wirklich. Zu jeder Tages- und Nachtstunde ist mein Heiland da – und ich bin sein Eigentum und darf mit ihm ganz fest rechnen.

Haben Sie verstanden? Wenn man nicht beten kann, dann ist das eine Katastrophe erster Güte. Ich wünsche Ihnen den ersten Lebensschrei: »Ich habe gesündigt! Gott, sei mir Sünder gnädig!« Und ich wünsche Ihnen, daß Sie nicht ruhen, bis Sie Jesus gehören, bis Sie ein Kind Gottes geworden sind. Dann brauche ich mich nicht weiter um Sie zu sorgen.

Wie werden wir mit dem Leben fertig, wenn wir nicht mehr glauben können?

1. Ohne Glauben kann man nicht fertig werden

Ja, das muß ich Ihnen gleich sagen: Wenn man nicht glauben kann, dann kann man mit dem Leben überhaupt nicht fertig werden! Da weiß ich auch keinen Rat. Dem ungläubigen Menschen ist nicht zu helfen. Ich möchte Ihnen deutlich machen, warum das so ist.

Wir bilden uns ein, Gott wäre ein theologischer Satz, ein Gedanke oder eine Naturkraft oder so etwas. Meine Freunde, Gott ist Person und lebt wirklich und erfüllt alles in allem. Und wenn ich keinen Frieden mit Gott habe, mit Gott nicht in Ordnung bin, ja, wenn ich nicht ein Kind Gottes bin, dann lebe ich ja an der Wirklichkeit vorbei. Und das ist eine gefährliche Sache.

Das war die große Stunde meines Lebens, als ich als junger Offizier im Ersten Weltkrieg auf einmal begriff: »Gott ist ja da!« Ich kam mir vor wie einer, der mit dem Auto gegen eine Mauer gefahren ist. Ich hatte früher auch gesagt: »Ich glaube an einen Herrgott« und so dummes Zeug aber ich hatte nicht begriffen, daß er Wirklichkeit ist. Plötzlich aber prallte ich gegen die Wirklichkeit Gottes.

Es gibt in der Bibel einen ergreifenden Psalm, der davon spricht, daß Gott so wirklich ist, daß man ihm einfach nicht weglaufen kann. Da heißt es: »Führe ich gen Himmel, so bist du da.« Der amerikanische Weltraumfahrer Glenn hat gesagt, das sei für ihn das Erschütternde gewesen, als ihm da in der Weltraumkapsel bewußt wurde: Gott ist auch hier! »Führe ich gen Himmel« oder raste ich in den Weltraum –, »so bist du da«! Grübe ich mich in den tiefsten Schacht eines Bergwerks – über 1000 Meter tief –, ich stieße auf Gott! Der Psalmist sagt: »Führe ich in die Hölle, siehe, dann bist du auch da.« Als ich vor einiger Zeit nach Kalifornien flog, hat mir meine Frau in meinen Koffer einen Spruch aus diesem Psalm gelegt, den ich las, als ich in San Franzisco den Koffer aufmachte: »Nähme ich Flügel der Morgenröte und bliebe am äußersten Meer, so würde mich deine Hand daselbst halten.« Gott ist die große Wirklichkeit!

Und weil Gott die große Wirklichkeit ist, kann man nicht

ungestraft an ihm vorbeileben. Wenn ich lebe, als wenn Gott nicht da wäre, indem ich seine Gebote verachte, den Sonntag nicht heilige, die Ehe breche, lüge, die Eltern nicht ehre, Gott nicht die Ehre gebe, dann lebe ich an der Wirklichkeit vorbei. Und dann kann ich mit dem Leben ja nicht zurechtkommen! Gucken Sie sich doch in der Welt um: Die Menschen werden ja einfach nicht fertig, auch die nicht, die viel Geld verdienen. Im Innern ist eine große Friedelosigkeit, im persönlichen Leben klappt's nicht, in der Familie auch nicht.

»Wie werden wir mit dem Leben fertig, wenn wir nicht mehr glauben können?« Dann können wir nicht fertig werden mit dem Leben! Und erst recht nicht im Sterben! In hundert Jahren ist ja keiner von uns mehr da. Dann haben wir das Sterben alle durchgemacht.

Wenn einer sagt: »Nach dem Tode kommt nichts mehr. Dann sind wir tot!«, dann überlegen Sie sich, ob Sie Ihrem eigenen Herzen oder dem Worte Gottes lieber trauen wollen. Wie will man im Sterben zurechtkommen, wenn einem auf einmal aufgeht: »Jetzt kann ich von allem, was ich zusammengerafft habe, nichts mitnehmen!« Da hat man sich ein Häuschen gebaut, ich nicht, aber Sie vielleicht. Bei mir ist's eine schöne Bücherei. Und von allem, was mir lieb war, auch von den Menschen, die mir lieb waren, kann ich nichts und niemand mitnehmen. Nur eins nimmt man mit in die Ewigkeit: seine Schuld vor Gott. Stellen Sie sich vor: Sie liegen im Sterben, und auf einmal geht Ihnen auf: »Ich muß alles lassen – nur alle meine Übertretungen und Sünden, von Jugend an, gehen jetzt mit mir vor das Angesicht des heiligen und gerechten Gottes!« Wie sollen wir im Gericht Gottes zurechtkommen – ohne Glauben an den, der die Gottlosen gerecht macht? Wir werden vor ihm stehen!

Der Herr Jesus, der doch so barmherzig ist, hat gesagt: »Fürchtet euch nicht vor denen, die euch totschlagen können« – vor solchen Leuten hätte ich Angst; da sagt er: Das sind kleine Fische! – »vor denen fürchtet euch nicht, aber fürchtet euch vor dem, der Leib und Seele verderben kann in die Hölle« – und als wenn es ihm kalt über den Rücken liefe, sagt Jesus noch einmal – »ja, vor dem fürchtet euch!«

Es ist einige Jahre her. Da lebte in Norwegen ein berühmter Professor namens Hallesby. Ich habe ihn noch kennengelernt. Ein wundervoller Mann. So ein richtiger, gewichtiger, ernster Norweger. Und der hielt eine Woche lang Andachten im Radio. Ich kann mir förmlich vorstellen, wie er vor dem Mikrofon steht, als er sagt: »Es kann sein, daß Sie heute abend friedlich ins Bett gehen und morgen früh in der Hölle aufwachen. Ich möchte Sie warnen!« Das gab einen furchtbaren Sturm, denn die Norweger fallen auch unter die Rubrik der »modernen Menschen« – und die spielen ja heute eine phantastische Rolle. Ein Journalist der größten Osloer Zeitung schrieb einen Leitartikel mit dem Inhalt: Wir sind doch nicht im Mittelalter! Das geht ja nun wirklich nicht an, daß eine moderne Institution wie der Rundfunk dazu benutzt wird, solchen Unsinn zu verzapfen! Und wenn eine große Zeitung so etwas bringt, dann kläffen all die kleinen mit. Und durch den ganzen Blätterwald rauschte es: Wir sind doch nicht im Mittelalter! Wie kann ein Professor von Hölle reden! Darauf hat der Rundfunk in Oslo den Professor Hallesby gebeten, er solle die Sache noch mal richtigstellen. Und wieder tritt der Professor Hallesby vors Mikrofon und sagt: »Ich soll diese Sache klären; ich will es tun: Es kann sein, daß Sie heute abend friedlich ins Bett gehen und morgen früh in der Hölle aufwachen. Ich möchte Sie warnen!« Nun tanzten alle Puppen. Sämtliche Bischöfe in Norwegen wurden gefragt: Gibt's eine Hölle oder nicht? Sogar das Nachrichtenmagazin »Der Spiegel« nahm die Sache auf und brachte einen großen Artikel über den »Höllenstreit in Norwegen«. Es war noch kein Jahr nach diesem Knall vergangen, da hatte ich Vorträge bei den Studenten in Oslo und abends noch ein paar öffentliche Vorträge. Das begann mit einer Pressebesprechung. Im Hotel waren die Vertreter aller Zeitungen versammelt. Da passierte das Wunderliche, daß ich rechts von mir den Journalisten hatte, der den Krach damals angefangen hatte, und links von mir Professor Hallesby als Vertreter der evangelischen Presse. Und dann ging's natürlich los. Der Journalist fuhr auf mich ein: »Pfarrer Busch, ich habe einen Streit mit Professor Hallesby. Sie sind doch ein moderner Mensch. Was meinen Sie: Gibt's eine Hölle?« »Ja«, antwortete ich, »natürlich gibt es eine Hölle! Selbstverständlich!« »Das kann ich nicht verstehen, daß Sie das sagen«, erwiderte er. »Ich bin gern bereit, es Ihnen zu erklären«, sagte ich daraufhin. »Ich glaube, daß es eine Hölle gibt, weil Jesus es selbst gesagt hat. Und ich traue dem Wort Jesu unbedingt, der wußte mehr als alle klugen Leute!«

Und Gottes Wort sagt: »Gott will, daß allen Menschen geholfen werde und sie zur Erkenntnis der Wahrheit kommen.« Und darum reden wir vom Glauben, weil Gott einen Weg gezeigt hat, wie man selig leben und selig sterben kann.

Wie werden wir mit dem Leben fertig, wenn wir nicht mehr glauben können? Wie soll ich zurechtkommen, wenn ich nicht mehr glauben kann? Da werden wir mit dem Leben nicht fertig!

Lassen Sie es mich noch auf eine andere Weise begründen. Stellen Sie sich vor, Sie haben einen netten kleinen Goldfisch. Eines Tages denken Sie: »Du armer Kerl mußt immer im kalten Wasser sein! Dir möchte ich es jetzt mal schön machen!« Sie nehmen ihn aus dem Wasser, reiben ihn mit dem Frottiertuch ab und setzen ihn in einen schönen goldenen Käfig. Sie geben ihm das beste Futter – ich weiß nicht, was Goldfische fressen –: Ameiseneier oder so etwas. Sie geben ihm also die schönsten und fettesten Ameiseneier und sagen: »Mein liebes Goldfischchen, so ein schöner, goldener Käfig, die herrlichen Ameiseneier, die gute Luft! Jetzt hast du's gut!« Was wird der Goldfisch tun? Wird er nun dankbar mit den Flossen wedeln und »Danke! Danke!« sagen? Nein, das wird er nicht tun, sondern er wird nach Luft schnappen und wie wild zappeln. Und wenn er reden könnte, dann würde er sagen: »Ich will deinen goldenen Käfig nicht, ich will deine Ameiseneier nicht, ich will in mein Element, ich will ins Wasser!« Und sehen Sie: Unser Element ist der lebendige Gott, der Himmel und Erde geschaffen hat und uns auch. »Alles Leben strömt aus dir«, so fängt die Schweizer Nationalhymne an. Gott ist unser Element! Und solange ich keinen Frieden mit Gott habe, kann ich meiner Seele einen goldenen Käfig geben – Sie verstehen: Der Mensch von heute gibt seiner Seele alles: Vergnügen, Reisen, bestes Essen, guten Wein, alles – doch unsere Seele zappelt und sagt: »Das will ich ja alles im Grund gar nicht! Ich will in mein Element, ich will Frieden mit Gott!« Seien Sie doch mit sich selber nicht so grausam! Unser Herz schreit in uns, bis es Ruhe findet in dem lebendigen Gott! Wie der Fisch in sein Element will, so will unsere Seele zu Gott, der unser Element ist!

Wie wollen wir mit dem Leben fertig werden, wenn wir nicht mehr glauben können? Da kann ich nur sagen: Dann werden wir nicht fertig – im Leben, im Sterben und in Ewigkeit nicht!

Und wenn Sie einwenden: »Die Menschen kommen doch alle ganz gut zurecht!«, dann muß ich Ihnen antworten: Das ist aber auch danach! Ja? Ein Mann wie Goethe, der schön war, der reich war, der Minister war, der klug war, kurz: der alles hatte, hat am Ende seines Lebens zu Eckermann gesagt, wenn er alle Stunden addiere, wo er inniges Behagen empfunden habe, dann kämen keine drei Tage heraus. So friedelos! Nein, man kommt nicht zurecht mit dem Leben, wenn man keinen Glauben hat!

Das war das erste, was ich Ihnen sagen mußte. Und jetzt kommt mein zweiter Punkt:

2. Es kommt auf den richtigen Glauben an

Es kommt allerdings alles darauf an, daß Sie den richtigen, rettenden Glauben haben!

Jeder Mensch hat ja seinen Glauben. Als ich als junger Student mal bei meiner Mutter zu Hause war, kam eines Tages eine Dame, um meine Mutter zu besuchen. Da die gerade nicht da war, sagte ich: »Gnädige Frau, sie ist nicht da. Sie müssen schon mit mir vorliebnehmen.« »Sehr nett«, erklärte sie höflich. Nachdem ich sie aufgefordert hatte, Platz zu nehmen, fragte sie mich: »Was machen Sie denn?« Ich antwortete: »Ich studiere Theologie.« »Was!« ruft sie, »Theologie? Wer wird denn heute noch glauben? Das ist ja unmöglich!« Und dann läßt die alte Dame – es war in Frankfurt, wo Goethe gelebt hat – den alten Goethe aufmarschieren und erklärt stolz: »Wir haben den Glauben Goethes! Das Christentum ist doch passé, vorbei!« Weil mir das Gespräch nun peinlich war und ich mit der alten Dame ja auch keinen Streit anfangen wollte, brachte ich sie auf ein anderes Gebiet: »Gnädige Frau, darf ich mal fragen, wie es Ihnen geht?« Da sagt sie schnell – und klopft dabei an den Tisch: »Toi, toi, toi! So etwas fragt man doch nicht!« Ich frage: »Verzeihen Sie: Was heißt ›Toi, toi, toi!‹?« »Das bringt sonst Unglück!« »So«, stelle ich fest, »Sie haben den Glauben an den lebendigen Gott weggeworfen, glauben aber an ›Toi, toi, toi!‹ mit Holzklopfen. Das ist ja eine dolle Sache! Da haben Sie aber einen glänzenden Tausch gemacht!«

Da ging mir auf: Jeder Mensch hat einen Glauben. Die Frage

ist nur, ob ich den richtigen, rettenden Glauben habe. Unsere Zeit sagt: »Hauptsache, wir haben einen Glauben!« Und so heißt es denn: »Ich glaube an den Herrgott!« – »Ich glaube an die Natur!« – »Ich glaube an das Schicksal!« – »Ich glaube an die Vorsehung!« Nein, nein, meine Freunde, die Hauptsache ist, daß ich den richtigen Glauben habe, einen Glauben, der Frieden gibt, Frieden mit Gott und Frieden im Herzen. Ich muß einen Glauben haben, der vor der Hölle errettet, den ich hier spüren kann, weil er mir ein neues Leben schenkt. Sonst pfeife ich auf den Glauben. Viele Menschen haben mal geglaubt an Deutschland, an den Endsieg, an den Führer. Was ist daraus geworden!? Geht Ihnen da nicht auf, daß es falschen Glauben gibt? Ich muß den richtigen, rettenden Glauben haben!

Der richtige, rettende Glaube aber, das ist der Glaube – mit einem Wort gesagt – an Jesus, den Sohn des lebendigen Gottes. Glaube an Jesus Christus! Nicht an einen Religionsstifter, die gibt's haufenweise, sondern an Jesus Christus, den Sohn des lebendigen Gottes.

Und jetzt muß ich davon sprechen, was es mit Jesus auf sich hat.

Es wird uns in der Bibel eine wundervolle Geschichte erzählt, wo dieser rettende Glaube an Jesus geradezu vordemonstriert wird.

Gehen Sie mit mir im Geiste um 2000 Jahre zurück vor die Tore Jerusalems nach dem Hügel Golgatha, nach der »Schädelstätte«. Achten Sie nicht auf die Menschen, die da brüllen und schreien! Achten Sie nicht auf die römischen Kriegsknechte, die da Wache halten und würfeln um die Kleider der Gerichteten! Sondern sehen wir da hinauf: In der Mitte am Kreuz hängt der Sohn Gottes. Angenagelt! Das Gesicht blutig von der Dornenkrone, die sie ihm ins Gesicht gedrückt haben. Da hängt Gott. Und rechts von ihm hängt ein Mörder. Den hatte man ebenfalls hingerichtet. Und links auch. Und dann wird's dunkel. Der Tod kommt heran. Da fängt der eine dieser Mörder plötzlich an zu schreien: »Hör mal, du hast gesagt, du wärst Gottes Sohn, du da in der Mitte. Wenn du es wirklich bist und nicht ein Lügner, dann steige herunter und hilf auch mir!« O, man kann das verstehen. In der Todesangst sagt der Mensch Dinge, die er vielleicht sonst nicht gesagt hätte. Und dann meldet sich der andere. Er redet an Jesus vorbei zu seinem Genossen und sagt: »Und du fürchtest dich immer noch nicht vor Gott!« Damit fängt's an, daß man begreift, daß Gott heilig und schrecklich ist.

Als die Bomben über unsere Städte gingen, waren die Menschen fassungslos. Vielleicht ist es die Schuld der Kirche, daß man nicht gesagt hat: Gott kann schrecklich sein! Gott kann die Hand abziehen! »Und du fürchtest dich immer noch nicht vor Gott!« Man sollte es über unsere Großstädte schreien: »Und ihr fürchtet euch immer noch nicht vor Gott!« Man möchte es in die Kontore und Büros brüllen, wo Menschen über Leichen gehen, um Geld zu machen: »Und ihr fürchtet euch immer noch nicht vor Gott!« Man möchte es den jungen Leuten sagen, die in Hurerei leben: »Und ihr fürchtet euch immer noch nicht vor Gott! Wie denkt ihr euch das? Seid ihr blind?« Damit fängt's an, daß ich die Heiligkeit, die Schrecklichkeit Gottes erkenne.

Und dann redet dieser Schächer, dieser Verbrecher, weiter: »Wir sind mit Recht in dieser Verdammnis! Wir haben's ja verdient.« Das ist das zweite, was zum rettenden Glauben führt: Er bekennt seine eigene Schuld.

Ich habe viele Menschen getroffen, die mir sagten: »Ich kann nicht glauben!« Ich fragte sie: »Haben Sie mal begriffen, daß Sie vor Gott schuldig sind?« »Nein, ich tue recht und scheue niemand.« Da habe ich ihnen erwidert: »Solange Sie sich so belügen, kommen Sie nie zum Licht!« Neulich treffe ich einen, der mir auch erklärte: »Ich tue recht und scheue niemand.« Da habe ich ihm entgegnet: »Glückwunsch! Das könnte ich nicht sagen. In meinem Leben stimmt vieles nicht.« Da antwortete er: »Natürlich, wenn man's genau nimmt!« »O«, habe ich gesagt, »Gott nimmt's genau! Dann lügen Sie sich doch auch selber nicht an!« Sehen Sie: Sie kommen zum richtigen, rettenden Glauben erst dann, wenn Sie Sünde Sünde nennen, wenn Sie Ihre schmutzigen sexuellen Verhältnisse Hurerei nennen, wenn Sie Ihren Ehebruch Ehebruch nennen, wenn Sie Ihre Lüge nicht mehr Schlauheit nennen, sondern Lüge, wenn Sie Ihre Selbstsucht nicht mehr berechtigt nennen, sondern zugeben, daß Sie Ihr eigener Gott sind – und das ist Abgötterei. Das ist das zweite, was mich zum rettenden Glauben bringt, daß ich meine Sünde endlich mal Sünde nenne und vor Gott trete und ihm sage: »Herr, ich habe dein Gericht verdient!« Es ist entsetzlich, wie unsere Zeit sich selber einredet: »Es ist alles gut!« Gott wird uns einmal die Maske vom Gesicht reißen!

Und dann hat dieser Schächer nicht mehr an Jesus vorbeigeredet, sondern zu Jesus gesagt: »Du hast doch nichts Unrechtes getan. Warum hängst du hier?« Und in diesem Moment geht ihm auf: »Der hängt ja hier für mich! Der trägt ja meine Schuld weg!« Da kann er nur noch rufen: »Herr, gedenke an mich, du König, wenn du in dein Reich kommst!« Das ist das dritte: Er glaubt, daß Jesus ewig erretten kann, weil er an unserer Statt stirbt. Und da sagt Jesus: »Heute noch wirst du mit mir im Paradiese sein!«

Sehen Sie, das ist rettender Glaube: daß mir die Heiligkeit Gottes aufgeht, daß ich meine Verlorenheit anerkenne und daß ich Jesus, der am Kreuz für mich stirbt, als meine einzige Chance erkenne. Ohne diesen Glauben kommen Sie im Leben nicht zurecht! Aber mit diesem Glauben kommen Sie bestimmt zurecht! Ich kann Ihnen nichts anderes sagen.

Mir haben Leute schon vorgeworfen: »Sie sind ja völlig einseitig!« Da kann ich nur antworten: »Verzeihung! Es gibt nur diesen einen Weg, im Leben, im Sterben und im Gericht zurechtzukommen, daß ich Sünder zu Jesus komme, in Buße ihm meine Sünde bekenne und daran glaube: »Es quillt für mich dies teure Blut, / Das glaub und fasse ich. / Es macht auch meinen Schaden gut, / Denn Jesus starb für mich.« Ich möchte, daß Sie diesen einen Satz nie mehr vergessen: »Jesus starb für mich!« Wenn Sie morgen früh aufstehen, soll's in Ihrem Gehirn klingeln: »Jesus starb für mich!« Wenn Sie morgen bei der Arbeit sind, im Trubel, sollen Sie plötzlich denken: »Jesus starb für mich!« Dann wird's – so Gott Gnade schenkt – geschehen, daß Sie ihn anbeten und sagen: »Für mich! Dann darf ich ja glauben!« In dem Augenblick, wo Sie das fassen, sind Sie ein Kind Gottes! Jesus sagt: »Ich bin die Tür. Wer durch mich eingeht, wird errettet werden.«

So, jetzt muß ich aber noch ein Drittes sagen: Ich muß jetzt darauf kommen, daß mir so viele Leute sagen: »Ja, Pastor Busch, aber das kann ich eben nicht glauben, was Sie sagen. Wenn ich Sie so höre, dann ist das ja schön, aber das kann ich eben nicht glauben.« Und darauf muß ich jetzt antworten. Die Menschen, die so sprechen, möchte ich in vier Gruppen einteilen. Also:

3. Leute, die nicht glauben können . . .

a) . . . weil sie nicht religiös sind

Zur ersten Gruppe gehören die Menschen, die mir erklären: »Ich kann nicht glauben, weil ich eben nicht religiös bin. Sie sind eben religiös, Herr Pfarrer, ich nicht!« Darauf kann ich immer nur antworten: »Ich bin auch nicht religiös.« Also, ich habe für Glockenläuten, Weihrauch und all solche Sachen furchtbar wenig übrig. Ich bin froh, daß ich in den letzten Jahren in Essen immer in einem Saal gepredigt habe, wo nur ein anständiger Posaunenchor war. Es gab keine Orgel und keine Glocken – und es hat mir nichts gefehlt. Ich habe nichts dagegen, aber ich brauche es nicht. So wenig religiös bin ich!

Als Jesus, der Sohn Gottes, auf der Erde war, gab es sehr religiöse Leute. Da waren Schriftgelehrte, Priester, Pharisäer – alles sehr religiöse Leute. Zum Beispiel mehr liberal religiöse Leute waren die Sadduzäer. Das sind die, die heute sagen würden: »Ich suche Gott in der Natur.« Während der Nazi-Zeit sagten sie: »In unseren Fahnen lodert Gott.« Immer religiös! Und diese religiösen Leute haben den Sohn Gottes gekreuzigt. Er paßte ihnen nicht in ihren Kram. Und dann gab es total unreligiöse Leute: Dirnen; Schwarzhändler – die Bibel nennt sie Zöllner –; Handwerker, die in ihrem Beruf aufgingen, weil sie ums tägliche Brot ringen mußten; ein vornehmer Mann, der Zachäus, der hat Geld gemacht noch und noch. Das waren alles total unreligiöse Typen. Und die fanden zu Jesus! Wie kommt denn das? Die wußten: »Wir sind vor Gott schuldig. Es stimmt alles nicht in unserem Leben. Und da kommt ein Heiland, der uns zu Kindern Gottes macht!« Da glaubten sie an ihn.

Der Herr Jesus ist nicht gekommen, um religiöse Leute noch religiöser zu machen, sondern der Herr Jesus ist gekommen, um Sünder aus dem Tode und vor der Hölle zu erretten und sie zu Kindern Gottes zu machen! Und wenn Leute da sind, die sagen: »Ich kann nicht glauben, weil ich nicht religiös bin«, dann kann ich ihnen sagen: »Sie haben die größten Chancen, ein Kind Gottes zu werden!« Sünder sind wir, das wissen wir ganz genau, aber: »Jesus starb für mich!« Ich sage noch einmal: Jesus ist nicht gekommen, um religiöse Leute noch religiöser zu machen, sondern um verlorene Sünder zu Kindern des lebendigen Gottes zu machen!

b) . . . weil sie nicht glauben wollen

Die zweite Gruppe besteht aus denen, die zwar sagen: »Ich kann nicht glauben!«, die aber in Wirklichkeit, wenn sie ganz ehrlich wären, zugeben müßten: »Ich will gar nicht glauben!« Denn wenn sie zum Glauben kämen, müßte ihr ganzes Leben geändert werden. Und das möchten sie nicht. Sie wissen, daß alles nicht stimmt in ihrem Leben. Wenn sie aber Kinder Gottes würden, dann müßten sie ja ans Licht kommen. Nein, das möchten sie nicht. Und dann würden sie bei ihren Kollegen vielleicht dumm angesehen! Und was würden die Angehörigen sagen, wenn sie plötzlich christlich würden? Nein, dann lieber nicht! Und wenn Sie Leute treffen, die Ihnen sagen: »Ich kann nicht glauben!«, dann gucken Sie sie sich genau an, ob sie nicht sagen müßten: »Ich will gar nicht glauben!«

Es gibt eine erschütternde Geschichte in der Bibel. Da sitzt der Sohn Gottes, der Herr Jesus, auf dem Ölberg. Vor ihm im Grunde liegt im herrlichen Sonnenglanz die Stadt Jerusalem. Und da drüben erhebt sich der Tempelberg, wo der herrliche Tempel war, von dem sogar die Heiden sagten, es wäre eigentlich ein Bau, der unter die Weltwunder gerechnet werden müßte. Das alles liegt vor ihm. Aber auf einmal sehen seine Jünger mit Schrecken, wie über das Gesicht Jesu die Tränen laufen. Sie sehen ihn überrascht und fragend an. Und dann bricht der Herr Jesus in die Worte aus: »Jerusalem, Jerusalem, wie oft habe ich deine Kinder versammeln wollen wie eine Henne ihre Küchlein versammelt unter ihre Flüge, und ihr habt nicht gewollt! Jetzt steht ihr unter Gottes Gericht. Eure Stadt wird euch wüst gelassen werden.« Das ist eins von den erschütterndsten Worten der Bibel: »Und ihr habt nicht gewollt!« Die Jerusalemer sagten auch: »Wir können nicht glauben!« – aber sie wollten nicht glauben!

Sehen Sie: Wer nicht glauben will, der braucht auch nicht! Darf ich Ihnen das mal sagen? In der Kirche gibt es immer noch allerlei Zwang. Im Reiche Gottes gibt es nur völlige Freiwilligkeit. Wer ohne Gott leben will, darf das! Gott bietet sich uns an. Aber wir können ihn ablehnen. Wollen Sie ohne Gott leben? Dürfen Sie! Wollen Sie ohne Frieden mit Gott leben? Dürfen Sie! Wollen Sie ohne Gebet leben? Dürfen Sie! Wollen Sie ohne Bibel leben? Dürfen Sie! Wollen Sie Gottes Gebote übertreten? Dürfen Sie! Wollen Sie die Sonntage entheiligen, huren, saufen, lügen, stehlen? Dürfen Sie! Wer diesen Heiland, den Gott geschickt hat, um Sünder zu erretten, nicht will, der darf ihn ablehnen. Wer in die Hölle laufen will, der darf das! Bei Gott gibt es keinen Zwang. Nur machen Sie sich bitte klar, daß Sie dann die Folgen auf sich nehmen müssen. Gott bietet Ihnen durch Jesus Vergebung der Sünden und Frieden an. Sie können sagen: »Ich brauch es nicht! Ich will es nicht!« Dann dürfen Sie so leben! Dann glauben Sie aber nicht, daß Sie in den letzten 5 Minuten Ihres Lebens – im Sterben – noch werden fassen können, was Gott Ihnen ein ganzes Leben lang angeboten hat. Sie dürfen Gottes Friedensangebot in Jesus ablehnen, dann müssen Sie aber in alle Ewigkeit ohne Frieden mit Gott leben. Und das ist die Hölle!

Die Hölle ist der Ort, wo man Gott wirklich endgültig los ist. Da werden Sie nicht mehr eingeladen. Da ruft Sie nichts mehr. Da wollen Sie vielleicht beten, aber dann können Sie nicht mehr. Da wollen Sie vielleicht den Namen Jesus anrufen, aber er fällt Ihnen nicht mehr ein. Sie brauchen die Botschaft, die ich Ihnen sage, nicht anzunehmen. Sie können's lassen, sich zu Jesus zu bekehren. Aber machen Sie sich klar, daß Sie damit die Hölle wählen! Sie haben die völlige Freiheit!

»Und ihr habt nicht gewollt!« sagt Jesus zu den Jerusalemern. Er zwang sie nicht. Aber was sie wählten, das war schauerlich!

c) . . . weil sie so viel erlebt haben

Die dritte Gruppe von denen, die sagen: »Ich kann nicht glauben!«, hat immer so einen merkwürdigen Satz davor. Das habe ich nie von Frauen gehört. Das sagen Männer. Der Satz heißt so: »Herr Pastor, ich habe so viel erlebt, ich kann nicht mehr glauben!« Ich frage: »Was haben Sie denn erlebt? Ich habe auch kein langweiliges Leben gehabt!« »Ja – – –, ich habe so viel erlebt, ich kann nichts mehr glauben!« Das ist ein Satz, der in der Männerwelt umgeht wie ein Gespenst. In diesem Fall pflege ich die Männer auszulachen und zu sagen: »Sie glauben doch, was im Fahrplan steht? Sie glauben doch jede Auskunft, die ein Polizist Ihnen gibt?« »Ja!« »Dann sagen Sie nie mehr: ›Ich glaube nichts mehr!‹, sondern sagen Sie: ›Ich glaube nichts mehr – außer was im Fahrplan steht und was die Polizei sagt.‹« Und so könnte man weitermachen, Sie verstehen. Da sage ich: »Sehen Sie, in mein dunkles Leben voll Sünde und Schmutz und Nacht und Irrtum kam Jesus. Und dann erkannte ich: Er ist der Sohn Gottes, von Gott gesandt! Und dann habe ich mein Leben dem gegeben, der so viel für mich getan: Jesus. Und wenn Sie wirklich niemand und nichts mehr glauben könnten, dem, der sein Leben für Sie gab, dem können Sie glauben, was er sagt, ja, an den können Sie glauben. Sie glauben so viel, bloß bei dem einen, dem man ganz sich anvertrauen könnte, was noch keiner bereut hat, da sagen sie: ›Nee!‹ – das ist komisch. Und da sagen Sie, Sie hätten so viel erlebt. Sie haben noch nicht genug erlebt!«

d) . . . weil sie an etwas Anstoß nehmen

Die vierte Sorte von denen, die nicht glauben können, ist eine etwas umständliche Sorte. Diese Leute können angeblich nicht glauben, weil sie zum Beispiel an der Kirche Anstoß nehmen, etwa an den Lehren der Kirche.

Vor mir sitzt eine junge Studentin, die mir erklärt: »Ich studiere Naturwissenschaft.« Ich sage: »Schön, Fräulein! Was gibt's denn?« Da antwortet sie: »Herr Pfarrer, ich habe einen Vortrag von Ihnen gehört. Ich fühle, Sie haben etwas, was ich gern hätte, aber ich kann nicht glauben. Wissen Sie: Die ganzen Dogmen und Einrichtungen der Kirche kann ich nicht alle schlucken. Da komme ich mir vor, als wenn ich ein Bündel trockenes Heu schlucken müßte!« Da habe ich gelacht und erwidert: »Fräulein, Sie brauchen kein Bündel trockenes Heu zu schlucken! Haben Sie mal von Jesus gehört?« »Ja«, sagt sie. »Was würden Sie sagen, wenn ich erklärte: ›Jesus ist ein Lügner!‹?« »Nein«, antwortet sie, »das glaube ich nicht!« »Glauben Sie, daß Jesus die Wahrheit gesprochen hat?« »Ja«, sagt sie, »das glaube ich.« Ich gehe weiter: »Fräulein, gibt es irgendeinen Menschen, dem Sie das sagen würden: ›Ich glaube, daß du nie gelogen hast!‹?« »Nee«, sagt sie, »das würde ich keinem Menschen sagen.« »Sehen Sie«, sagte ich, »Fräulein, Sie glauben ja bereits. Sie haben Jesus das Vertrauen ausgesprochen. Das ist ja unerhört. Damit fängt's an. Er spricht die Wahrheit. Die Bibel sagt: ›Das ist aber das ewige Leben, daß sie den, den du gesandt hast, Jesus Christus, erkennen.‹ Sie brauchen sich nicht herumzustreiten um Dogmen und Institutionen der Kirche. Aber aus dem Nebel der

Welt kommt einer auf Sie zu. Und Sie sehen immer deutlicher die Nägelmale und die Male von der Dornenkrone, die davon sprechen, daß er Ihre Schuld auf sich genommen hat und Sie geliebt hat, als noch keiner Sie liebte. An Jesus mögen Ihnen die Augen aufgehen, bis Sie sagen: ›Mein Heiland, mein Herr und mein Gott!‹ Glauben heißt nicht, Dogmen schlucken wie trockenes Heu, weil's der Pastor gesagt hat, sondern glauben heißt, Jesum Christum erkennen!«

»Ha«, sagt einer, »ich kann nicht glauben, weil die Pastoren, die Pastoren . . .« Dann geht's los. Dann bekomme ich Geschichten erzählt über Pastoren. Der eine hat Weibergeschichten gehabt. Der andere ist mit der Kasse durchgebrannt. Überall ist etwas passiert mit Pastoren. »Da kann ich doch nicht mehr glauben!« Und dann kriege ich einen ganz roten Kopf, weil ich mich ja selber kenne. Ich bin zwar noch nicht mit der Kasse durchgebrannt, aber wenn die Leute mich kennten, dann würden sie mich auch nicht ernst nehmen. Was soll man also darauf sagen? Jetzt passen Sie mal auf: Es steht nirgendwo in der Bibel: »Glaube an deinen Pfarrer, so wirst du selig«, sondern es steht in der Bibel: »Glaube an den Herrn Jesus Christus, so wirst du errettet«. Ein Pfarrer ist – ja, ich weiß: es gibt auch andere –, aber wenn er einigermaßen funktioniert, dann ist er ein Wegweiser zu Jesus! Bei einem Wegweiser stört es nicht, wenn er ein wenig krumm und schief ist oder vom Regen ein bißchen verwaschen ist. Wenn ich nur sehen kann, wohin er weist. Ich würde auch keinen Pfarrer anhören, der nicht Wegweiser zu Jesus ist, dem gekreuzigten und auferstandenen Sohn Gottes. Aber ich ärgere mich doch nicht am Wegweiser, der mir den Weg und das Ziel anzeigt, sondern ich gehe den Weg zum Ziel. Und dieses Ziel heißt: »Jesus ist kommen, die Quelle der Gnaden.« Wollen Sie denn am Jüngsten Tage vor den lebendigen Gott treten und sagen: »Herr, ich habe dein Heil nicht angenommen, ich habe die Vergebung der Sünden nicht angenommen, weil der Pfarrer nichts taugte!«? Wollen Sie mal so vor Gott stehen? Das kommt mir vor wie der Junge, der erklärte: »Das geschieht meinem Vater ganz recht, daß mir die Hände erfrieren. Warum kauft er mir keine Handschuhe!«

Nein, meine Freunde, es ist nicht wahr, wenn jemand sagt: »Ich kann nicht glauben!«

Es gibt ein Wort Jesu, das ist kolossal und heißt so: »So

jemand will den Willen Gottes tun, der wird innewerden, ob meine Lehre von Gott sei.« Die Frage ist, ob ich anfangen will, der geringsten Erkenntnis in meinem Leben gehorsam zu sein und sie zu tun. Dann komme ich weiter.

4. Was tun, wenn man nicht glauben kann?

Ich will es Ihnen zum Schluß mit ein paar Worten sagen:

a) Bitten Sie Gott um Licht!

Er ist ja neben Ihnen. Sagen Sie: »Herr, laß mich doch zum Glauben kommen. Laß mich doch Licht sehen!« Er hört das!

b) Rechnen Sie mit der Gegenwart Gottes!

Jesus ist da! Gehen Sie in die Stille und sagen Sie ihm: »Herr Jesus, ich will dir mein Leben geben.« So habe ich's gemacht, als ich in meiner ganzen Gottlosigkeit Angst bekam vor Gott und dann von Jesus hörte.

c) Lesen Sie die Bibel!

Jeden Tag eine Viertelstunde allein mit Jesus! Da lesen Sie in der Bibel und hören Sie, was Gott Ihnen zu sagen hat. Lesen Sie hörend! Und dann falten Sie die Hände und sagen Sie: »Herr Jesus, ich habe dir so viel zu sagen. Ich werde mit meinem Leben nicht fertig, hilf du mir!«

d) Suchen Sie Gemeinschaft!

Suchen Sie Gemeinschaft mit Leuten, die auch mit Ernst Christen sein wollen! Nicht allein bleiben! Es gibt keine Einzelwanderer auf dem Weg zum Himmel. Suchen Sie Gemeinschaft mit Christen, die den gleichen Weg gehen!

Wie werden wir mit dem Leben fertig, wenn Schuld und Versäumnis uns ständig begleiten?

In Württemberg hört man manchmal ein Sätzchen, das heißt so: »Jetzt wird's ernscht!« Und bei unserem Thema möchte ich auch sagen: Jetzt wird's ernscht! Jetzt wird's ernst!

»Wie werden wir mit dem Leben fertig, wenn Schuld und Versäumnis uns ständig begleiten?« Da muß ich Ihnen zunächst sagen: ». . .*wenn* Schuld und Versäumnis uns ständig begleiten« stimmt nicht, das tun sie nämlich. Schuld und Versäumnis begleiten uns ja ständig. Und darum bin ich so glücklich, daß ich von einer ganz großen und herrlichen Sache sprechen darf, von einem Geschenk, das Menschen überglücklich und überreich macht. Das ist eine Sache, die können Sie nirgendwo kaufen, in keinem Land der Erde. Und wenn Sie Milliardär wären und alle Ihre Geldscheine dafür auf den Tisch zu blättern bereit wären – Sie könnten sie nicht kaufen. Sie können sie auch nicht durch Beziehungen kriegen. Was man nicht kaufen kann, bekommt man ja heutzutage meistens durch Beziehungen. Diese herrliche Sache, von der ich zu reden habe, können Sie auch durch keinerlei Beziehungen bekommen. Es gibt keine Möglichkeit, sich diese herrliche Sache selbst zu beschaffen. Man kann sie nur geschenkt kriegen. Und diese wundervolle, große und herrliche Sache, von der ich sprechen will, die man weder kaufen noch durch Beziehungen kriegen kann, heißt: Vergebung der Sünden.

Ich weiß, daß viele jetzt enttäuscht sind und denken: »Vergebung der Sünden?« Und dann entsteht gleich die Frage:

1. Brauche ich das denn?

Ich bin überzeugt, daß die Hälfte von Ihnen sagt: »Vergebung der Sünden? Kein Bedarf!« Ein junger Mann hat mir das neulich mal so erklärt: »Wir leben ja in einer Zeit, in der durch Reklame Bedarf geweckt wird. Unsere Urgroßväter haben von Kaugummi oder Zigaretten noch nichts gewußt. Durch unendliche Reklame im Fernsehen, im Rundfunk und an den Plakatsäulen sind wir allmählich dahin gebracht worden, daß wir zum Beispiel ohne Zigaretten gar nicht mehr leben zu können glauben. Es wird ein Bedarf geweckt – und dann kann man verkaufen.« Und dann fuhr der junge Mann fort: »Und so macht's die Kirche auch. Die Kirche macht den Leuten klar: ›Ihr braucht Vergebung der Sünden!‹ – und dann verkauft sie das. Verstehen Sie: Wir haben gar keinen Bedarf – aber Sie wecken den Bedarf erst einmal dafür, um dann Ihre Ware loszuwerden!« Ist das so? Wenn Sie jetzt auf der Straße jemand anhalten: »Guten Tag! Wie heißen Sie?« »Meier!« »Herr Meier, brauchen Sie Vergebung der Sünden?«, dann antwortet Herr Meier: »Quatsch! 2000 Mark brauche ich, aber nicht Vergebung der Sünden!« Stimmt das? Wird ein Bedarf geweckt, der zunächst gar nicht da ist, um dann mit der Bibel zu antworten?

Ich sage Ihnen: Das ist ein grauenvoller Irrtum, ein ganz furchtbarer Irrtum. Wir brauchen nichts nötiger als Vergebung der Sünden! Wer meint, er brauche keine Vergebung der Sünden, der kennt den heiligen, schrecklichen Gott nicht. Es ist so viel von der Liebe Gottes geredet worden, daß wir gar nicht mehr wissen, daß Gott – so steht es in der Bibel – ein schrecklicher Gott ist! So bin ich aus einem Leben der Sünde erwacht, daß ich auf einmal begriff: Vor Gott muß man Angst haben! Und wer sagt: »Ich brauche keine Vergebung der Sünden!«, der hat keine Ahnung vom lebendigen Gott, der Leib und Seele verderben kann in die Hölle. Jawohl: Man kann ewig verlorengehen! Das sagt Jesus, der es wissen muß. Und wenn die ganze Welt sagt: »Das glauben wir nicht!«, dann wird eben die ganze Welt verlorengehen! Jesus weiß, was hinter den Vorhängen ist. Und der warnt uns eindringlich vor dem Verlorengehen! Und da stehen wir nun mit unseren Sünden und wagen es zu sagen: »Wir brauchen keine Vergebung der Sünden! Die Kirche weckt nur einen Bedarf, der gar nicht vorhanden ist!« Dummes Zeug! Nichts brauchen wir nötiger als Vergebung der Sünden!

Ich muß Ihnen an dieser Stelle ein Erlebnis erzählen. Ich hatte mal eine Versammlung in der schönen Stadt Zürich, im Kongreßhaus, eine Riesenversammlung. Viele mußten noch an der Wand stehen. Darunter fielen mir zwei Herren besonders auf, weil sie sich so lustig unterhielten. Man sah ihnen an, daß sie aus Neugierde hereingekommen waren. Einer von ihnen hatte so ein schönes Menjou-Bärtchen. Das fiel mir auf, weil ich dachte: »Schade, daß ich so eins nicht tragen kann!«

Als ich mit meinem Vortrag begann, nahm ich mir vor, so zu sprechen, daß auch diese beiden Herren zuhörten. Und sie hörten auch sehr interessiert zu. Aber dann sagte ich zum erstenmal »Vergebung der Sünden«. Und in dem Moment, als ich von »Vergebung der Sünden« sprach, sah ich, wie der Herr mit dem Menjou-Bärtchen spöttisch lächelte und seinem Nebenmann etwas ins Ohr flüsterte. Nun war das – wie gesagt – ein Riesensaal. Die beiden waren weit weg. Ich konnte nicht hören, was er sagte, aber ich erkannte es an seiner Miene. Er spöttelte etwa so: »›Vergebung der Sünden‹! Das typische Pastorengeschwätz! Du lieber Himmel!« Und er mag dabei gedacht haben: »Ich bin doch kein Verbrecher! Ich brauche doch keine Vergebung der Sünden!« – So sagen Sie doch auch, nicht wahr? »Ich bin doch kein Verbrecher! Ich brauche doch keine Vergebung der Sünden!« – So ähnlich wird er also gesagt haben. Und da packte mich die Wut. Ich weiß, daß eine Wut vor Gott nicht recht ist. Aber ich kriegte trotzdem eine. »Moment mal!« sagte ich. »Ich mache jetzt eine halbe Minute Pause, in der sich bitte jeder die Frage mit ja oder nein beantworten soll, die ich jetzt stelle: Wollen Sie in alle Ewigkeit auf Vergebung Ihrer Sünden verzichten, weil Sie Vergebung der Sünden nicht brauchen? Ja oder nein?« Und dann war ich mit den Tausenden von Menschen eine halbe Minute ganz still. Auf einmal sehe ich, wie der Mann mit dem Menjou-Bärtchen ganz bleich wird und sich sogar an der Wand festhält. So erschrak der Kerl! Ihm ging sicher auf: »Jetzt sage ich: ›Ich bin kein Verbrecher!‹ Aber wenn es ans Sterben geht, wenn es ganz ernst wird, dann möchte ich doch wohl Vergebung der Sünden haben. Ich möchte nicht für alle Zeit darauf verzichten.« – Sie auch nicht! Oder doch?

Es gibt ein Sätzchen, das habe ich in meinem Leben unheimlich oft gehört: »Ich tue recht und scheue niemand!« Aber denken Sie: Ich habe es nie von Leuten unter 40 Jahren gehört. Ein junger Mensch weiß ganz genau, daß sein Leben viel Schuld hat. Erst wenn wir unser Gewissen rücksichtslos totgeschlagen haben, dann kriegen wir es hin, so einen Schwindel zu sagen. Und wenn einer also erklärt: »Ich tue recht und scheue niemand!«, dann kann ich ihm quittieren: »Du bist über 40 Jahre alt. Das ist Arterienverkalkung, daß du so sprichst. Das ist ein rücksichtslos totgeschlagenes Gewissen!« Solange unser Gewissen nämlich nicht totgeschlagen ist, wissen wir ganz genau, daß wir nichts so nötig brauchen wie Vergebung der Sünden!

Vor einigen Jahren trat in Essen einmal Bill Haley auf, solch ein »moderner« Musiker oder besser gesagt: solch ein »Hüftenwackler«. Tausende von Jugendlichen waren in der Grugahalle versammelt, um ihn und seine »Band« zu hören. Beim ersten Musikstück aber fingen sie an, langsam aber sicher die ganze Halle zu demolieren. Der Schaden betrug etwa 60000 Mark. Mir sagte ein junger Polizist anschließend: »Ich saß vorne und mußte mich am Stuhl festhalten, sonst hätte ich mitgemacht.« Am nächsten Tag gehe ich durch die Innenstadt. Da sehe ich drei Typen beieinanderstehen, die genauso aussehen, als wären sie dabei gewesen. Ich gehe auf sie zu und sage: »Guten Tag! Ich mache jede Wette, daß ihr gestern abend auch bei Bill Haley gewesen seid!« »Klar, Herr Pastor!« »O«, erwidere ich, »kennen wir uns? Wie schön! Sagt mal, ich verstehe das nicht: Warum habt ihr eigentlich die Halle so demoliert?« Und da kriege ich zur Antwort: »Ach, Pastor Busch, das ist doch alles bloß Verzweiflung!« »Was?« frage ich, »Verzweiflung – worüber?« Da antwortet er: »Ja, das wissen wir auch nicht!«

Es gab einen großen dänischen Theologen und Philosophen, Sören Kierkegaard. Der erzählt aus seinem eigenen Leben, daß er als Kind oft mit seinem Vater Spaziergänge machte. Manchmal blieb der Vater stehen und sah nachdenklich seinen Sohn an. Dann sagte er: »Liebes Kind, du gehst in einer stillen Verzweiflung.« Als ich das las, habe ich gedacht: Wenn man mal 40 Jahre Großstadtpfarrer ist, weiß man, wie das eigentlich auf einen jeden zutrifft.

Und nun frage ich Sie: Kennen Sie auch diese innere Verzweiflung des Lebens? Ich will Ihnen sagen, woher sie kommt. Machen wir dazu eine Entdeckungsfahrt in unser eigenes Herz. Ich will ein Bild gebrauchen. Als Pfarrer im Ruhrgebiet habe ich oft Grubenfahrten gemacht. Das ist eine schöne Sache. Man bekommt einen Arbeitsanzug, setzt sich einen Schutzhelm auf, und dann saust man mit dem Förderkorb in die Tiefe – zum Beispiel bis zur 8. Sohle. Geht's noch weiter? Ja, aber weiter fährt man nicht, denn ganz unten ist der »Sumpf«. Da sammelt sich das Grubenwasser im Schacht, und das nennen die Bergleute »Sumpf«. Solange ich in Essen bin, habe ich es einmal erlebt, daß ein Förderseil gerissen ist.

Da sauste der Korb weiter in die Tiefe – bis in den Sumpf. Fürchterlich!

Dieser Sumpf im Bergwerk ist mir zu einem Bild geworden für die Menschen. Sie wissen alle, daß es mehrere »Sohlen« in unserem Leben gibt. Wir können zum Beispiel äußerlich einen ganz fröhlichen Eindruck machen – aber innerlich sieht es ganz anders aus. So kann man lächeln – und doch todtraurig sein. So kann man tun, als meistere man spielend das Leben – aber ganz unten in unserem Seelenleben, auf dem Grunde unseres Herzens sitzt die tiefe Verzweiflung. So sagen die Ärzte, so sagen die Philosophen, so sagen die Psychologen, so sagen die Psychiater. Davon reden die Filme, davon reden die Romane. Es ist unheimlich, wie Verzweiflung und Angst ab und zu hochsteigen. Mir sagte ein Psychiater: »Sie ahnen nicht, wie mein Sprechzimmer voll ist mit jungen Menschen!« Doch die meisten Menschen fragen erst gar nicht, woher Verzweiflung und Angst kommen, sondern sie versuchen, sie loszuwerden – durch Rausch. Aber es ist gescheiter, wenn man den Tatsachen ins Auge sieht.

Daß Verzweiflung ganz unten im Herzen des Menschen sitzt, ist anscheinend eine Entdeckung unserer Zeit. Das Erstaunliche aber ist, daß die Bibel das schon vor 3000 Jahren festgestellt hat. Sie sagt: »Es ist das Herz ein trotziges und verzagtes Ding.« Und sehen Sie: Die Bibel sagt uns auch, warum das so ist. Sie nennt mancherlei Gründe: daß wir seit dem Sündenfall fern von Gott sind, daß wir seitdem außerhalb unseres eigentlichen Elements leben – wissen Sie: Gott ist unser Element! –, daß wir uns im Grunde fürchten vor dem Gericht des lebendigen Gottes über unser Leben. Aber der wichtigste Grund für die tiefe Verzweiflung unseres Herzens ist unsere Schuld, unsere Schuld vor Gott! Diese ist das große Problem unseres Lebens, mit dem wir selbst nicht fertig werden können! Das merken wir. Und darum gibt es die tiefe Verzweiflung in unserem Herzen.

Brauchen wir Vergebung der Sünden? Natürlich brauchen wir Vergebung der Sünden! Ja, wir brauchen nichts nötiger als Vergebung unserer Sünden!

Was ist denn Sünde? Sünde ist jede Trennung von Gott. Wir sind schon als Sünder geboren. Lassen Sie mich ein Beispiel brauchen:

Ein während des Krieges in England geborenes Kind hatte

sicher nichts gegen uns Deutsche, aber es gehörte zum feindlichen Lager. Und so werden wir von Natur geboren in dem Lager, das Gott feindlich ist: in dieser Welt. So sind wir von Natur schon getrennt von Gott. Und nun sondern wir uns immer noch mehr ab von Gott, indem wir eine Mauer von Schuld aufrichten. Jede Übertretung von Gottes Gebot ist wie ein Stein, den wir aufmauern. So ist Sünde eine unheimliche Wirklichkeit.

Ich muß Ihnen an dieser Stelle eben erzählen, wie mir das zum erstenmal aufgegangen ist, daß Sünde eine unheimliche Wirklichkeit ist und daß man auch keine Sünde wiedergutmachen kann. Ich hatte einen wundervollen Vater, mit dem mich ein herrliches Verhältnis verband. Eines Tages war ich gerade in dem Dachkämmerchen unseres Hauses mit einer Examensarbeit beschäftigt, als es von unten ruft: »Wilhelm!« So heiße ich nämlich. Darauf strecke ich den Kopf heraus und frage meinen Vater, der mich ruft: »Was ist los? Wo brennt's?« Da sagt er: »Ich muß in die Stadt gehen. Willst du mich nicht begleiten? Zu zweien ist es doch netter!« »Ach, Papa«, rufe ich hinunter, »ich habe gerade so eine wichtige Sache in meiner Examensarbeit. Es paßt mir jetzt schlecht.« »Dann gehe ich allein«, sagt er. 14 Tage später war er tot. Und nun war es bei uns Sitte, daß die Leiche im Hause aufgebahrt wurde und wir Söhne umschichtig Wache hielten an dem offenen Sarg. Es ist stille Nacht. Alles schläft. Ich sitze allein neben dem offenen Sarg. Auf einmal fällt mir ein, wie mein Vater mich vor 14 Tagen gebeten hatte, ihn mal eben in die Stadt zu begleiten. Ich aber hatte nein gesagt! Ich schaue ihn an und sage: »Ach, Vater, bitte mich doch noch mal! Und wenn du willst, daß ich hundert Kilometer mit dir gehe, ich gehe mit dir!« Doch der Mund blieb stumm. Und da ging mir auf: Diese kleine Lieblosigkeit ist eine unheimliche Wirklichkeit, die ich auch in alle Ewigkeit nicht rückgängig machen kann.

Was meinen Sie, wieviel Schuld in unserem Leben ist, wieviel Versäumnisse es da gibt?! Wie werden wir mit dem Leben fertig, wenn Schuld und Versäumnis uns ständig begleiten? Ohne Vergebung der Sünden können wir im Grunde nicht fertig werden mit unserem Leben!

Und im Sterben? Wie ist das? Wollen Sie alle Ihre Schuld mitnehmen in die Ewigkeit? Ich habe mir oft vorgestellt, wie das ist. Ich bin ja allmählich nah dran. Da hält man vielleicht eine liebe Hand noch fest. Und dann kommt der Augenblick, wo ich auch sie loslassen muß. Und dann fährt mein Lebensschiff in das große Schweigen vor Gott, vor sein Angesicht! Glauben Sie mir: Sie stehen einmal vor ihm! Mit all Ihrer Schuld, mit all Ihren Versäumnissen stehen Sie dann vor dem lebendigen und heiligen Gott! Das wird ein Entsetzen sein, wenn Sie entdecken: »Meine ganze Schuld und alle meine Versäumnisse habe ich mitgenommen!«

Brauchen wir Vergebung der Sünden? Nichts brauchen wir nötiger als Vergebung der Sünden, nötiger als das tägliche Brot!

2. Wo gibt's denn so was?

Gibt's denn so was, daß Vergangenheit ausgelöscht wird? Und wenn ja: Wo gibt's denn so was?

Ich habe eben die Geschichte von meinem Vater erzählt. Ich konnte meine Schuld nie mehr gutmachen. Verstehen Sie? Wir können im Grunde nichts gutmachen von unserer Schuld! Die Wirkungen vor Gott bleiben! Der Wechsel wird präsentiert! Es war ein Mann namens Judas, der hatte seinen Heiland für 30 Silberlinge verraten. Und dann wird ihm plötzlich klar: »Es war falsch!« Er geht zu den Leuten, denen er ihn verraten hat, bringt das Geld zurück und sagt: »Ich habe Unrecht getan. Nehmt das Geld zurück! Ich will's wiedergutmachen!« Da zucken sie die Achseln und erklären: »Was geht uns das an? Da siehe du zu!« Sie können sich wenden, an wen Sie wollen, jeder wird antworten: »Da siehe du zu!«

Ist es denn trotzdem möglich, daß Schuld und Versäumnis ausradiert und liquidiert werden? Wo gibt's denn so was? Wo gibt es Vergebung der Sünden?

Meine Freunde, hier antworten nun die Männer der Bibel in einem vollen Chor, in einem jauchzenden Chor. Von Anfang bis Ende, vom Alten bis zum Neuen Testament ist das die Melodie der Bibel: Es gibt Vergebung der Sünden!

Wo? Gehen Sie mit mir hinaus vor die Tore Jerusalems nach dem Hügel Golgatha. Wir achten nicht auf die Volksmenge, nicht auf die beiden Verbrecher rechts und links, nicht auf die römischen Soldaten, sondern auf den Mann in der Mitte, der da am Kreuz hängt. Wer ist der Mann in der Mitte? Das ist nicht einer von uns. Er hat sich mal einer Volksmenge gestellt und gesagt: »Wer kann mir eine Sünde nachsagen?« Und da hat keiner auch nur eine gewußt. Das würde niemand von uns riskieren, so zu fragen. Dann ist er in einen Prozeß verwickelt worden, wo römische Richter und der jüdische Hoherat ihn vernommen haben. Und sie fanden nichts wider ihn. Er ist keiner von uns. Er braucht keine Vergebung der Sünden. Und der hängt da oben am Kreuz?! Wer ist der Mann? Er ist nicht aus der Menschenwelt aufgestiegen, sondern er ist aus der anderen Dimension, aus der Welt Gottes, zu uns gekommen. Ich rede von Jesus, dem Sohne Gottes. Und der hängt am Kreuz? Warum? Wieso? Meine Freunde, Gott ist gerecht: Er muß die Sünde strafen. Und da hat er unsere Sünde auf den Sohn geworfen, auf seinen Sohn, und sie an Jesus gerichtet! »Die Strafe liegt auf ihm, auf daß wir Frieden hätten!« Das ist die große Botschaft der Bibel: Das Gericht Gottes liegt auf diesem Jesus, auf daß wir Frieden hätten! Hier gibt's Vergebung der Sünden!

Wo kann ich meine Schuld loswerden? Wo kriege ich Frieden mit Gott? Unter Jesu Kreuz! »Das Blut Jesu Christi, des Sohnes Gottes, macht uns rein von aller Sünde.« Daß wir das fassen!

Es ist ein interessantes Buch erschienen von dem Amerikaner William L. Hull. Das war der Pfarrer, der den millionenfachen Mörder Adolf Eichmann während seiner Haft dreizehnmal besucht hat und lange Gespräche mit ihm führte, der seine letzten Worte hörte, der ihn bis zum Galgen begleitet hat und der dabei war, als seine Asche ins Mittelmeer gestreut wurde. Den Inhalt seiner Gespräche mit Eichmann hat er veröffentlicht unter dem Titel »Kampf um eine Seele«. Am Anfang berichtet er: Es ging mir darum, diesen schrecklichen Sünder zu retten, daß er nicht in die Hölle kommt. Und es ist erschütternd, wie dieser Mann, der vom Schreibtisch aus Millionen von Menschen ermordet und grauenvolles Leid über die Welt gebracht hat, bis zum letzten Moment sagt: Ich brauche keinen, der für mich stirbt. Ich brauche keine Vergebung der Sünden. Ich will sie auch nicht.

Wollen Sie in den Spuren Eichmanns gehen und so sterben? Nein? Wenn Sie das nicht wollen, dann bekehren Sie sich von ganzem Herzen zu Jesus, dem Sohne Gottes, der als einziger in der Welt unsere Sünden vergeben kann, weil er dafür gestorben ist und dafür bezahlt hat!

Als Pfarrer Hull mit Eichmann sprach, da hat es ihn fast gegraust, diesem Menschen die Vergebung der Sünden durch Jesu Blut anzubieten. Konnte sogar solch einer Vergebung der Sünden bekommen? Ja! Ja! »Das Blut Jesu Christi, des Sohnes Gottes, macht uns rein von aller Sünde.« Aber ich muß sie bekennen, ihm sagen und dann aufschauen zum Kreuz und es fassen: »Es quillt für mich dies teure Blut, / Das glaub und fasse ich. / Es macht auch meinen Schaden gut, / Denn Christus starb für mich.«

Die Bibel braucht immer neue Bilder, um deutlich zu machen, wieso der gekreuzigte und auferstandene Herr Jesus – Jesus ist ja nicht im Tode geblieben, sondern am dritten Tage auferstanden, das wissen Sie hoffentlich, er lebt – Sünden vergibt.

Sie braucht zum Beispiel das Bild vom Bürgen. Ein Bürge verpflichtet sich, für mich einzutreten, wenn ich nicht bezahlen kann. Einer muß bezahlen! Das gilt immer im Leben: Einer muß bezahlen! Und durch jede Sünde in unserem Leben entsteht eine Verpflichtung vor Gott. Die Bibel sagt: »Der Tod ist der Sünde Sold.« Gott fordert als Bezahlung für unsere Sünde unseren Tod. Und nun kommt Jesus und geht für unsere Sünde in den Tod, damit wir das Leben haben. Er wird unser Bürge vor Gott. Und nun gilt: Entweder bezahlen Sie für Ihre Sünde in der Hölle – oder Sie kommen zu Jesus und sagen: »Herr Jesus, ich will es fassen, daß du für mich bezahlt hast!« Ernst Gottlieb Woltersdorf bekennt in einem Lied: »Ich weiß sonst nichts zu sagen, / Als daß ein Bürge kam, / Der meine Schuld getragen, / Die Rechnung auf sich nahm / Und sie so völlig hingezählt, / Daß von der ganzen Menge / Auch nicht ein Stäublein fehlt.«

Oder die Bibel braucht das Bild vom Loskauf. Da ist ein Mensch in die Gewalt der Sklavenhändler geraten. Er kann sich nicht selber loskaufen. Und da kommt ein freundlicher Herr über den Sklavenmarkt und sieht den Sklaven. Das Herz entbrennt ihm, und er fragt: »Was kostet der? Ich kaufe ihn frei!« Von welchem Moment ab ist der Sklave frei? Von dem Moment ab, wo der letzte Pfennig bezahlt ist. Der Herr Jesus hat für Sie auf Golgatha den letzten Pfennig bezahlt! Und nun dürfen Sie's fassen und sagen: »Herr Jesus, jetzt lege ich dir meine Sünde hin und glaube es, daß du sie getilgt hast.« Jesus kauft los! Jesus macht Sklaven der Sünde frei! Philipp Friedrich Hiller singt: »Die Sünden sind vergeben. / Das ist ein Wort zum Leben / Für den gequälten Geist. / Sie sind's in Jesu Namen . . .«

Immer neue Bilder bringt die Bibel. Sie benutzt das Bild von der Versöhnung. Das weiß der finsterste Heide, daß er Versöhnung braucht. Deshalb gibt es in allen Religionen ein Heer von Priestern, das Versöhnungsopfer darbringt. Gott aber erkennt nur ein einziges Versöhnungsopfer an: »Siehe, da ist Gottes Lamm, welches der Welt Sünde wegträgt!« Viele Priester haben viele Opfer gebracht. Jesus aber ist selbst der Priester, der mit Gott versöhnt! Und er ist selbst das Opfer, das mit Gott versöhnt! Er allein kann uns versöhnen mit Gott. Albert Knapp sagt in einem Lied: »Ewig soll er mir vor Augen stehen, / Wie er als ein stilles Lamm / Dort so blutig und so bleich zu sehen, / Hängend an des Kreuzes Stamm . . . Und hat auch an mich gedacht, / Als er rief: Es ist vollbracht!«

Noch ein anderes Bild der Bibel ist das vom Waschen. Da schreibt ein Christ dem andern: »Er hat uns geliebt und gewaschen von den Sünden mit seinem Blut.« Sie kennen die Geschichte vom verlorenen Sohn, der schließlich im größten Dreck landete: bei den Schweinen. Wie viele sind so bei den Schweinen gelandet! Da kann man nur sagen: Es ist schade um sie! Aber dann kommt der verlorene Sohn zu sich – und läuft so, wie er ist, nach Hause in die Arme des Vaters. Er hat sich nicht erst gereinigt, einen Anzug gekauft und neue Schuhe beschafft. Er kam so, wie er war. Und dann hat der Vater ihn gereinigt und neu eingekleidet. Viele Menschen meinen, sie müßten erst gut werden, dann könnten sie Christen werden. Das ist ein katastrophaler Irrtum. Wir dürfen so dreckig und speckig, wie wir sind, zu Jesus kommen. Und wie beschmutzt und besudelt ist unser Leben! Kommen Sie zu Jesus, wie Sie sind! Er wäscht Sie rein! Er macht alles neu! »Das Blut Jesu Christi, des Sohnes Gottes, macht uns rein von aller Sünde.« So bezeugt es der Apostel Johannes. Und so dürfen auch wir es bezeugen!

Nun, ich kann Ihnen jetzt nicht all die Bilder der Bibel nennen. Ich denke mir aber, daß Sie selbst anfangen, die Bibel zu lesen, so daß Sie diese herrliche Botschaft von der Vergebung der Sünden immer mehr kennenlernen.

Wie werden wir mit dem Leben fertig, wenn Schuld und Versäumnis uns ständig begleiten? Dann komme ich nicht zurecht! Aber ich komme zurecht, wenn ich Jesus gefunden habe und durch ihn Vergebung der Sünden erfahren habe! Dann hört die tiefe Angst und Verzweiflung auf. Sich Jesus ausliefern, das ist keine dunkle, schreckliche Angelegenheit, sondern da werden Sie herausgeführt aus dem Keller der Angst in den hellen Frühlingssonnenschein der Gnade Gottes. Und das wünsche ich Ihnen von ganzem Herzen.

Also: Brauchen wir Vergebung der Sünden? Ja! Wo kriegen wir sie? Bei Jesus, dem gekreuzigten und auferstandenen Heiland!

3. Wie komme ich dazu?

Jetzt denkt vielleicht jemand – hoffentlich! –: »Das ist ja großartig! Das muß eine herrliche Sache sein, Vergebung der Sünden zu haben! Aber wie komme ich dazu? Keine Tageszeitung schreibt davon, kein moderner Roman berichtet darüber, kein Film sagt es mir. Wie komme ich dazu?« Ja, wie komme ich dazu?

Da kann auch einer dem andern schlecht helfen. Ich glaube, das beste ist, Sie gehen heute noch in die Stille und rufen Jesus an. Er ist ja auferstanden. Er lebt! In der Bibel werden die Leute, die zum Glauben gekommen sind, so bezeichnet: »alle, die den Namen Jesus anrufen«. Jetzt gehen Sie einfach mal herzu und rufen Sie ihn an!

Sie kennen den Ausdruck »anrufen«? Hören Sie: Sie haben eine direkte Leitung zu Jesus! Die liegt jetzt schon so lange tot! Sie haben eine direkte Leitung zu Jesus – und vielleicht noch nie darauf gesprochen! Ist ja ein Elend! Rufen Sie ihn an! Sie brauchen gar nicht lange zu wählen. Sagen Sie nur: »Herr Jesus!« – und er ist schon an der Leitung. Er ist schon da! Das ist nämlich Beten.

Und was Sie dann sagen? Alles, was im Herzen ist! Sagen Sie: »Herr Jesus! Ich habe eine trübe Bindung mit einem Menschen. Ich komme da auch nicht alleine heraus. Ich weiß aber, daß es Sünde ist, Herr Jesus, hilf du mir!« – »Herr Jesus! In meinem Geschäft stimmt es nicht. Die Steuererklärungen sind seit Jahren verkehrt. Ich weiß auch nicht, wie ich es anders machen soll, weil ich sonst Pleite mache. Herr Jesus, hilf du mir!« – »Herr Jesus! Ich bin meiner Frau nicht treu. Ich kann da nicht heraus. Herr Jesus, hilf du mir!« Verstehen Sie,

Sie dürfen das, was Sie keinem Menschen sagen, dem Herrn Jesus in die Leitung hinein anvertrauen. Er hört. Packen Sie mal aus! Das ist Befreiung. Sagen Sie ihm all Ihre Schuld.

Fragen Sie ihn: »Herr Jesus, der Pastor Busch hat gesagt, durch dein Blut wird alles gut. Ist das wahr?« Sagen Sie ihm das. Rufen Sie ihn heute noch an. Fangen Sie an, auf der Leitung, die schon so lange unbenutzt ist, mit Jesus zu sprechen. Lassen Sie die Leitung heiß laufen! Sie können mit ihm reden. Kommen Sie zu den Leuten, »die den Namen Jesus anrufen«!

»Ja«, sagen Sie, »dann habe ich ihm alles gesagt, aber er sagt mir nichts!« Doch, doch, passen Sie auf! Jetzt will ich Ihnen die Leitung sagen, auf der er mit Ihnen redet. Da nehmen Sie ein Neues Testament. Später lesen Sie das Alte Testament. Aber damit fangen Sie nicht an, das ist zunächst zu schwer. Fangen Sie im Neuen Testament mit dem Johannes-Evangelium an, dann lesen Sie das Lukas-Evangelium. Fangen Sie mal an, so zu lesen, wie Sie einen Tatsachenbericht in einer Illustrierten lesen. Und dann werden Sie merken: Da redet er! Das unterscheidet die Bibel von allen anderen Büchern, daß durch diese Leitung der jetzt lebende Herr mit mir redet.

Mir sagte einer: »Wenn ich Gott hören will, dann gehe ich in den Wald.« Da habe ich ihm geantwortet. »Das ist ja Unsinn! Wenn ich in den Wald gehe, dann höre ich die Bäume rauschen, die Vöglein singen und die Bächlein murmeln. Das ist bildschön. Aber ob meine Sünden vergeben sind und wie ich ein neues Herz kriege und ob Gott mir gnädig ist, das sagt mir der Wald nicht. Das sagt Gott mir nur durch die Bibel.«

Nehmen Sie sich jeden Tag eine stille Viertelstunde für Jesus. Da rufen Sie den Herrn Jesus an und sagen Sie ihm alles: »Herr, ich habe heute so große Aufgaben. Ich werde alleine nicht fertig.« Sie verstehen: Sagen Sie ihm alles! Und dann schlagen Sie das Neue Testament auf und lesen Sie ein halbes Kapitel. »Herr Jesus! Jetzt rede du!« Und auf einmal ist da ein Wort Gottes für Sie. Sie merken: »Das sagt er zu mir.« Unterstreichen Sie sich das. Schreiben Sie am besten das Datum daneben.

Ich kam als junger Mann mal in ein Haus. Da lag auf dem Klavier eine Bibel. Als ich sie in die Hand nahm, stellte ich fest, daß viele Stellen rot und grün angestrichen und Daten daneben eingetragen waren. Da fragte ich – es war eine große Familie –: »Wem gehört denn diese Bibel?« »Die gehört unserer Emmi.« Ich guckte mir die Emmi an – und heiratete sie. Solch ein Mädchen wollte ich haben, welches das begriffen hatte, daß Jesus auf dieser Leitung zu uns redet und auf keiner anderen.

Wenn die Leute sich über die Bibel streiten, dann wird mir ganz übel. Sie sagen: »Die Bibel ist auch nur von Menschen geschrieben« – und lauter so dummes Zeug. Das langweilt mich!

Ich war im Ersten Weltkrieg eine Zeitlang Telefonist. Da kannten wir noch keinen drahtlosen Funk. Wir hatten kleine Apparate, an denen die Drähte angeschlossen wurden. Eines Tages mußte ich zu einem auf einer Höhe gelegenen Beobachtungsposten. Es war noch nichts ausgebaut, und ich lag im Gras und versuchte, die Leitung zur Batterie herzustellen. Und da kommt so ein leichtverwundeter Infanterist über die Höhe. Ich rufe: »Mensch, schmeiß dich hin! Wir sind eingesehen! Gleich kriegen wir Feuer!« Er schmeißt sich hin, kommt zu mir gekrochen und sagt: »Ich habe einen schönen Heimatschuß und kann jetzt nach Hause. Hör mal, du hast aber da einen alten Apparat!« »Ja«, murmele ich, »ein altes Modell.« »Und die Klemmen sind ganz locker!« »Ja«, bestätige ich, »die Klemmen sind ganz locker.« »Und da ist ein Stück abgehauen!« sagt er. Da platzt mir der Kragen. »So, jetzt halte mal den Mund. Ich habe keine Zeit, deine lange Kritik anzuhören! Ich muß auf die Verbindung horchen!« Und so geht's mir mit der Bibel. Ich will die Stimme Jesu hören – und dann kommen Leute und sagen: »Die Bibel ist auch nur von Menschen geschrieben!« Da kann ich nur antworten: »Ach, haltet doch den Mund! Ich höre hier die Stimme Jesu!«

Verstehen Sie: Lassen Sie sich nicht dumm machen! Er redet auf dieser Leitung!

Und suchen Sie Gemeinschaft mit Leuten, die denselben Weg gehen wollen!

Sehen Sie, wenn ich bei meinen Gesprächen hin und her so etwas sage, dann erwidern die Leute mir immer: »Ach, das ist für Großmütter. In der Kirche sind doch nur alte Leute.« Und darum freue ich mich, über 30 Jahre lang Jugendpfarrer gewesen zu sein, der viele junge Leute kennengelernt hat, die Ihnen das bestätigen könnten, was ich gesagt habe, daß es

Vergebung der Sünden gibt, daß man mit Jesus reden kann, daß er antwortet.

Suchen Sie solche Gemeinschaft mit Leuten, die auch Erfahrungen mit Jesus haben. Ja, man kann Menschen finden, die auch mit Jesus den Weg zum Himmel gehen wollen.

Und nun steht Jesus vor Ihnen und sagt Ihnen: »Kommet her zu mir alle, die ihr mühselig und beladen seid, weil euch Schuld und Versäumnis ständig begleiten. Ich will euch erquicken! Ich kann euch Vergebung der Sünden schenken!«

Wie werden wir mit dem Leben fertig, wenn die andern uns auf die Nerven fallen?

Das Thema stimmt nicht ganz: ». . . *wenn* die andern uns auf die Nerven fallen« – sie fallen ja! Da ist doch jemand, der Ihnen auf die Nerven fällt – oder nicht? Ich glaube, ich könnte es riskieren zu sagen: Es melde sich mal der, der keinen hat, der ihm auf die Nerven fällt. Da meldet sich keiner! Daß uns die andern auf die Nerven fallen, das ist nicht ». . . .*wenn*«, sondern das ist der Normalfall. Habe ich recht? O ja, wir fallen uns gegenseitig schrecklich auf die Nerven! Nicht alle. Meine Frau zum Beispiel fällt mir nicht auf die Nerven. Aber es gibt andere, die mir reichlich auf die Nerven fallen. Ihnen auch? Aber sicher! So reiben wir uns denn. In den Familien, in den Häusern mit den Nachbarn, in den Betrieben – und sogar in christlichen Kreisen fällt man sich dauernd auf die Nerven. Die Welt ist voll von geheimem Knistern von dem Auf-die-Nerven-Fallen. Es gibt viele Menschen, die sagen könnten: »Ich hätte es so gut, wenn nicht der oder die wäre!« Da ist der andere nicht nur ein Dorn im Auge, sondern ein Dorn im Leben. Und darüber muß einmal gesprochen werden: Wie werden wir mit dem Leben fertig, da die andern uns auf die Nerven fallen?

Meine Freunde, ich muß das Ganze in einen größeren Rahmen stellen. Sehen Sie: Es kann sein, daß jemand hüstelt – und in Wirklichkeit hat er einen Lungenknacks. Da helfen dann keine Hustenbonbons. Da müssen eine tiefere Diagnose und eine andere Therapie her! Sie verstehen das Bild. Und daß wir uns auf die Nerven fallen, das ist nur ein Zeichen dafür, daß der Menschheitskörper krank ist. Das Auf-die-Nerven-Fallen hat tiefere Gründe als bloß den, daß zum Beispiel die Nachbarin ein wenig unangenehm ist. Und darum muß ich diese Sache jetzt in einen ganz großen Rahmen stellen. Ich will Ihnen zeigen, daß das Auf-die-Nerven-Fallen ein Symbol ist für die Krankheit der Menschheit.

1. Die Welt, in der wir leben

Sehen Sie: Ich habe meine Weltanschauung aus der Bibel. Und ich finde, es ist die einzig mögliche; alle andern purzeln nach 20 Jahren doch über den Haufen.

Und die Bibel sagt: Als Gott die Welt geschaffen hatte, war sie vollkommen. Da fiel der Adam der Eva nicht auf die Nerven, und die Eva dem Adam nicht. Da war völlige Harmonie. Und namentlich der lebendige Gott fiel den Menschen nicht auf die Nerven, und die Menschen fielen Gott nicht auf die Nerven. Verstehen Sie: Da gehörte alles zusammen: Gott und die Menschen und die Menschen untereinander. Da waren die Risse gar nicht da.

Und nun berichtet die Bibel, daß im Anfang der Menschheitsgeschichte eine Urkatastrophe passiert ist. Die Bibel nennt das den Sündenfall. Es wird erzählt, daß der Mensch in eine Versuchung gestellt wurde. Er sollte von einem bestimmten Baum nicht essen. Das hatte ihm Gott verboten. Doch es reizt ihn – er kann wählen –, und er wählt das Böse, den Ungehorsam. Er nimmt von der verbotenen Frucht. Und in diesem Augenblick, wo im Anfang der Menschheitsgeschichte der Sündenfall geschieht, bricht alles auseinander.

Da brechen Gott und die Menschen auseinander. Gott treibt den Menschen aus dem Paradies und stellt den Cherub vor das Tor. Seitdem sind wir getrennt von Gott. Seitdem fallen wir Gott auf die Nerven – und Gott uns. Fangen Sie mal an, mit den Leuten von Gott zu reden. Dann werden sie nervös: »Hört doch endlich auf damit! Man weiß ja gar nicht, ob er überhaupt existiert!« Zwischen Gott und uns ist eine entsetzliche Kluft.

Und in demselben Augenblick fallen auch die Menschen auseinander. Das wird schon deutlich an den Kindern von Adam und Eva. Da fängt's an, daß die Menschen sich auf die Nerven fallen.

Zwei Brüder sind es. Das gibt's ja, daß gerade Geschwister sich schrecklich auf die Nerven fallen können. Sie waren sehr verschieden, der Kain und der Abel. Man hätte im Grunde vielleicht gar nicht sagen können, warum eigentlich. Eines Tages ist Kain, der Ackersmann, mit der Hacke auf dem Feld. Da kommt Abel daher. Ich kann mir vorstellen, wie in dem Kain sich alles umdreht: »Soll doch dieser sanfte Schleicher weggehen! Ich mag ihn nicht sehen!« Und dann kommt Abel sogar auf ihn zu und sagt ein paar Worte. Da nimmt Kain die Hacke und haut einfach in das verhaßte Gesicht hinein – und kommt erst zu sich, als sein Bruder tot vor ihm liegt. Meine Freunde, wir sind alle zivilisiert, und darum hauen wir uns nicht mit Hacken tot. Aber wenn Sie die Zeitung lesen, dann spüren Sie, wie auch das passiert. Und wenn ich an die großen Mordprozesse aus dem Dritten Reich denke: Im Grunde ist das ja alles derselbe Kains-Sinn: »Ich hasse die Menschen!« Und so bringt man Hunderttausende um! Kain kommt zu sich, als Abel tot vor ihm liegt. Er erschrickt ein bißchen. Aber dann macht er eine flache Grube, wälzt den Leichnam hinein und deckt ihn mit Erde zu. Er schaut sich um und stellt fest: »Es war niemand um den Weg, keiner hat es gesehen!« Wir Menschen meinen ja immer, was keiner gesehen hat, sei nicht geschehen. Was meinen Sie, was für dunkle Geschichten die Leute mit sich herumschleppen! Kain geht davon. Es ist ihm schon unheimlich geworden. Auf einmal ruft's: »Kain!« »Nanu, wer ruft denn da?« »Kain!« Und dann läuft's ihm kalt über den Rücken. Er weiß auf einmal, wer da gerufen hat: der lebendige Gott! Er war dabei! Er war stiller Zuschauer! »Kain!!! Wo ist dein Bruder Abel?« Kain will sich noch wehren: »Ich bin doch nicht Kindermädchen für meinen Bruder Abel! Soll ich meines Bruders Hüter sein?« »Kain«, sagt Gott, »das Blut deines Bruders schreit zu mir von der Erde.«

Sehen Sie, die Geschichte macht so deutlich: Seit dem Sündenfall ist alles auseinandergebrochen. Die Menschen sind auseinandergebrochen; wir fallen uns auf die Nerven. Und Gott und der Mensch sind auseinandergebrochen; Gott fällt dem Kain auf die Nerven – so wie er manchen von Ihnen auf die Nerven fällt. Aber wir werden unseren Nächsten nicht los – und wir werden Gott nicht los! Das ist die Welt, in der wir leben!

2. Zureden hilft nicht

Ja, da hilft jetzt kein Zureden. Da hilft zum Beispiel kein Reden vom »lieben Gott«. Zwischen Gott und uns ist eine Mauer, ist ein Abgrund. Im Kriege, als mein Haus und ringsum halb Essen brannte, kam eine Frau auf mich zugestürzt und schrie mich an: »Wie kann Ihr Gott das zulassen!?« Da habe ich ihr geantwortet: »Mein Gott kann das. Vielleicht ist Gott Ihr Feind!« Seit dem Sündenfall ist alles auseinandergebrochen: Gott und Mensch! Wir sind mit Gott auseinander und mit den Menschen auseinander. Und das ist der tiefe Grund, warum uns die Menschen auf die Nerven fallen. Wenn Sie eine Nachbarin haben, die Ihnen auf die Nerven fällt, dann kommt das vom Sündenfall – und daß wir gefallene Menschen und getrennt von Gott sind. Und da hilft kein Zureden!

Ich war neulich mal an der Schweizer Grenze. Da hing in dem Grenzhäuschen ein nettes Plakat. Darauf stand: »Miteinander geht's besser!« Ich habe denken müssen: »Klar! Aber mit dem Plakat ist mir nicht geholfen, wenn mir einer auf die Nerven fällt!« Oder vor kurzem habe ich auf einem Plakat gesehen: »Seid nett zueinander!« Die Amerikaner hängen an jede Ecke ein Plakat, worauf steht: »Keep smiling!« – »Lächle freundlich!« Aber das bessert die Sache im Grunde ja nicht! Habe ich recht? Nein: Zureden hilft nicht!

Ich weiß noch, wie ich als junger Theologe mal in einer Familie verkehrte, in der alle zerstritten waren. Die ganze Verwandtschaft wohnte in einem Ort und war völlig verkracht. In meiner großen Begeisterung brachte ich sie an einem Abend alle zusammen und versuchte, sie miteinander zu versöhnen. Und dann habe ich mir den Mund fusselig geredet. Abends um elf Uhr waren sie alle vereint und gaben sich die Hände. Ich war so glücklich und sagte mir: »Du wirst mal ein tüchtiger Pastor werden, hast ja schon gut angefangen.« Froh ging ich nach Hause und schlief traumlos. Am nächsten Morgen treffe ich eine junge Frau von den Versöhnten und sage: »Wie schön war das gestern abend doch!« »Schön?« erwidert sie, »wissen Sie denn nicht, was passiert ist?« Ich frage: »Was denn?« – und wurde bleich. Da hatten sie auf dem Heimweg alle neu angefangen mit dem Krach. Und nachher war's schlimmer als vorher! Sie lachen? Ich habe nicht gelacht. Ich merkte auf einmal, daß das furchtbar ernst ist mit dem Sündenfall, daß wir mit Gott und dem Nächsten auseinandergefallen sind und daß da noch so gutes Zureden nicht hilft.

Oft schreiben mir Leute: »Lieber Herr Pastor, ich habe da und da Verwandte, die leben im Streit miteinander. Können Sie nicht mal hingehen?« Das lehne ich ab, weil ich weiß, daß es nicht hilft, ihnen gut zuzureden. Denken Sie doch jetzt mal an die Leute, die Ihnen auf die Nerven fallen. Da könnte ich Ihnen lange zureden – es würde nicht helfen. Das ist das Grauenvolle. Natürlich ist das lächerlich, wenn man sieht, wie das so ist. Ich will Ihnen das ein wenig schildern. Da bin ich in einer Familie. Und dann kommt der 17jährige Sohn herein: schlaksig, in Blue jeans, die Haare beatlemäßig. Ich merke, wie der Vater hochgeht. »Gucken Sie ihn an!« sagt er, »gukken Sie ihn an!« Der Vater ist ein tüchtiger und korrekter Beamter. Sie können sich vorstellen, wie dem Vater sich alles umdreht, wenn er diesen Schlürian von Sohn sieht. Oder da ist eine liebe christliche Mutter, aber ein bißchen gesetzlich. Die Tochter bemalt sich ihre Lippen. Die Mutter: »Wie sie mir auf die Nerven fällt!« Die Tochter: »Wie sie mir auf die Nerven fällt!« Ist es nicht überall so? Mir entgegnete ein Mann, der in Scheidung lebte und dem ich erklärte: »Wissen Sie: Das ist Sünde!« –: »Herr Pfarrer, hören Sie auf! Mir fällt schon auf die Nerven, wie meine Frau ihre Suppe schlürft!«

Sie finden das lächerlich? Ich finde das entsetzlich! Sie sagen: »Das sind kleine Dinge!« Kleine Dinge? Das sind Zeichen dafür, daß die Welt im Sündenfall aus der Hand Gottes gefallen ist und daß wir in einer gefallenen Welt leben – als Menschen ohne Gott!

Das Auf-die-Nerven-Fallen kann ja auch sehr schlimm aussehen. Ich kenne in Essen ein junges Mädchen, das hat multiple Sklerose und ist ganz gelähmt von dieser schrecklichen Krankheit. Es wohnt in einem kleinen Haus. Nebenan wohnt ein rabiater Bursche, der gern abends von halb acht bis elf Uhr fernsieht und seinen Apparat immer auf Sturmstärke stellt. Das arme kranke Mädchen bekommt nun durch die dünne Wand Abend für Abend, Stunde um Stunde alles mit. Es hat den Mann gebeten: »Ach, drehen Sie doch bitte Ihr Fernsehgerät auf Zimmerlautstärke!« Da dreht der Kerl den Apparat noch stärker. Stellen Sie sich das vor: Jahr um Jahr, Abend für Abend, Stunde um Stunde geht das so. So Biester sind wir, so Biester! Können Sie sich denken, wie diesem armen Mädchen der Mann auf die Nerven fällt? Und dem Mann fällt natürlich das Mädchen auf die Nerven. Ein stiller Kampf durch die Mauer hindurch, der das Leben unsagbar schwer macht!

Als ich ganz junger Pfarrer war, hatte ich 150 Konfirmanden. Und dann fing ich an, sie alle zu besuchen. Sie wohnten in Mietshäusern. Beim ersten Besuch war Krach im Haus, beim zweiten war Krach im Haus, beim dritten war Krach im Haus. Eines Tages bat ich in der Konfirmanden-Stunde, es sollten mal die aufstehen, bei denen kein Krach ist. Da standen drei oder vier auf. »Ei«, sagte ich, »bei allen anderen ist Krach?« »Ja.« Ich fragte die paar, bei denen kein Krach war: »Warum ist denn bei euch kein Krach?« Da antworteten sie: »Wir wohnen alleine!«

Das ist die Lage. Und da sollen wir fertig werden, da sollen wir fröhlich sein, da sollen wir schaffen können, wo es an unseren Nerven dauernd zerrt! Wenn uns etwas auf den Fuß fällt, tut's weh. Wenn uns andere dauernd auf die Nerven fallen, ist's unerträglich.

3. Gott greift ein!

Wenn ich nichts anderes zu sagen hätte als das Bisherige, dann würde ich gar nicht angefangen haben zu reden. Doch ich habe eine unerhört große Botschaft, eine umwerfende Botschaft: In diesen ganzen Schlamassel von Auf-die-Nerven-Fallen und Sich-gegenseitig-Pisacken greift der lebendige Gott in seiner unbegreiflichen Barmherzigkeit ein. Diese ganze Jammerwelt liegt vor den Augen Gottes – und Gott greift ein!

Und er greift wunderbar ein. Das ist die atemberaubende Botschaft der Bibel. Er zerreißt die Wand, die zwischen ihm und uns ist, und kommt zu uns in seinem Sohne Jesus! Wenn unsere Zeit das Evangelium von Jesus als unwichtig auf die Seite schiebt, dann spricht das nicht gegen das Evangelium von Jesus, sondern es ist ein Zeugnis für die Dummheit unserer Zeit, weil Jesus die einzige Chance für uns ist! Was soll denn noch Größeres passieren, als daß Gott die Wand zertrümmert, die zwischen ihm und uns ist und uns seinen Sohn gibt – mitten hinein in unser Zerfallensein mit Gott, in unser Auf-die-Nerven-Fallen, in unsere Streitigkeiten? Und wenn der Sohn Gottes, der Herr Jesus, kommt, dann verändert sich die ganze Situation!

a) Jesus schenkt Frieden mit Gott

Und nun möchte ich Ihnen zeigen, daß in Jesus alles zusammengefaßt ist. Jesus war nicht mit Gott auseinander. Jesus ist der Sohn Gottes. Mir hat neulich mal jemand gesagt: »Jesus war ein Mensch wie wir, höchstens ein Religionsstifter.« Da habe ich geantwortet: »Dann meinen Sie offenbar einen anderen als ich. Ich rede von dem, der gesagt hat: ›Ich bin von oben, ihr seid von unten.‹« Ja, von dem rede ich, vom Sohn des lebendigen Gottes, der ein Wunder ist, der der ganz Andere ist, der der Einbruch Gottes in diese verlorene und verfluchte

Welt ist. Der ist nicht mit Gott auseinander. Und dem ist auch kein Mensch auf die Nerven gefallen. Dem ist nicht einmal der Judas auf die Nerven gefallen, der ihn verraten hat. Wenn mich einer verrät, der fällt mir auf die Nerven. Jesus hat Judas geliebt bis zuletzt! Sie müssen die Geschichte Jesu mal so ansehen: der Mann, dem niemand auf die Nerven fiel!

Da ist die wunderbare Geschichte am Abend vor seinem Sterben, wie er mit seinen Jüngern zu Abend ißt. Wissen Sie: Im Morgenland sitzt man nicht auf Stühlen, sondern da sind um den Tisch her breite Polster, auf denen man liegt. Ich kann mir auch nicht gut vorstellen, wie die Leute dabei essen konnten; jedenfalls könnten wir nicht im Liegen mit Messer und Gabel essen. Aber die aßen so. Vorher streifte man die Sandalen ab. Da war es üblich, daß zunächst die Füße vom Staub der Straße gereinigt wurden. Die Jünger hatten an dem Tag eine große Wanderung mit Jesus gemacht. Nun waren sie müde, streiften die Sandalen ab und warfen sich auf die Polster. Und ich kann mir vorstellen, wie der Petrus den Johannes anguckt und ihm gleichsam mit den Augen winkt: »Einer muß ja Wasser und einen Schwamm holen und den andern die Füße waschen. Das kannst du ja mal machen, du bist der Jüngste! Du fällst mir auf die Nerven, daß du dich dauernd drücken willst, Johannes!« Doch der Johannes zuckt mit den Achseln und denkt: »Der Petrus fällt mir auf die Nerven, daß er mich immer als Jüngsten apostrophieren will. Jakobus könnte ja auch mal Wasser und Schwamm holen, daß die Füße gewaschen werden!« Und Jakobus denkt: »Wie komme ich dazu! Ich gehöre zu den Lieblings-Jüngern. Laß doch den Matthäus das mal machen!« In dem Moment fallen sich alle auf die Nerven, weil jeder sich drückt vor dem, was man tun müßte. Und dann steht Jesus auf. Die Jünger erschrecken: »Er wird doch nicht!« Doch, er tut's. Er kommt herein mit der Schürze des Hausknechts und mit der Waschschüssel und dem Schwamm – und wäscht allen die Füße. Auch dem Judas! Auch dem Petrus! Auch dem Johannes! Auch dem Jakobus! Auch dem Matthäus! Ich hätte beinahe gesagt: Auch mir! Das ist Jesus, bei dem alles zusammengefaßt ist: Gott ist in ihm, und er liebt die andern.

Ich muß Ihnen Jesus zeigen – so sehe ich ihn am liebsten –, wie er am Kreuz hängt! Ich möchte, ich könnte Sie jetzt dazu bringen, mit mir auf dem Hügel vor den Toren Jerusalems zu stehen, wo die Volksmenge brüllt, wo die römischen Soldaten mit ihren Spießen stehen, wo über die Köpfe drei Kreuze ragen. Den in der Mitte, den meine ich. Den mit der Dornenkrone, den möchte ich vor Sie stellen. Meine Freunde, da stirbt er für Sie, um Sie aus diesem Elend, wo man andern auf die Nerven fällt, wo man sich selber auf die Nerven fällt und wo andere einem auf die Nerven fallen, herauszuholen und Sie mit Gott zu versöhnen.

Wollen Sie, daß alles, was zwischen Gott und Ihnen ist, beseitigt wird, dann kommen Sie zum Kreuze Jesu. Dieser Jesus, der für Sie starb, der für Sie auferstanden ist, ist Gottes Friedensangebot. Werfen Sie alle Ihre Zweifel – Sie haben eine Menge Zweifel – über Bord! Und werfen Sie sich diesem Jesus in die Arme! Werfen Sie die alten Bindungen und alle Schuld Jesus vor die Füße! Sie können es, wenn Sie auf Jesu Kreuz schauen. Geben Sie ihm die Hand und sagen Sie ihm: »Dir will ich gehören!« In dem Augenblick haben Sie den Schritt getan zum Frieden mit Gott. Paulus sagt im Römerbrief: »Nun wir denn sind gerecht geworden vor Gott durch den Glauben an Jesus Christus, so haben wir Frieden mit Gott.« Jesus ist das Friedensangebot Gottes. Nehmen Sie es an! Das Entsetzlichste ist, daß es viele Menschen gibt, die zwar davon gehört haben und doch nie in diesen Friedenszustand mit Gott gekommen sind. Das ist fürchterlich. Ich möchte ringen um Ihre Herzen! Ich möchte ringen um Ihre Seelen, daß Sie dieses Friedensangebot Gottes annehmen!

Ich hatte heute ein Gespräch mit ein paar Journalisten. Und dann kamen wir darauf, was man heute denn wohl noch ernst nehmen könne. Da habe ich ihnen erklärt: »Ich will Ihnen offen gestehen: Nachdem ich zwei Kriege und das Nazi-Reich erlebt habe, wüßte ich nicht, was ich noch ernst nehmen soll. Die Sprüche, die mir Weltanschauungs-Propheten und Politiker vorsetzen, die nehmen sie selber nicht ernst – und ich auch nicht. Ich wüßte nicht, was ich zwischen Himmel und Erde anderes noch ernst nehmen könnte als das Friedensangebot Gottes in Jesus!« Das kann ich ernst nehmen. Das ist das einzige, was noch ernst zu nehmen ist. Aber das lohnt sich. Und wenn hier junge und alte Menschen sagen: »Wir können nichts mehr ernst nehmen!«, dann ist das Evangelium genau für Sie: In Jesus hat Gott Sie unheimlich ernst genommen. Jetzt nehmen Sie sein Friedensangebot in Jesus auch ernst!

Sehen Sie: Jesus bringt Gott und uns wieder zusammen. Ihr Elend ist, daß Sie vielleicht »christlich« sind und »Kirchensteuerzahler« – aber keinen Frieden mit Gott haben! Ich sage Ihnen: Für Sie starb Jesus und hat alle Ihre Schuld auf sich genommen, damit Sie jetzt kommen, sich vor ihm niederwerfen und sagen können: »Herr, da kommt ein verlorener Sünder. Ich glaube jetzt an dich. Ich nehme dich an!« – und damit durchgehen zum Leben, zum Frieden mit Gott!

b) Jesus schenkt Frieden mit dem Nächsten

Wo Jesus aber einbricht, da kriegt man nicht nur Frieden mit Gott, sondern auch Frieden mit dem Nächsten. Da hört das auch mit dem Auf-die-Nerven-Fallen auf.

Jetzt hören Sie mal gut zu: Es gibt unter Ihnen ganz kolossal christliche Leute, aber solange Ihnen noch andere Leute auf die Nerven fallen, stimmt es nicht! Ist das klar? Da sagen Sie: »Sie sollten meine Nachbarin kennen! Die Ziege!« Und ich antworte Ihnen: »Solange Sie sie nicht liebhaben, solange stimmt es bei Ihnen nicht. Denn wenn Jesus in unser Leben kommt, hört das mit den schwachen Nerven auf, wo andere dauernd drauffallen!«

Sehen Sie: Wo Jesus einbricht, da schenkt er Frieden mit Gott und Frieden mit dem, der mir auf die Nerven fällt. Und wenn Sie Menschen haben, die Ihnen auf die Nerven fallen, dann müssen Sie Jesus haben! Sonst hilft Ihnen nichts! Ihre Nerven gehen kaputt bei solchen Geschichten. Jesus muß Ihnen Frieden mit Gott schenken und Ihr Inwendiges einnehmen – und dann geht's auch mit den andern gut!

Ich habe einen Freund, der mir sehr nahesteht. Der hat eine nette Wohnung, aber einen schwierigen Hausbesitzer, der so sehr auf Geld aus ist. Und da schreibt ihm jetzt vor kurzem der Hausbesitzer einen unverschämten Brief: Das haben Sie zu machen! Und das haben Sie zu tun! Und das haben Sie zu bezahlen! Mein Freund erzählte: »Bei mir ging der Hut hoch. Ich ging an den Schreibtisch, um ihm wiederzuschreiben. Und auf einmal steht das Bild Jesu vor mir, der für mich gestorben ist – und auch für den Hausbesitzer gestorben ist. Und da konnte ich nicht mehr. Und da bin ich zu ihm hingegangen und habe gesagt: ›Hören Sie, wollen wir wirklich so miteinander reden? Wir sind doch beide verständige Leute! Wollen wir nicht mal vernünftig miteinander sprechen? Ich habe Sie wirklich gern! Es ist nicht nötig, daß Sie so mit mir reden.‹« Und da wurde der so überwunden, daß der Krach nicht stattfand, sondern daß sie heute eigentlich ganz gute Freunde sind, der schwierige Hausbesitzer und der Jünger Jesu.

Kann ich noch eine schöne Geschichte erzählen? Passen Sie mal auf: Ich kenne einen Mann namens Dapozzo. Er ist ein französischer Evangelist. Vom Konzentrationslager her hat er einen ganz zerschlagenen Arm. Und der erzählte mir eine Geschichte, die habe ich nie vergessen. Er sagte: »Im KZ ließ mich um die Mittagszeit mal der Lagerleiter holen. Ich wurde in ein Zimmer geführt, in dem der Tisch gedeckt war. Aber es stand nur ein Gedeck auf dem Tisch. Und dann kommt der Lagerleiter. Ich hatte brüllenden Hunger. Und dann setzt der Lagerleiter sich hin und bekommt ein phantastisches Essen serviert, einen Gang nach dem andern. Und ich muß strammstehen und zusehen. Er macht mir vor, wie es ihm schmeckt – und ich sterbe vor Hunger. Aber das war das wenigste. Am Schluß läßt er sich Kaffee bringen. Dazu stellt er ein Päckchen auf den Tisch und sagt: ›Sehen Sie mal, das hat Ihre Frau Ihnen aus Paris geschickt: Gebäck!‹ Ich wußte, wie wenig es zu essen gab und wie meine Frau gespart haben mußte, um die Plätzchen zu machen. Und dann fängt der Lagerleiter an, sie aufzuessen. Ich bitte ihn: ›Geben Sie mir wenigstens eins, ich will es nicht essen, ich möchte es zum Andenken an meine Frau haben.‹ Und lachend ißt der das letzte auf.« Das war ein Moment, in dem das Auf-die-Nerven-Fallen auf einen Höhepunkt kommt, wo man haßt! Und Dapozzo fuhr wörtlich so fort: »In dem Augenblick wurde mir klar, was es heißt: ›Die Liebe Gottes ist ausgegossen in unser Herz.‹ Ich konnte den Mann liebhaben. Ich dachte: ›Du armer Mann! Keinen Menschen hast du, der dich liebt. Nur Haß umgibt dich! Wie gut habe ich es als Kind Gottes!‹« Verstehen Sie: Er kann ihn einhüllen in Mitleid und Erbarmen. Er fällt ihm nicht mehr auf die Nerven. Da sprang der Mann auf – er spürte das – und rannte hinaus! Dapozzo hat ihn nach dem Kriege besucht. Da wurde der Mann bleich: »Sie wollen sich rächen!« »Ja«, sagte Dapozzo, »ich will mich rächen. Ich möchte eine Tasse Kaffee bei Ihnen trinken. Und im Auto habe ich die Torte mitgebracht. Und jetzt essen und trinken wir zusammen!« Und dem Mann geht erschütternd auf, daß ein Mensch, der in die Gewalt Jesu gekommen ist, nicht mehr hassen muß, daß er frei gemacht ist von dem Auf-die-Nerven-Fallen, weil die Liebe Gottes ausgegossen ist in sein Herz.

Ich bin ein alter Großstadtpfarrer und habe so oft jammern hören: »Ich bin so einsam. Keiner schenkt mir Liebe.« Ich kann das nicht mehr hören. Da möchte ich sagen: »Und du? Wo ist der Mensch, der aufsteht und sagt: ›Der hat mir Liebe geschenkt!‹?« Wissen Sie: Ich finde es furchtbar dämlich – verzeihen Sie, daß ich mich so ausdrücke, aber ich komme aus dem Ruhrgebiet, und da reden wir grob –, wenn Menschen dauernd jammern: »Es gibt keine Liebe in der Welt« – und sie selber sind Eiszapfen!

Als mir das aufging, habe ich gedacht: »Ich möchte auch Liebe üben.« Und da merkte ich: Das können wir ja gar nicht. Unser Herz ist unsagbar selbstsüchtig. Ja, es gibt Leute, die kann man liebhaben, weil sie einem sympathisch sind. Aber die, die einem auf die Nerven fallen?

Ich erinnere mich eines Gesprächs mit einem kommunistischen Arbeiter, der sagte: »Wir haben demonstriert für die Kulis in Shanghai!« Darauf erwiderte ich ihm: »Das ist großartig! Aber Ihr Nachbar?« Da platzte es ihm heraus: »Wenn ich den treffe, dem haue ich eins auf die Birne!« Verstehen Sie: »Liebe deinen Fernsten« – das ist noch nicht so schwierig, aber: »Liebe deinen Nächsten« – da wird's kompliziert.

Und nun meine ich, die Welt würde erst anders, wenn ich meinen Nächsten lieben kann, auch den Schwierigen, auch den Gefährlichen, auch den, der mir Böses will. Das kann man nicht von selber. Das ist ein Geschenk Gottes. Meine Freunde, einfach ist das natürlich nicht. Ich habe das selber erfahren: Wenn nämlich Jesus in unser Leben kommt und uns Frieden mit Gott schenkt und uns dann auch Frieden mit dem Nächsten schenken will, dann tut das sehr weh, weil er uns dann nämlich zeigt, daß wir den andern viel mehr auf die Nerven fallen als die uns, daß wir für die andern viel schwerer zu tragen sind. Seit ich Jesus kenne, zeigt er mir, wie ich schuldig werde am andern. Und da wird einem immer wichtiger, daß der Heiland am Kreuz gestorben ist und Vergebung der Sünden gibt.

Sie verstehen: Jesus bringt die größte Revolution in der Welt hervor, aber er muß angenommen werden! Und darum möchte ich Sie bitten, daß Sie sich das nicht bloß anhören, sondern daß Sie selbst ernst machen mit Jesus. Ich wünschte, Sie könnten sagen: »Ich habe Jesus gefunden! Und er hat mich gefunden!«

Es muß alles anders werden – aber wie?

In meiner Jugend las man mit Begeisterung die Novellen eines Schriftstellers namens Max Eyth, der heute vergessen ist. Er war eigentlich Ingenieur und nahm seinen Stoff vor allem aus den Anfängen des technischen Zeitalters. Eine Novelle war überschrieben mit »Berufstragik«. Da schildert er einen jungen Ingenieur, der eines Tages durch merkwürdige Umstände einen ganz großen Auftrag bekommt. Er soll über einen Fluß, der schon mehr ein Meeresarm ist, eine Brücke bauen. Es ist ein sehr schwieriger Auftrag, weil an der Brücke schon Ebbe und Flut hineinwirken. Und man hatte am Anfang des technischen Zeitalters ja auch noch nicht die Mittel unserer Zeit. Der junge Mann baut also diese riesige Brücke. Als sie fertig ist, gibt es eine große Einweihungsfeier mit Musik, Fahnen und Zeitungsreportern. Prominente fahren in einem Eisenbahnzug über die Brücke. Der junge Mann steht im Mittelpunkt des Interesses. Alle Zeitungen bringen seinen Namen. Nun ist er ein gemachter Mann. In London errichtet er ein riesiges Architekten-Büro. Er heiratet eine reiche Frau. Er hat alles, was das Herz begehrt. Doch in seinem Leben gibt es ein merkwürdig dunkles Geheimnis, von dem nur seine Frau etwas weiß. Immer wenn es Herbst wird, ist er verschwunden. Er reist zu seiner Brücke. Und wenn nachts der Sturm tobt und der Regen peitscht, dann steht er, in einen Regenumhang gehüllt, draußen an der Brücke und hat Angst. Er spürt förmlich mit, wie der Sturm auf die Pfeiler seiner Brücke drückt. Immer wieder rechnet er durch, ob er die Pfeiler auch wirklich stark genug gemacht hat, ob er den Winddruck auf die Pfeiler wohl auch richtig berechnet hat. Wenn dann die Stürme vorüber sind, ist er wieder in London. Dann ist er wieder der große Mann, der im gesellschaftlichen Leben der Stadt eine bedeutende Rolle spielt. Keiner merkt ihm an, daß er im Grunde immer eine geheime Furcht hat. »Ist die Brücke richtig gebaut? Ist sie wirklich stark genug?« Diese quälenden Fragen sind das dunkle Geheimnis seines Lebens. Max Eyth schildert erschütternd, wie der Ingenieur dann in einer furchtbaren Sturmnacht wieder angstvoll seine Brücke beobachtet. Er sieht, wie ein Zug auf die Brücke fährt. Er sieht noch die Schlußlichter. Doch plötzlich sind sie im Toben des Sturmes verschwunden. Und da weiß er: Jetzt ist der Zug in die Tiefe, in das tosende Wasser gestürzt. Die Brücke ist in der Mitte zusammengebrochen.

Als ich diese Geschichte als junger Bursche zum erstenmal las, ging mir so heimlich der Gedanke durch den Kopf: »Ist das nicht die Geschichte eines jeden Menschen?« Wir bauen alle an der Brücke unseres Lebens. Und ab und zu, wenn wir mal eine schlaflose Nacht haben oder wenn irgend etwas uns sehr bewegt, steht die Furcht auf: »Habe ich die Brücke meines Lebens eigentlich richtig gebaut? Wird sie den Stürmen des Lebens wirklich standhalten?« Und dann wissen wir ganz genau: Es stimmt nicht ganz! Die Brücke unseres Lebens ist nicht ganz in Ordnung! Das ist das erste, was ich Ihnen zeigen möchte:

1. Es stimmt nicht ganz

Als Pfarrer in der Großstadt habe ich bei vielen Menschen angetippt und gefragt: »Sagen Sie mal: Ist Ihr Leben ganz in Ordnung?« Noch nie habe ich einen Menschen getroffen, der nicht schließlich doch herausgekommen wäre mit dem Eingeständnis: »Ganz in Ordnung? Nein! Es müßte vieles anders sein!« Ich kann natürlich nicht sagen, wo bei Ihnen der schwache Punkt in der Brücke Ihres Lebens ist. Aber Sie wissen selbst alle ganz genau: »Es müßte vieles anders sein!«

Und dann faßt man ab und zu den Vorsatz: »Ich will mich ändern! Ich will mich auf dem und dem Gebiet bessern!« Sagen Sie: Glauben Sie wirklich, daß ein Mensch sich ändern kann? Nein, ein Mensch kann sich im Grunde nicht ändern! Die Bibel sagt das ganz brutal: »Kann auch ein Mohr seine Hautfarbe ändern oder ein Panther seine Flecken? So wenig könnt auch ihr Gutes tun, die ihr des Bösen gewohnt seid.«

Die Welt ist voll mit moralischen Reden und moralischen Vorsätzen – aber es kann sich kein Mensch selber ändern. Das ist ein hartes Wort. Und ich stehe oft erschüttert zwischen den Menschen, mit denen ich zusammenkomme, und spüre: »Ihr wißt genau, daß die Brückes eures Lebens nicht ganz in Ordnung ist!« Und dann fragen sie: »Ja, was sollen wir denn tun? Wir können uns doch nicht ändern!« So ist es: Der Unkeusche kann sich kein reines Herz geben. Die Lügner können sich nicht wahrhaftig machen. Der Selbstsüchtige kann nicht plötzlich selbstlos sein; er kann ein bißchen Liebe heucheln, aber er bleibt genauso selbstsüchtig wie vorher. Und der Unehrliche kann sich nicht ehrlich machen. Wenn ich Sie doch kennte und wüßte, wo die Brücke Ihres Lebens nicht stimmt! Aber Gott kann's Ihnen zeigen.

Es ist eine erschütternde Wahrheit, die die Bibel zeigt. Ich entwickle ja nicht meine Ideen, sondern ich verkündige Ihnen, was Gottes Wort sagt. Und sehen Sie: Nun bringt die Bibel eine unerhörte, atemberaubende Botschaft. Sie sagt: Der lebendige Gott hat einen in die Welt gesandt, der uns und unser ganzes Leben ändern kann! Und das ist kein Geringerer als sein Sohn, der Herr Jesus!

2. Es kann alles anders werden

Meine Freunde, ich weiß nicht, ob es an der Kirche liegt, daß die Leute meinen, das Christentum sei eine langweilige Angelegenheit. Ich finde, das ist die atemberaubendste Botschaft, daß Gott seinen Sohn, Jesus, geschickt hat in die Welt als einzige Chance für uns! Dieser Jesus sagt das unerhörte Wort: »Siehe, ich mache alles neu!« Er, aber auch nur er kann Menschen ändern!

Ich habe Trinker gesehen, die frei geworden sind. Selbstsüchtige alte Frauen, die die ganze Menschheit gequält haben in ihrer Selbstsucht, wurden auf einmal verwandelt und sahen den andern. Männer, die gebunden waren in ihrer Unreinigkeit, wurden erlöst. Jesus verändert! Jesus kommt – und siehe: es wird alles neu! Das ist kein Märchen. Da könnte ich Ihnen haufenweise Beispiele erzählen.

Und darum brauchen wir, die wir genau wissen, daß die Brücke unseres Lebens nicht ganz in Ordnung ist, diesen Heiland. Wir brauchen den Herrn Jesus – nicht ein Christen*tum*, sondern *Christus!* Verstehen Sie: Wir brauchen nicht eine Religion, ein Dogma, eine Kirchlichkeit, sondern den lebendigen Heiland. Und der ist da! Den dürfen Sie heute noch anrufen und ihm den ganzen Jammer Ihres Lebens sagen. Das ist die großartige Botschaft, die ich habe.

Lassen Sie mich das, was ich eben sagte, mal an einem Bild deutlich machen. Vor kurzem war ich eine Woche in München. Zu den Schönheiten Münchens gehört der riesige Park im Herzen der Stadt, der Englische Garten. Da mein Hotel in seiner Nähe lag, ging ich jeden Morgen hinein. Am Eingang führte eine kleine Holzbrücke über ein Flüßchen. Links von der Holzbrücke stürzte das Wasser über ein Wehr hinunter. Und da sah ich eines Tages, daß dort, wo das Wasser hinunterstürzt, ein großes Stück Holz tanzte. Und weil ich Zeit hatte, habe ich beobachtet, wie das Holz sich da immerzu im Kreise drehte. Ab und zu sah es so aus, als ob es in die Strömung käme und weiterfließen könnte. Aber dann packte der Strudel es wieder. Als ich am nächsten Tag kam, war das Holz immer noch da. Es sah immer aus, als wenn es versuchte, in die Strömung zu kommen. Aber der Wirbel packte es immer wieder. Können Sie sich das vorstellen? Da ging eine lebendige Strömung – aber das Holz drehte sich immer im Kreise herum!

So ist das Leben der meisten Menschen. Es dreht sich immer im selben alten Kreis herum: dieselben Sünden, dieselben Nöte, dieselbe Gottlosigkeit, dieselbe Verzweiflung im Herzen. Immer im Alltag, immer im selben Kreis! Und da ist eine Strömung, eine lebendige Strömung, die vom Sohne Gottes ausgeht, von Jesus. Dieser Jesus ist am Kreuz für uns gestorben. Glauben Sie, wenn Gott seinen Sohn so grausam sterben läßt, daß das etwas zu bedeuten hat, auch wenn Sie sonst noch nichts davon verstehen! Sehen Sie ihn im Geist an! »Auch mich, auch mich erlöst er da!« Das muß doch etwas sein! Da können Sie doch nicht dran vorübergehen! Da müssen Sie sich doch darum bemühen, das zu verstehen! Und dann hat ihn Gott am dritten Tage aus dem Grabe auferweckt. Von diesem Jesus geht eine Strömung der Erlösung aus! Aber wir sind wie das Holz im Englischen Garten, wir drehen uns immer nur um uns selbst im Kreis herum. Ich dachte im Englischen Garten: »Es bedarf nur eines Anstoßes, dann kommt das Holz in die Strömung.« Aber ich konnte nicht hingelangen, weil ich nicht ins Wasser fallen wollte. Wir sind kein Stück Holz. Diesen einen Schritt aus dem ewig alten Kreis, den einen Schritt in die Strömung der Erlösung, die vom Sohne Gottes ausgeht, den müssen wir selber tun. Und am Ende sehen wir, daß Gott doch gezogen hat! Aber ich muß Ihnen jetzt sagen: Sie müssen diesen Schritt in die Strömung der Erlösung selber tun! Und es sind Menschen, die spüren ganz deutlich, daß Gott an ihrem Herzen zieht, daß sie diesen einen Schritt tun aus dem ewig alten Kreis in die Strömung der Erlösung, die von Jesus ausgeht.

3. So oder so

Ich möchte Ihnen das an ein paar biblischen Geschichten deutlich machen: Der Apostel Paulus war ins Gefängnis nach Cäsarea gekommen. Dort hatte der römische Landpfleger seine Residenz. Neuer römischer Prokurator war ein Mann namens Festus geworden. Dieser Festus kriegt eines Tages Besuch vom jüdischen König Agrippa und dessen Frau Bernice. Und die beiden sagen: »Hör mal, Festus. Du hast da so einen interessanten Gefangenen namens Paulus, den möchten wir eigentlich ganz gern mal hören.« Und dann wurde eines Tages wieder einmal ein großer Schauprozeß um den interessanten Gefangenen namens Paulus aufgezogen. Die prominenten Militärs, Politiker und Beamten waren versammelt. Festus, Agrippa und Bernice erscheinen und nehmen auf den aufgebauten Thronsesseln Platz. Römische Legionäre sind aufgezogen. Ein großartiges Gepränge. Und dann wird der Angeklagte hereingeführt, Paulus. Doch nach wenigen Minuten hat sich die Szenerie verändert. Da ist plötzlich Paulus gar nicht mehr der Angeklagte, sondern die ganze Gesellschaft um ihn herum. Und dann hält Paulus eine gewaltige Evangelisationsansprache, in der er seinen Zuhörern deutlich macht, was es um Jesus ist. Er hat diesmal gar nicht so viel von ihrer Sünde gesprochen, sondern hat den Sohn Gottes vor ihre Augen gemalt, der gesagt hat: »Wen da dürstet, der komme zu mir und trinke.« »Ihr mit eurem Lebensdürsten und eurem Lebenshunger, mit eurem beladenen Gewissen, bei eurer Sehnsucht nach Gott und eurer Angst vor dem Sterben, hört: Jesus breitet die Hände aus und spricht: ›Kommet her zu mir alle, die ihr mühselig und beladen seid!‹« So wird Paulus gesagt haben. So hat er ihnen den Herrn Jesus, der ihm persönlich begegnet war, groß gemacht. Und als er fertig ist, erklärt der Landpfleger Festus: »Reden kannst du großartig, Paulus. Aber ich glaube, was du sagst, ist ein bißchen verrückt. Du läßt dich von deinem Temperament mitreißen.« Der hatte gar nichts begriffen, der Festus. Die Bibel sagt von manchen Menschen: »Ihr Herz ist wie Schmer.« Herzen – eingeschmiert mit Fett! Das gibt's: Da läuft alles ab. Vielleicht sind unter Ihnen auch Leute, die ein Herz wie Schmer haben. So war der Herr Festus. Aber der König Agrippa ist ganz erschüttert. Und dann sagt er ein Wort, das hat mich schrecklich gepackt: »Paulus, es fehlt nicht viel, du überredest mich, daß ich ein Christ, ein Jesus-Jünger, werde.« »Es fehlt nicht viel« – und dann ging er. Und dann blieb alles beim alten. Wie bei dem Holz im Englischen Garten dreht sich alles im alten Wirbel, im alten Alltag, im alten Leben – bis zum Tode und bis in die Hölle hinein. Immer das alte Lied von Sünde und Selbstgerechtigkeit. Bleibt auch bei Ihnen alles beim alten? Dann starb Jesus vergeblich für Sie. Dann ist Jesus ohne jeden Nutzen für Sie auferstanden. Dann haben Sie keine Vergebung, keine Freiheit, keinen Frieden mit Gott. Nur ein Schritt fehlt noch: »Es fehlt nicht viel, daß ich ein Christ würde.« Das ist erschütternd: Leute, die christlich sind – und doch nicht Kinder Gottes. Leute, die christlich sind – und doch verlorengehen. Leute, die christlich sind – und doch friedelos bleiben.

Und nun will ich Ihnen das Gegenstück zeigen. Da kam der Apostel Paulus eines Tages in die europäische Stadt Philippi. Dort gab's alles: Vergnügungsstätten, ein Theater und was alles zu einer anständigen Stadt gehört. Und weil zu einer anständigen Stadt auch ein Gefängnis gehört, gab's das also auch. Das Gefängnis verwaltete ein ehemaliger römischer Offizier, der den ruhigen Posten vielleicht wegen einer alten Verwundung bekommen hatte. Und eines Tages werden diesem Kerkermeister, so nennt ihn die Bibel, zwei Gefangene gebracht, wie er noch selten welche gehabt hat: der Apostel Paulus und sein Begleiter Silas. Die hatten gewaltig gepredigt in der Stadt. Da es nach der Predigt aber Rumor im Volk gegeben hatte, hatten die Obersten sie einfach geißeln und ins Gefängnis bringen lassen. Paulus und Silas wurden also dem Kerkermeister übergeben: »Verwahr die gut bis morgen!« Und der Kerkermeister, so ein richtiger Kommißkopp, sagte: »Gut verwahren? Jawohl! Wird gemacht!« Und da hat er so eine Zelle ganz unten, wo das Wasser von den Wänden läuft. Da bringt er die beiden hin und schließt sie auch noch mit Ketten an. Und wenn Sie mich fragen würden, was der Mann wohl für eine Religion hatte, dann würde ich Ihnen sagen: Wie die meisten von Ihnen. Er glaubte an den Herrgott, vielleicht auch an mehrere Herrgötter. Wissen Sie: In Rom hatte man Religionen, die man selber nicht ernst nahm. Wie bei uns! Können Sie sich den Kerkermeister vorstellen? Und dann passiert ihm etwas ganz Merkwürdiges. Das kann man nie ganz erklären. Das erste ist, daß Paulus um Mitternacht anfängt, ein

Loblied auf Jesus zu singen. Ich denke mir, bis Mitternacht hat Paulus gebraucht, um damit fertig zu werden, daß er so ungerecht behandelt wurde, daß er so grausam eingekerkert wurde, daß er geschlagen wurde. Damit wird ein Mann nicht so schnell fertig. Und dann fällt ihm ein: »Mich hat der Herr Jesus, der Sohn Gottes, ja mit seinem Blut erkauft: Ich bin ja ein Kind Gottes! Ich habe ja Frieden mit Gott! Ich bin auch hier in seiner Hand!« Und da fängt er an, ein Loblied zu singen. Und der Silas singt die zweite Stimme oder den Baß dazu. Ganz herrlich! Und das hörten die Gefangenen. Das waren Klänge, die man noch nie in diesem Gefängnis gehört hatte. Meine Freunde, ich habe als Gefangener Staatspolizei-Gefängnisse kennengelernt. Da gibt's Fluchen und Schreien und Verzweiflung und Gebrüll der Wächter. Als ich einmal ein Loblied singen wollte, wurde es mir schnell verboten. Das haben sie anscheinend bis heute begriffen, daß das gefährlich ist, wenn ein Mensch das Lob Gottes singt. Damals waren sie aber noch nicht soweit. Also: Paulus und Silas sangen. Das hat den Kerkermeister natürlich verwundert. »Mensch, was singen die?« Er wird gehorcht haben. »Die singen geistliche Lieder! Gibt es denn das, daß ein Mensch das ernst nehmen kann? Hier im Gefängnis? In dem Loch da unten geht einem doch alle Stimmung flöten. Und da singen die von ihrem Gott!« Ja, und dann erlebt der Kerkermeister, er hat sich inzwischen ins Bett gelegt, ein dolles Erdbeben. Das ist von Gott. Die Türen des Gefängnisses springen auf. Die Gefangenen werden los. Der Kerkermeister springt aus dem Bett, zieht sich notdürftig an, und dann sieht er: Die Türen sind offen! »Mann, meine Gefangenen sind weg! Jetzt werde ich degradiert! Ich bin erledigt!« Er will sich selber umbringen. Doch da ruft Paulus von unten: »Reg dich nicht auf! Wir sind alle hier!« Die Bibel erzählt gar nichts von den inneren Vorgängen. Aber dem Mann geht in dem Augenblick auf: »Es gibt einen lebendigen Gott, der sich zu seinen Knechten bekennt! Es gibt einen lebendigen Gott, den ich gelästert habe mit meinem ganzen Wesen! Es gibt einen lebendigen Gott, der zu mir nein sagen muß! Es gibt einen lebendigen Gott, der meine Sünde kennt, alle meine schmutzigen Dinge! Es gibt einen lebendigen Gott – und ich bin verloren!« Er stürzt in die Zelle des Paulus mit dem Ruf: »Ihr Männer, was soll ich tun, daß ich errettet werde?« Er spürt plötzlich: Sein Leben ist wie das Holz im Englischen Garten. Es dreht sich immer nur im Kreis herum. Wissen Sie: Es blieb immerzu alles beim alten. Doch jetzt ist ihm die Frage wichtig: »Was kann ich tun, daß ich in die Strömung der Errettung komme?« Da hätten wir jetzt vielleicht eine große Predigt gehalten, einen großen moralischen Vortrag. Wir hätten vielleicht gesagt: »Hol mich erst mal hier heraus!« Doch Paulus sagt nur einen Satz: »Du mußt Jesus haben! Glaube an den Herrn Jesus Christus, so wirst du und dein Haus errettet!« Der Kerkermeister weiß nicht viel. Er hat nur von ferne gehört, daß dieser Jesus errettet vom Zorn Gottes, vom Gericht, von der Hölle, vom alten Leben. Verstehen Sie: In dem Augenblick aber kriegt er den Stoß aus dem alten Leben – in die Strömung der Erlösung. Er wird Jesu Eigentum. Es wird dann noch wundervoll erzählt, wie er den Paulus aus dem Kerker holt, sich von Jesus berichten läßt und wie er sich in der Nacht taufen läßt, um Jesu Eigentum zu werden. Die Geschichte schließt mit den Worten: »Er freute sich mit seinem ganzen Hause, daß er an Gott gläubig geworden war.« Jetzt war er in die Lebensströmung gekommen! Jetzt war er zum Frieden mit Gott gekommen!

Bei dem einen hieß es: »Es fehlt nicht viel.« Der andere erlebte den Stoß in die Strömung der Erlösung. Wie soll's bei Ihnen werden?

4. Machen Sie ernst mit Jesus!

»Es muß alles anders werden – aber wie?« Zunächst ist wichtig: Sie müssen Jesus kennenlernen!

Es war gleich nach dem Kriege. Da rief mich ein Oberstudiendirektor an: »Herr Pastor, ich habe hier 15 junge Männer. Die haben das Kriegsabitur gemacht. Das gilt aber nicht. Sie müssen noch ein halbes Jahr Unterricht nachmachen. Es sind ehemalige Fliegerleutnants, Artillerie-Oberleutnants und solche Typen. Sie haben natürlich eine Mordswut, daß sie noch einmal auf die Schulbank müssen. Wollen Sie denen Religionsunterricht geben?« Nun, ich habe ja gesagt – und bin mit Zittern und Zagen hingegangen. Da saßen sie mit ihren abgewrackten Uniformen: im Pulverdampf ergraute Krieger. »Guten Tag!« begrüßte ich sie. »Ich soll hier Religionsunterricht halten.« Ich war noch gar nicht ganz zu Ende mit meiner Einführung, da stand auch schon einer auf und legte los: »Wie kann Gott solch einen schrecklichen Krieg zulassen?!« Und ein anderer fuhr fort: »Wo ist denn die Liebe Gottes?! Der schweigt doch, wenn Millionen von Juden vergast werden!« So ging's weiter. Die Fragen prasselten nur so auf mich hernieder. Schließlich habe ich die Hand gehoben und gesagt: »Moment mal! Sie gehen ja vor wie ein Blinder mit der Stange im Nebel. So über Gott zu reden, hat ja gar keinen Sinn! Gott ist doch völlig unbekannt und verborgen. Er hat sich nur an einer Stelle offenbart: in Jesus. Ehe wir weitermachen, müssen wir erst einmal wissen: Wer ist Jesus? Meine Herren, ehe Sie diskutieren, müssen Sie erst einmal die Offenbarung Gottes zur Kenntnis nehmen. Damit wollen wir uns beschäftigen. Und dazu bringen Sie nächstes Mal Ihre Bibeln mit.« Und dann lasen wir: »Im Anfang schuf Gott Himmel und Erde.« Wir lasen vom Sündenfall und vom Gericht Gottes über die abgefallene Menschheit. Und es machte allen tiefen Eindruck, daß die Bibel sagt: »Du mußt innewerden und erfahren, was es für Jammer und Herzeleid bringt, den Herrn, deinen Gott, verlassen.« Das erleben Völker. Das erleben einzelne Menschen. Und dann lasen wir von Jesus! In einem Zuge durch lasen wir von seinem Sterben und Auferstehen. Unvergeßlich bleibt mir diese Stunde, wie auf einmal eine große Stille entstand, während einer vorlas und die anderen horchten. Der Atem stockte uns vor den großen Taten Gottes in Jesus – und es gab eine solche Bewegung unter ihnen, daß ihnen ihr dummes Diskutieren im Halse steckenblieb. Sie nannten sich Christen – und hatten keine Ahnung vom lebendigen Gott, der in Jesus zu uns gekommen ist und alles für uns getan hat!

Und dann:

Machen Sie ernst mit diesem Jesus und seiner Einladung!

Jesus erzählt einmal ein Gleichnis: Ein König machte seinem Sohn ein Hochzeitsmahl. Er schickte seine Knechte aus und ließ dazu einladen: »Kommt, denn es ist alles bereit!« Da fingen sie an, sich zu entschuldigen. Einer sagt: »Ich käme ja gern, aber ich habe gerade ein großes Geschäft getätigt, darum muß ich mich jetzt kümmern.« – Verstehen Sie: Man erklärt: »Sie sind Pfarrer. Bei Ihnen ist das was anderes als bei uns. Ein Geschäftsmann, der kann das nicht so.« – Ein anderer entschuldigt sich: »Ich danke sehr. Aber ich habe mich gerade verheiratet. So Flitterwochen – Sie verstehen. Da kann man sich nicht gut um solche Sachen kümmern.« – Und so kamen sie alle nicht. Ich habe versucht, mir die Leute vorzustellen, wie sie weiterlebten: »Eigentlich sollte ich zum Königssohn kommen, aber es kam etwas dazwischen.«

So geht es doch den meisten von Ihnen: Eigentlich sollte ich ein Kind Gottes sein – aber ich komme nicht dazu. Ja, eigentlich – – –! Ach, ich bitte Sie: Nehmen Sie Jesus im Glauben an!

Es gibt so viele Leute, die sagen: »Ich habe auch einen Glauben.« Woran haben die Deutschen im Dritten Reich nicht alles geglaubt: an den Führer, an Deutschland, an den Endsieg, an die Wunderwaffen usw. An alles mögliche haben wir schon geglaubt. Es genügt aber nicht, daß ich auch einen Glauben habe. Sondern ich muß Frieden mit Gott haben. Und den bekomme ich nur durch Jesus! Und nun will ich Ihnen mal sagen, was Glauben heißt. Ich möchte es Ihnen an einigen Geschichten deutlich machen.

Als ganz junger Pfarrer machte ich von Haus zu Haus Besuche in einem schrecklichen Bezirk. Wo ich hinkam, knallten die Leute die Tür zu und sagten: »Wir kaufen nichts!« Da hatte ich aber immer schon den Fuß dazwischen und erklärte: »Ich will nichts verkaufen. Ich will Ihnen etwas schenken! Ich bin Pfarrer.« »Wir brauchen keinen Pfaffen!« Eines Tages komme ich zu einer Wohnung, da stand ich gleich in der Wohnküche, als ich die Tür aufmachte. In dem Zimmer läuft ein junger Mann wütend auf und ab. »Guten Tag!« sage ich. »Tag!« »Ich bin der evangelische Pfarrer.« Da bleibt er stehen und brüllt los: »Was, ein Pfaffe?! Das hat mir noch gefehlt! Genau das hat mir noch gefehlt! Gehen Sie raus! Ich glaube gar nichts mehr, ich habe den Glauben an die Menschheit verloren.« Er mußte irgend etwas Schweres erlebt haben. Da antwortete ich: »Junger Mann, kommen Sie in meine Arme! Den Glauben an die Menschheit habe ich auch verloren! Da passen wir wundervoll zusammen!« »Wieso?« fragt er verdutzt. »Als Pfarrer müssen Sie doch den Glauben an die Menschheit hochhalten!« »Muß ich das?« frage ich zurück. »Tut mir leid. Ich habe ihn verloren. Ich bin im Kriege gewesen. Und wenn ich an die Zoten denke und all den Dreck und daß keiner dem anderen was gönnt, nein, danke. Der Glaube an die Menschheit ist mir in Fetzen davongegangen!« »Ja«, gesteht er, »dann verstehe ich nicht, warum Sie Pfarrer sind!« »O«, sage ich, »ich habe einen neuen Glauben bekommen, der geht mir nicht in Fetzen davon!« »Ha, da möchte ich aber mal wissen, was das für ein Glaube sein soll.« Und dann kann ich ihm das Evangelium sagen: »Das ist das ganz große Vertrauen zu Jesus Christus, der als einzige Chance für die Welt kam!« »Jesus?« staunt er. »Das ist ja das Christentum! Ich meine, damit wär's zu Ende.« »Ach was, damit geht's erst richtig los, wenn all der andere Glaube kaputt ist!«

Ich wünschte, Sie würfen all Ihren verkehrten Glauben über Bord und fänden Vertrauen zu Jesus!

Gleich nach dem Kriege zog ich einen alten Opel P 4 an Land, weil ich viel reisen wollte. Das war ein dolles Modell! Als ich zum erstenmal mit dem kleinen P 4 angeklappert kam, rief ein Freund: »Du liebe Zeit! Jetzt müssen wir alle Bäume polstern! Der Pastor fährt Auto!« Ärgerlich habe ich gesagt: »Meinst du, ich könnte nicht Auto fahren?« »Doch, du hast ja einen Führerschein!« »Komm, dann steig ein!« forderte ich ihn auf. »Nein, lieber nicht! Ich habe mein Testament noch nicht gemacht«, erwiderte er. In dem Moment kam meine Frau daher. »Frau, komm, steig ein!« sagte ich zu ihr. Die stieg ein! Ohne Zögern! Sie lebt heute noch. In dem Augenblick, als sie den festen Boden verließ und bei mir einstieg, vertraute sie ihr Leben mir an. So machen Sie es Jesus gegenüber: Vertrauen Sie ihm rückhaltlos Ihr Leben an!

Ich habe neulich einen erschütternden Bericht gelesen aus dem Zweiten Weltkrieg, wie in den Kessel von Stalingrad, der ganz eingeschlossen war von russischen Armeen, noch das letzte deutsche Flugzeug eingeflogen war. Dieses Flugzeug wird vollgepackt mit Verwundeten. Und dann kommen noch mehr Soldaten – halbverwundete, leichtverwundete, halberfrorene. Sie alle wollen mit. Aber das Flugzeug ist voll. Und da hängen sie sich an das Flugzeug, wo man sich nur eben festhalten kann: außen an die Türgriffe, ans Fahrgestell. Und dann geht die Maschine hoch. Als sie landete, war keiner mehr da von denen, die sich außen drangehängt hatten. Sie waren weggeweht worden vom Sturm, ihre Hände waren erfroren. Nur die drin waren, die waren gerettet!

Da habe ich denken müssen: Das Evangelium vom Sohne Gottes, Jesus, der für uns starb und auferstanden ist, ist wie solch ein rettendes Flugzeug. Damit kann man rausfliegen aus dem Kessel der Verlorenheit. Es hat Platz genug. Aber es gibt so viele, die sind nicht richtig drin, die sind nicht richtig eingestiegen, die hängen nur außen dran. Weihnachten geht man mal in die Kirche. Man ist zwar getauft, aber man glaubt auch sonst alles, was kommt. Und wenn man stirbt, dann muß der Pastor bestätigen, daß man ein guter Mensch war. Sie verstehen: Man hängt nur außen dran. Seien Sie überzeugt: Sie werden weggeweht werden! Nur wer drin ist, der wird gerettet! Sind Sie richtig drin?

Die Hölle wird einmal voll sein mit Leuten, die von Jesus gewußt haben, aber nicht bei ihm eingestiegen sind. Verstehen Sie: Glauben an Jesus heißt, bei ihm einsteigen. Tun Sie's! Er ist der einzige, dem Sie Ihr Leben bedenkenlos anvertrauen können.

Zum Schluß möchte ich Ihnen noch einmal das Kreuz Jesu vor die Augen malen. Gehen Sie mit mir im Geist nach Golgatha, auf den Hügel vor den Toren Jerusalems. Da hängt der Sohn Gottes am Kreuz. Hier unter diesem Kreuz ist die einzige Stelle der ganzen Welt, wo ein Mensch Vergebung der Sünden finden kann, so daß alles anders wird!

In der Stadt Lübeck gibt es eine wundervolle alte Kirche, den Lübecker Dom, in dem sich ein berühmtes Kreuzigungsbild befindet, das Hans Memling im 15. Jahrhundert als Altarbild gemalt hat. Als diese Kirche im Jahre 1942 nach einem Bombenangriff lichterloh brannte, ist ein unbekannter Soldat mit ein paar Freunden in die Kirche gestürzt, um dieses Altarbild unter Lebensgefahr zu retten. Kurz nach dem Kriege hielt ich in Lübeck Vorträge. Eines Tages sagte der Direktor eines Kunstmuseums zu mir: »Bei mir im Keller steht der berühmte Memling. Wenn Sie ihn mal sehen wollen, will ich ihn Ihnen gern zeigen.« Diese Gelegenheit ließ ich mir natürlich nicht entgehen. Mit dem Museumsdirektor und einem Freund stieg ich in den Keller. Ein wundervolles Bild: Soldaten auf Pferden mit Lanzen, würfelnde Kriegsknechte, eine bunte Volksmenge, weinende Frauen, spottende Pharisäer. Über allem ragen die drei Kreuze. Doch dann entdecke ich etwas ganz Merkwürdiges: Mitten in dem Gedränge unter dem Kreuz Jesu ist ein leerer Rasenfleck, ein freier Raum. »Das ist doch merkwürdig«, bemerkte ich, »daß in all dem Gedränge direkt unter dem Kreuz Jesu ein freier Platz ist. Was mag Hans Memling sich dabei gedacht haben?« Diese mittelalterlichen Maler wollten ja etwas aussagen mit ihren Bildern; sie waren gewissermaßen Expressionisten. Und dann erklärt mein Freund: »Ich glaube, er wollte sagen: Hier unter Jesu Kreuz ist ein Platz frei. Hier darfst du hinstehen!«

Oft muß ich an dies Bild denken: »Hier unter diesem Kreuze / Verliert der Tod sein Graun; / In Jesu Wunden tief und weit / Darf ich die Rettung schaun. / Die Arme hält er ausgestreckt / Zu aller Sünder Heil . . .« Ja, ich freue mich, daß unter dem Kreuz Jesu, des Sohnes Gottes, für mich ein Platz frei ist. Und für Sie ist dieser Platz auch frei! Soll der Platz für Sie frei bleiben bis in alle Ewigkeit?

Ohne mich!

Jede Zeit bringt ja ihre besonderen Schlagworte hervor, die man immer und immer wieder hört, bei allen möglichen und unmöglichen, bei allen passenden und unpassenden Gelegenheiten. Eines der bekanntesten Schlagworte unserer Zeit ist das Schlagwort »Ohne mich!«. Mit diesem Wort schlagen wir um uns, schlagen wir auf die anderen ein, ja, damit schlagen wir uns gar selbst tot. Sie sehen: »Ohne mich!« ist ein ganz gefährliches, ja, lebensgefährliches Schlagwort. Aber dieses Schlagwort kann auch eine unerhört positive Bedeutung bekommen. Nun, wir wollen es jetzt gleichsam einmal untersuchen.

1. Wir sagen es nicht, wenn wir es sagen sollten

Es gibt eine uralte Geschichte in der Bibel, die aber doch hochaktuell ist und genau hierhin gehört. Ich will sie Ihnen erzählen.

Sie haben sicher alle einmal von Abraham gehört, diesem Mann Gottes, von dem ganz am Anfang der Bibel berichtet wird: »Abraham glaubte dem Herrn, und das rechnete Gott ihm zur Gerechtigkeit.« Abraham war ein Mann, der zwar sehr genau um die Schuld in seinem Leben wußte, der aber so vor den Augen Gottes lebte, daß er seine Sünde erkannte, sie Gott bekannte und die Versöhnung Gottes im Glauben annahm. Dieser Abraham kommt eines Tages mit seinem Neffen Lot in eine höchst kritische Lage. Die Bibel berichtet: »Abraham aber war sehr reich an Vieh.« Und: »Lot aber, der mit Abraham zog, hatte auch Schafe und Rinder.« Und dann kommt's: »Und es war immer Zank zwischen den Hirten über Abrahams Vieh und zwischen den Hirten über Lots Vieh.« Damit drohte ein großer öffentlicher Konflikt zwischen den beiden Verwandten. Sie kennen das ja: »Volk ohne Raum!« – und die Auseinandersetzungen zwischen den Hirten des einen und den Hirten des anderen nahmen immer bedrohlichere Formen an. Immer wieder kamen sie zu ihren Herren gelaufen und berichteten aufgeregt von heftigen Streitereien, Zwischenfällen und Wortgefechten. Die Lage spitzte sich zu. Nun, meine Freunde, wenn Sie Abraham, der viel ältere Onkel des Lot, gewesen wären, was hätten Sie in dieser Situation gemacht? Wenn ich der Onkel von diesem Lot gewesen wäre, ich hätte gesagt: »Was ist das für eine Art und Weise, wie deine Hirten mit den meinigen umgehen! Scher dich von dannen!« Darauf hätte der Lot erwidert: »Niemals! Ich will mein Recht. Weiche du doch!« So wäre die Streiterei endlos weitergegangen. Sehen Sie: Hier war ein Moment, wo der größte Krach zwischen Abraham und Lot mit Notwendigkeit losgehen mußte. Und da steht der alte fromme Abraham vor den Augen Gottes, sieht dann seinen Neffen Lot an und denkt: »Streit? Krach? Ohne mich! Ohne mich!« Und so legt er dem Lot die Hand auf den Arm und sagt: »Mein Lieber, laß doch nicht Zank sein zwischen dir und mir, denn wir sind Brüder!« Und dann macht er ihm einen Vorschlag, wie man alles regeln könne, auch wenn es zu seinem eigenen Nachteil sein sollte. Aber: »Streit? Ohne mich!«

Darf ich die anwesenden Frauen und Männer einmal fragen: Sie erlebten alle doch auch schon solche Augenblicke, wo einer auf Sie losfuhr. Haben Sie da auch gedacht: »Streit? Ohne mich!«? Haben Sie so reagiert? Nein, Sie haben sicher fröhlich den Krach aufgenommen und haben heute noch Streit mit der Frau Schulze oder dem Nachbarn. Sehen Sie: Wie oft wäre das Wörtchen »Ohne mich!« so am Platz gewesen. Der Herr Jesus sagt: »Selig sind die Friedfertigen.« Unser ganzes Christentum ist so wenig wert, weil wir in den entscheidenden Augenblicken nicht sagen: »Streit? Ohne mich!«, weil wir in den entscheidenden Augenblicken jämmerlich versagen.

Oder ich will Ihnen eine andere Geschichte erzählen, die ich so gern habe. Kennen Sie die wunderbare Geschichte aus der Bibel, die Geschichte von dem jungen Mann namens Joseph, der als Knabe von seinen Brüdern verkauft wurde? Als Sklave kommt er nach Ägypten, in das große, damals herrliche Kulturland Ägypten, in das Haus eines reichen Mannes namens Potiphar. Dieser Herr Potiphar hatte Schwärme von Sklaven und große Häuser. Joseph hatte in jungen Jahren mit dem lebendigen Gott einen Bund gemacht. Das gibt's! Ein junger Mann sagt zum lebendigen Gott: »Ich will dir gehören!« Nun steht er ganz allein in Ägypten. Er sieht, wie die anderen Sklaven klauen und lügen. Da macht er nicht mit. Er wird ausgelacht. Aber sein Herr bekommt Vertrauen zu ihm und vertraut ihm etwas an. Wissen Sie: Christen sind lächerliche Leute, aber man kann ihnen etwas anvertrauen, weil sie nicht stehlen und lügen. Und so kommt's, daß dieser junge Mann, als er erwachsen wird, schließlich alles für den Herrn Potiphar verwaltet. Die Bibel sagt so schön, und das macht mir immer Spaß, wenn ich's bedenke: »Potiphar nahm sich keines Dinges an, außer daß er aß und trank.« Das hätte er sich von Joseph auch noch gern abnehmen lassen, aber das mußte er schon selber besorgen. Nun war dieser Joseph ein schöner junger Mann geworden. Er war gut und elegant gekleidet. Und da entdeckt ihn die junge Frau seines Herrn. Sie ist eine heidnische Frau. Sie hat nichts zu tun. Wissen Sie: Die Frau Potiphar hatte für alles und jedes Sklaven, und: »Müßiggang ist aller Laster Anfang.« Es ist wirklich so. Eines Tages fällt ihr Auge auf den Joseph. Und dann fängt sie an, mit ihm zu flirten. Joseph tut, als sähe er's nicht. Und dann kommt diese unheimliche Szene, wo die Frau Potiphar allein mit Joseph im Haus ist. Auf einmal steht sie vor ihm in ihrer ganzen ungezügelten Leidenschaft. Sie faßt ihn beim Rock und bittet: »Joseph, schlafe bei mir!« Es ist erschütternd schön, wie die Bibel dann erzählt, daß Joseph nach kurzem Besinnen sagt: »Ohne mich! Ohne mich! Ein Ehebruch? Ohne mich!« Ach, sehen Sie: So sprechen wir. Die Leute der Bibel haben viel schöner gesprochen. Der Joseph hat es viel schöner ausgedrückt. Er hat's so gesagt: »Wie sollte ich ein solch großes Übel tun und wider Gott sündigen!« Das hieß: »Ohne mich!«

Es ist ja keiner von den Älteren da, der nicht in solchen Entscheidungsstunden gestanden hätte, wo die Versuchung zu der Sünde, die heute partout nicht mehr Sünde genannt werden will, die Versuchung zur Unkeuschheit, vor ihm gestanden hätte. Haben Sie da auch gesagt: »Gott sieht mich! Ohne mich!«? Wie wird uns zumute im Anblick dieses Joseph? Ach, ich glaube, uns ist da nicht eingefallen, daß man hätte sagen müssen: »Ohne mich!« »Ohne mich!« – weil es ein Gebot Gottes gibt, daß wir keusch und züchtig leben sollen in Worten und Werken. Das »Ohne mich!« ist uns so selten eingefallen! Ich sage Ihnen aber: Gott fällt es ein! Gott fallen unsere Sünden ein an jenem Tage. Es ist schrecklich, daß uns im entscheidenden Augenblick das Wörtlein »Ohne mich!« nicht einfällt! Dabei wäre es ein so gutes Wort – jedesmal, wenn eine Versuchung an uns herantritt, die Gebote Gottes niederzutrampeln. Es ist das Kennzeichen unserer Zeit, daß die Gebote Gottes nicht mehr gelten.

Ich habe einmal vor der gesamten hannoverschen Pfarrerschaft einen Vortrag halten sollen bei der Einführung des jetzigen Bischofs. Der hatte mich gebeten, zu sprechen über das Thema: »Was fehlt uns Pfarrern und unseren Gemeinden?« Dann habe ich in diesem Vortrag gesagt: »Eigentlich habe ich nur ein einziges zu sagen: Es fehlt uns allen die Angst, daß wir in die Hölle kommen können, daß Gott wirklich ernst macht, daß Gott auf seinen Geboten besteht.

Es ist ein gutes Wörtlein: »Ohne mich!« Wenn der Zeitgeist uns packt, die Gebote Gottes einfach niederzutrampeln, dann: »Ohne mich!«

Es gibt eine ergreifende Geschichte in der Bibel. Da steht der Sohn Gottes auf einem Berg. Und der Teufel – Sie glauben nicht, daß es einen Teufel gibt? Er ist da! Sie können sich drauf verlassen! – steht neben dem Sohne Gottes, zeigt ihm alle Reiche der Welt und ihre Herrlichkeit und sagt: »Ich gebe dir alles, wenn du nur einen Augenblick deine Kniee vor mir beugst, nur einen Augenblick!« Doch da antwortet der Sohn Gottes: »Ohne mich! Die ganze Welt mag ihre Kniee vor dir beugen – ohne mich!« Er hat's schöner gesagt, der Herr Jesus: »Du sollst Gott allein anbeten!«

Wenn uns das Wörtlein »Ohne mich!« doch immer im rechten Augenblick einfiele, nicht? Das ist so dumm: Wir sagen es nicht, wenn wir es sagen sollten!

2. Wir sagen es, wenn wir es nicht sagen sollten

Ach, meine Freunde, die meisten sagen »Ohne mich!« an der verkehrten Stelle.

Vor mir steht ein junger Bursche, ein Pfundskerl, wie wir zu sagen pflegen. Ich sage: »Mensch, was könnte aus dir werden, wenn du dich entschließen würdest, dein Leben dem lebendigen Gott zu geben!« »Nee«, antwortet er, »ohne mich!«

Wir behandeln Gott wie . . . Lassen Sie mich ein Beispiel brauchen: Der Arzt hat mir verordnet, jeden Tag eine Stunde spazierenzugehen. Ich gehe also neulich in Essen einen bestimmten Weg am Südbahnhof entlang, da steht mitten auf dem Weg ein altes Sofa. Das hatten die Leute nicht mehr brauchen können und bei Nacht und Nebel einfach in die

Anlagen gestellt: »Soll die Stadt sehen, wie es wegkommt!« Ich kann mir die Geschichte dieses Sofas richtig vorstellen: Sie hatten es vielleicht von der Oma geerbt, die gerade gestorben war. Die jungen Leute haben aber eine moderne Wohnung mit modernen Möbeln. »Ja«, sagt der Mann, »was fangen wir nun mit solch einem alten Sofa an? Das paßt doch einfach nicht zu unserem Lebensstil. Und außerdem weiß der Kuckuck, was da nicht alles für Ungeziefer drin haust. Wir schmeißen's einfach raus!« Und dann stellen sie es in die Anlagen. Genauso macht der Mensch von heute es mit dem lebendigen Gott. Gott paßt nicht in unseren Lebensstil. Er paßt nicht in unsere moderne pluralistische Gesellschaft. Er paßt nicht in unser Denken. Was fangen wir nur mit Gott an? Stellen wir das alte Sofa in die Kirche! Die ist sowieso die ganze Woche zu.

Meine Freunde! Der lebendige Gott ist kein altes Sofa. Ist das klar? Der lebendige Gott ist kein altes Möbelstück, das wir nach Belieben, weil es unmodern geworden ist, aus unserem Leben rausschmeißen können. Haben Sie eine Ahnung, wer der lebendige Gott ist! Es ist vielleicht mit die Schuld der Kirche, daß Gott zu einem Problem geworden ist. Es müßte uns kalt über den Rücken laufen, wenn wir nur den Namen »Gott« aussprechen! O, diese gleichgültige Haltung ihm gegenüber: Ohne mich!

Ich muß jetzt noch etwas weiter ausholen. Sehen Sie: Es spricht sich allmählich herum, daß unser ganzes Abendland krank ist, nicht nur körperlich mit Krebs und allen möglichen anderen Krankheiten, sondern seelisch krank. Wissen Sie: Das ist das Schreckliche, daß wir seelisch krank sind. Wissen Sie, daß die Zahl der Schwermütigen unheimlich zunimmt? Kluge Leute überlegen sich, woran denn eigentlich unsere alte Kulturwelt krank ist. Und da hat ein Schweizer Arzt etwas sehr Kluges gesagt: »Unsere Zeit ist ernsthaft krank an Gott.« Sehen Sie: Im Mittelalter hat man noch mit Gott gerechnet. Die großen Kirchen sind Zeugnis davon. Doch dann hat man versucht, Gott loszuwerden. Der ganze Marxismus ist ein gigantischer Versuch, Gott loszuwerden. Man hat die Technik zum Gott gemacht und versucht, Gott loszuwerden. Wissenschaftler haben sich die Finger wund geschrieben, um zu beweisen: Es gibt keinen Gott! Die Massen brüllten: »Religion ist Opium für das Volk!« Der dümmste kleine Junge fragte: »Wo soll denn Gott noch sein?« – und lutschte weiter am Daumen. »Ich habe ihn noch nicht gesehen, also ist er nicht da!« Man hat ganz großartig versucht, Gott loszuwerden.

Und wissen Sie, wie es heute ist? Man ist Gott nicht losgeworden! Ich suche noch einen Atheisten, der den Mut hat, ernsthaft zu erklären: »Gott lebt nicht!« Den gibt's nicht mehr! Und wenn's ihn gibt, ist er so dumm, daß er natürlich gar nicht mitzählt. Der große Begründer der modernen Atomphysik, Professor Max Planck, hat kurz vor seinem Tode ein Heft veröffentlicht mit dem Titel »Religion und Naturwissenschaft«. Da sagt er: »Heute ist es für uns Naturwissenschaftler selbstverständlich, daß der lebendige Schöpfer am Ende aller Erkenntnis steht.« Sehen Sie: Wir sind Gott nicht losgeworden!

Ich habe vor kurzem Vorträge in einer bergischen Kleinstadt gehabt. Als ich eines Abends aus der Kirche komme, stehen da so 20jährige Burschen herum. »Warum kommt ihr nicht herein?« frage ich sie. »Mmmh!« ist die Antwort. Ich sage: »Das ist doch keine Antwort, ›Mmmh!‹ zu sagen. Ich frage dich«, spreche ich einen an, »lebt Gott oder nicht?« Da erwidert er: »Ich weiß es nicht.« Ich entgegne: »Das ist ja fürchterlich, Mensch! Entweder lebt er, dann mußt du ihm gehören , oder er lebt nicht, dann tritt bitte aus der Kirche aus. Bist du ausgetreten?« »Nein!« Ich spreche einen anderen an: »Lebt Gott?« »Ja, ich glaube.« »O! Sag mal: Hältst du seine Gebote?« »Nee!« So fragte ich herum bei den Jungen. Es war keiner dabei, der es gewagt hätte, Gott zu leugnen. Aber es war auch keiner dabei, der Gott ernsthaft hätte angehören wollen. Und so ist es überall.

Wenn ich Besuche mache, dann sagen die Männer: »Ich glaube auch an einen Herrgott, aber ich lasse andere in die Kirche gehen.« Verstehen Sie: Man leugnet Gott nicht, aber man gehört ihm auch nicht!

Die Frage nach Gott ist ungelöst. Und ungelöste Fragen geben einen Komplex, eine seelische Krankheit, eine Krankheit, die den Menschen kaputt macht. Und wir gehen kaputt, weil wir nicht den Mut haben, die Sache mit Gott zu klären! In der Kirche sitzen 10 Frauen und jeweils ein Mann. Wo sind die Männer? Ich garantiere Ihnen, daß sie seelisch zugrunde gehen, ehe sie in die Hölle fahren, weil sie nicht den Mut haben, Gott zu gehören, ihn aber auch nicht loswerden können.

In dieser Lage stehen wir Christen mit einer atemberaubenden Botschaft, daß nämlich dieser Gott, den wir so schnöde behandeln, die Wand, die uns von ihm trennt, eingehauen hat und zu uns gekommen ist in Jesus. Ein göttlicher Heiland ist in der Welt! Und nicht genug, daß er gekommen ist, er stirbt am Kreuz für uns. Was soll Gott noch für Sie tun, als daß er am Kreuz für Sie stirbt? Und dann steht er gewaltig von den Toten auf, haut dem Tod ein Loch in die Pauke und bricht einen Weg zum Leben. Und da stehen wir und sagen: »Ach ja, ist ja ganz schön, ich höre es mir auch mal an, aber: Ohne mich!« Bei so viel Inkonsequenz wird's einem schlecht, also einfach physisch schlecht!

Als junger Pfarrer hatte ich in meinem Bezirk einen Arbeiter, der mich immer abblitzen ließ und auslachte, wenn ich ihm von Jesus sagen wollte. Als ich ihn fragte: »Wie wollen Sie einmal sterben?«, antwortete er: »Ihr Pfaffen macht einem immer Angst mit dem Sterben! Ohne mich!« So trotzte er. Und dann stirbt der Mann, noch keine 40 Jahre alt. Eines Nachts ruft mich seine Frau. Ich renne zu ihm und sage ihm: »Das ist jetzt die Stunde, in der Jesus dich zum letztenmal ruft!« Doch das war schauerlich! Er wollte beten – und konnte nicht mehr. Ich habe ihm Worte der Bibel gesagt, Worte der Gnade – aber die gingen ihm nicht mehr ein. Er hatte gesagt: »Ohne mich!« Jetzt wollte Gott nicht mehr! Und er starb in großer Verzweiflung – ohne Frieden mit Gott.

Ich beschwöre Sie: Fangen Sie an, diese atemberaubende Botschaft ernst zu nehmen: »So sehr hat Gott die Welt geliebt, daß er seinen eingeborenen Sohn gab, auf daß alle, die sich dem anvertrauen, nicht verloren werden, sondern das Leben haben.« Aber dieser Jesus tut noch mehr. Er sagt etwas ungemein Beunruhigendes: »Siehe, ich stehe vor der Tür deines Herzens und klopfe an.« Ach, meine Freunde, es gibt so mancherlei Christen: Es gibt Christen, die sind nur Kirchensteuerzahler, nett, aber schrecklich langweilig. Es gibt Christen, die gehen nur an Weihnachten in die Kirche. Ach, ihr lieben Weihnachtschristen! Es gibt Christen, die lassen ihre Frau in die Kirche gehen, aber selber machen sie keinen Gebrauch davon. Furchtbar billig! Es gibt Christen, die sagen: »Ich bin getauft.« Herrlich! Aber wenn das alles ist! Und es gibt Christen, die haben das Wort des lebendigen Herrn gehört: »Ich stehe vor der Tür und klopfe an. So jemand meine Stimme hört und auftut, zu dem werde ich eingehen« – und sagen: »Ohne mich!« Wie furchtbar! »Herr Jesus, ein bißchen Christentum ist ja ganz hübsch, aber daß du mich eroberst, das geht zu weit. Ohne mich!« So sagen wir »Ohne mich!« an der ganz verkehrten Stelle.

Sie wären ja nicht hier, wenn Sie nicht einen Zug zum Christentum hätten. Hören Sie: Die Herrlichkeit Jesu erfahren Sie erst, wenn Sie sein Anklopfen beachten, ihm die Tür auftun und ihn in Ihr Leben aufnehmen!

3. Es gibt einen, der hätte allen Grund zu sagen: »Ohne mich!« – und der sagt es nicht

Dieser eine ist der Herr Jesus selber. Er hätte wahrhaftig allen Grund zu sagen: »Ohne mich!« – und der sagt es nicht. Gott sei Dank, daß er es nicht sagt!

Erlauben Sie mir, daß ich hierzu eine Geschichte erzähle. Es gibt einen dänischen Dichter namens Jacobsen. Der hat eine erschütternde Novelle geschrieben: »Die Pest in Bergamo«. Bergamo ist ein italienisches Städtchen in der Nähe von Ravenna, an einem Berge gelegen, nur ein Felsenweg führt hinauf. In diesem Städtchen, so schreibt Jacobsen, war im Mittelalter die Pest ausgebrochen. Furchtbar! Tag und Nacht läutete die Totenglocke. Die Leute beten zu Gott. Sie schreien um Hilfe. Aber es hat keinen Wert. Die Pest wütet nur noch schlimmer. Und da wird ihnen alles egal. Sie sagen: »Gott ist tot!« Sie rollen die Fässer aus den Wirtschaften, und ein großes Saufen geht an. Die sinnlos Betrunkenen umarmen und begatten sich, ohne Rücksicht darauf, wer zu wem gehört. Es beginnt ein Bacchanal, eine Orgie der Verzweiflung. Tagelang. Es ist alles egal. Alle Triebe sind entfesselt. Mitten im Tanz fällt oft einer um, schwarz im Gesicht. Sie lassen ihn liegen. Die Orgie geht weiter. »Laßt uns essen und trinken, denn morgen sind wir tot!« Eines Tages stutzen sie. Sie hören einen Gesang, einen Choral. Sie eilen ans Stadttor und sehen und hören: Da kommt ein Zug von Büßern den Felsenweg hinauf und singt eine Litanei: »Kyrie eleison, Herr, erbarme dich!« Voran geht ein junger Mönch, der ein schweres Holzkreuz trägt. Der Zug kommt ins Stadttor. Die Leute von Bergamo stehen und lachen: »Ihr Idioten! Hier ist Gott tot! Hört auf mit euren dummen Litaneien! Gott ist tot! Kommt, laßt uns essen und trinken, denn morgen sind wir tot!« Und vornean geht der Mönch mit seinem großen Holzkreuz. Die Türen der Kirche sind offen. Es geht sowieso keiner mehr hinein. So kann der Zug hineingehen. Der Mönch stellt sein Kreuz an einen Pfeiler. Und dann dringt die wilde Meute der Zügellosen, der Todgeweihten nach, brüllend, lachend. Ein wilder Metzgergeselle mit der blutigen Schürze steigt auf den Altar, schwingt einen goldenen Abendmahlskelch und brüllt: »Sauft! Bei uns ist Gott tot!« Da steht der bleiche Mönch auf der Kanzel und winkt. Es wird still. Und in die Stille hinein sagt er: »Ich will euch etwas erzählen. Als der Sohn Gottes am Kreuz hing und man ihm die Nägel in die Hände geschlagen hatte, da fing das Volk auch an zu spotten und zu höhnen und zu lachen. Und sogar die beiden Schächer rechts und links höhnten mit. Und da hat der Sohn Gottes gedacht: ›Für diese Menschen soll ich sterben, denen mein Tod nicht mal das Herz rührt?! Für diese dreckige Menschheit soll ich mein Leben lassen, die durch nichts mehr zu gewinnen ist?!‹ Da hat der Sohn Gottes gedacht: ›Ohne mich! Ohne mich!‹ – und riß die Nägel in göttlicher Kraft aus dem Holz, sprang herab vom Kreuz, riß den Kriegsknechten sein Gewand weg, daß die Würfel den Berg Golgatha hinunterkollerten, warf sein Gewand um sich, fuhr gen Himmel und sagte: ›Ohne mich!‹ Und das Kreuz blieb leer! Und jetzt gibt es keine Erlösung und kein Heil und keine Rettung. Jetzt gibt es nur noch den Tod und die Hölle!« So predigt der Mönch. Es ist totenstill geworden. Der Metzgergeselle ist längst vom Altar heruntergesprungen. Er steht unter der Kanzel. Der Kelch ist ihm aus der Hand gerollt. »Es gibt keine Erlösung und kein Heil . . .« Und da geht auf einmal dieser wilde Metzgergeselle drei Schritte vor, streckt die Hand aus gegen den Mönch und ruft mit schneidender Stimme: »Du, häng den Heiland wieder ans Kreuz! Häng den Heiland wieder ans Kreuz!«

Meine Freunde, der Mönch hat nicht richtig erzählt. Und das gehört zum Herzbeweglichsten, daß der Sohn Gottes nicht gesagt hat: »Ohne mich!«, darf ich es mal so sagen: daß der bis zu dieser Stunde am Kreuz leidet, obwohl die Menschen sagen: »Arbeit, Vergnügen und alle Dinge dieser Welt sind uns viel wichtiger als unser Heil.«

Dieser Heiland, der noch jedem von uns nachgeht bis zu dieser Stunde, der hätte allen Grund zu sagen: »Ohne mich! Macht doch, was ihr wollt!« Wenn ich Jesus wäre, dann könnte von mir aus die Welt zugrunde gehen. Aber Jesus, der Sohn Gottes, der Heiland, der sagt nicht: »Ohne mich!«, sondern er geht uns nach! Wie lange soll er Ihnen noch nachgehen? Wann wollen Sie endlich sehen, daß Jesus Sie haben will? Wann sollen Ihnen die Augen aufgehen, daß Sie sagen: »Mein Erlöser! Mein Versöhner!«?

Den letzten Punkt sage ich ganz kurz.

4. »Ohne mich könnt ihr nichts tun«

Wissen Sie: Wir sagen: »Ohne mich!« – mit Ausrufezeichen. Jesus hat einmal gesagt: »Ohne mich« – aber nicht mit Ausrufezeichen. Da geht's weiter. »Ohne mich könnt ihr nichts tun.« Sie können sich drauf verlassen, daß das wahr ist und daß das, was Sie ohne ihn tun, im Lichte der Ewigkeit wertlos war!

Ich beobachtete einmal, wie sich ein paar Jungen auf der Straße prügelten. Und da kriegte so ein Kleiner, wahrscheinlich aus Versehen, Prügel mit. Ich überlegte noch: »Soll ich dazwischengehen?« Doch da erlebte ich eine entzückende Szene. Der Kleine machte sich aus dem Getümmel heraus. Die Augen liefen, die Nase lief, alles lief – er auch. Und wie er so fünf Schritte weg ist, da dreht er sich noch einmal um und schreit: »Wartet, das sage ich meinem großen Bruder!« Und da merkte ich: Auf einmal war alles gut. Er hatte einen großen Bruder, dem er alles sagen konnte, der ihm helfen würde. Und da habe ich gedacht: »Mein Junge, wie schön, daß du einen großen Bruder hast!« Und es durchfuhr mich eine große Freude, daß ich in Jesus auch einen großen Bruder habe, der mir zur Seite steht! Wie herrlich, daß dieser große Bruder sich so gewaltig auf die Seite der Seinen stellt, daß er sogar sagt: »Ohne mich könnt ihr nichts tun!«

Der Liederdichter Havergal hat gesungen: »Nimm mein Leben! Jesu, dir / Übergeb ich's für und für; / Nimm Besitz von meiner Zeit, / Jede Stund sei dir geweiht.«

Ich wünschte, Sie sagten Ihrem Heiland, der für Sie so viel getan hat, das auch: »Herr Jesus, ohne dich will ich nichts mehr tun!«

Gibt es Gewißheit in religiösen Dingen?

Nun, das ist ganz klar: In »religiösen« Dingen gibt es keine Gewißheit. »Religion« ist das ewige Suchen nach Gott. Das bedeutet beständige Unruhe und Ungewißheit. »Evangelium« ist etwas ganz anderes. Es ist das Suchen Gottes nach uns. Wir fragen deshalb besser: »Gibt es im Christentum Gewißheit?«

1. Gott gegenüber leisten wir uns eine unerhörte Ungewißheit

Da muß ich zunächst einmal sagen, daß wir Menschen von heute eigentlich komische Typen sind. Wenn der stabilste Mann bloß ein kleines Wehwehchen hat, dann rennt er zum Doktor und fragt: »Herr Doktor, es tut hier so weh. Was ist das?« Man will genau wissen, wie man dran ist! Oder ein anderer Fall: Da sucht eine Familie eine Hausgehilfin. Und tatsächlich meldet sich eine. »Ja«, erklärt die Frau, »Sie haben also Ihr eigenes Zimmer mit fließend warm und kalt Wasser, Fernsehapparat, Musiktruhe. Einmal in der Woche haben Sie ganz frei.« »Das ist ja schön und gut«, sagt das Mädchen, »aber ich möchte gern wissen, was ich denn verdiene – an Bargeld.« »Nun«, erwidert die Frau, »darüber würden wir uns noch gelegentlich einigen. Ich möchte erst mal sehen, was Sie leisten.« »Nee, nee«, entgegnet das Mädchen, »so nehme ich die Stelle nicht an. Ich möchte von vornherein wissen, was ich verdiene.« Hat das Mädchen recht? Aber sicher hat es recht! Wenn wir eine Stelle antreten, ist die wichtigste Frage doch: »Wie hoch ist der Lohn?« oder »In welche Gehaltsstufe komme ich?« Wir wollen doch wissen, wo wir dran sind! In Geldsachen dulden wir keine Ungewißheit. Ja, auf allen Gebieten wollen wir wissen, wo wir dran sind. Nur auf dem allerwichtigsten Gebiet – nämlich dem lebendigen Gott gegenüber – halten wir es aus in einer merkwürdigen Unklarheit.

Vor vielen Jahren hatte ich Versammlungen in Augsburg, und zwar in einem Zelt auf dem Plärrer. Das ist ein Platz, wo sonst Kirmes ist. Und da kamen die Veranstalter auf eine großartige Idee. Weil es samstags abends in den Vergnügungslokalen immer doll herging, beschlossen sie: »Wir machen eine Versammlung Samstagnacht um zwölf Uhr.« Das wurde nun gar nicht vorher bekanntgegeben, weil sonst all die lieben neugierigen Christen gekommen wären, die man bei dieser Versammlung aber nicht dabei haben wollte. Meine Freunde fuhren nachts um halb zwölf mit Autos los und sammelten all die Nachtschwärmer ein, die aus den Vergnügungslokalen kamen, welche um zwölf Uhr zumachten: Kellner, die nach Hause gingen, Barmädchen, die Feierabend hatten. Dauernd luden die Autos ihren Inhalt am Zelt ab. Und als ich um zwölf Uhr auf das Podium trat, hatte ich eine Versammlung vor mir, wie ich selten eine gehabt habe. Herrlich! Manche waren leicht bläulich. Einer saß gerade vor mir, ein Dicker mit einer halbangekauten Zigarre im Mund, der hatte sogar einen Hut auf, den meine Jungen »Melone« nennen. Ich dachte: »Wenn das mal gut ausgeht!« Und dann fing ich an zu reden. Als ich zum erstenmal das Wort »Gott« sage, brüllt der Dicke mit der Melone dazwischen: »Gibt's doch gar nicht!« Alles lacht. Und da beuge ich mich über das Pult und frage: »Wissen Sie es ganz genau, daß kein Gott ist? Wissen Sie es hundertprozentig?« Darauf kratzt er sich am Kopf, daß seine Melone nach vorne rutscht, schiebt seinen Zigarrenstummel in den anderen Mundwinkel und sagt schließlich: »Na ja, genau weiß ja niemand was darüber.« Da habe ich dem Dicken ins Gesicht gelacht und gesagt: »Doch! Ich weiß ganz genau Bescheid!« »Nanu«, meint er, »woher wollen Sie etwas Genaues über Gott wissen?« Dann habe ich ihm erklärt, daß ich durch Jesus ganz genau Bescheid weiß über Gott. Und auf einmal war eine große Stille in der Versammlung.

Haben Sie Gewißheit über Gott? Ich frage die Christen: Können Sie sagen: »Bis zum Schwören kann ich's wissen, / Daß mein Schuldbrief ist zerrissen / Und die Zahlung ist vollbracht«? Und die Antwort? »Ja, ich hoffe doch!«

Verstehen Sie: Das ist doch komisch, Gott gegenüber haben es Heiden und Christen erträglich gefunden, in großer Ungewißheit und Unsicherheit zu leben! Wenn ich durch die Stadt gehen und die Männer ansprechen würde: »Sagen Sie, glauben Sie, daß ein Gott lebt?«, dann würden sie mir antworten: »Ja, wird wohl einer sein.« Wenn ich aber dann weiterfrage: »Gehören Sie ihm?«, dann würde ich zu hören bekommen: »Weiß ich nicht!« Welch unerhörte Unklarheit sich doch stabile Männer auf diesem Gebiet leisten!

Das erlebte neulich auch einer meiner jungen Freunde. Er ist Student und verdiente sich sein Geld während der Semesterferien als Hilfsarbeiter auf dem Bau. Eines Tages kommen die Kollegen dahinter, daß er in der evangelischen Jugendarbeit tätig ist. »Mensch!« geht's los. »Du bist bei dem Pastor Busch?« »Ja.« Und dann hebt ein ungeheurer Spott an. »Da gehst du wohl sonntags in die Kirche?« »Sicher!« »Jeden Sonntag?« »Jeden Sonntag!« »Jeden Sonntag! Bist du wahnsinnig?« »Nee«, sagt er, »ich gehe in der Woche auch noch in die Bibelstunde!« »Mensch, du mußt verrückt sein.« Und nun prasselt's auf ihn herunter: »Die Pfaffen machen die Leute bloß dumm!« – »Das ganze Christentum hat versagt, obwohl es 2000 Jahre Zeit gehabt hat!« – »Die Bibel ist ein großer Unsinn!« Kurz, es ergießt sich ein riesiger Spott über den jungen Mann. Der aber hat ein Fell wie ein Elefant und läßt das alles über sich ergehen. Als die Kerle fertig sind, sagt er: »Ja, wo ihr so zum Christentum steht, kann ich ja wohl annehmen, daß ihr alle aus der Kirche ausgetreten seid.« Schweigen in der ganzen Runde! Und dann entgegnet so ein Alter: »Was heißt: ›aus der Kirche ausgetreten‹? Mensch, ich glaube auch an einen Herrgott! Du tust so, als ob du alleine Christ wärst. Ich bin auch ein Christ! Ich glaube auch an den Herrgott!« Da fallen die andern ein: »Überhaupt – diese Art von dir, daß du dich besser fühlen willst als wir! Wir sind auch Christen! Wir glauben auch an den Herrgott!« Plötzlich war der Spieß umgedreht. Auf einmal schrieen sie uni sono: »Wir glauben auch an den Herrgott! Wir sind auch Christen!« Als sie fertig sind, sagt mein Freund: »Ja, warum verspottet ihr mich denn?« Antwort: »Ach, du machst uns nur verrückt! Mit dir kann man nicht reden!«

Verstehen Sie: Stabile Männer vom Bau, die ohne Schwierigkeit ein paar Flaschen Bier austrinken können, wenn sie ordentlich geschwitzt haben, spotten zuerst mit großem Getöse übers Christentum, aber dann sagen sie: »Moment mal, wir sind auch Christen!« Ja, was denn nun? Ist das nicht erschütternd? Gott gegenüber erlaubt man sich die größte Ungewißheit. Da sind wir bald heidnisch, bald christlich. Habe ich recht? Ich fürchte, daß die allermeisten von Ihnen auch in dieser Ungewißheit und Unklarheit leben!

2. Die Bibel spricht von strahlender Gewißheit

Sie werden jetzt vielleicht ganz erstaunt fragen: »Ja, Pastor Busch, hat es denn der christliche Glaube wirklich mit Gewißheit zu tun? Ist das denn nicht gerade der Witz beim Christentum, daß man nichts weiß und alles glauben muß?« Vor kurzem sagte mir ein Mann wieder einmal den schönen Satz, den ich in meinem Leben so oft gehört habe: »Wissen Sie: Daß zwei mal zwei vier ist, das weiß ich, aber im Christentum kann man doch nichts wissen, sondern da muß man eben glauben.« Hier haben wir also die Vorstellung, daß man den christlichen Wahrheiten gegenüber seinen Verstand in den Koffer packen oder an der Garderobe abgeben und ins Ungewisse hinein glauben muß. Das ist die Überzeugung der meisten.

Oder da steht einer vor mir und erklärt: »Ja, Pastor Busch, ihr Christen seid euch ja selber nicht einig. Da gibt's Katholiken, Evangelische und viele andere. Und bei den Evangelischen gibt es Lutheraner, Reformierte und viele andere. Wer hat denn recht?« Ich glaube, daß selbst die Christenheit im Grunde überzeugt ist, daß christlicher Glaube das Ungewisseste und Unsicherste ist, was es gibt. Das ist aber ein riesengroßer Unsinn.

Sehen Sie: Was Christentum ist, erfahre ich doch nur aus dem Neuen Testament. Und da ist jede Zeile erfüllt mit strahlender Gewißheit! Nehmen Sie mir das ab! Es ist lächerlich, daß die Christenheit so in Unklarheit lebt. Aber am Christentum liegt das nicht. Nein! Das ganze Neue Testament ist erfüllt mit strahlender Gewißheit. Ich will Ihnen das kurz sagen:

Da ist eine ganz große Gewißheit, daß Gott lebt! Nicht ein höheres Wesen, nicht eine Vorsehung, nicht ein Schicksal, nicht ein Herrgott, sondern Gott, der Vater Jesu Christi, lebt. Woher wir das wissen? Er hat sich in Jesus geoffenbart! Nun wissen wir das hundertprozentig. Schlagen Sie die Bibel auf, wo Sie wollen, da werden nicht religiöse Probleme gewälzt, sondern es wird bezeugt: Gott lebt! Und er hat sich geoffenbart in Jesus! Und der Mensch, der ohne Gott lebt, lebt schräg, verkehrt, falsch.

Da ist ebenso die Gewißheit, daß dieser Gott, der Völker vernichten kann, der Gericht halten wird, mich brennend liebt. Das wird nicht vermutet, sondern es heißt in Römer 8: »Ich bin gewiß – gewiß! –, daß weder Tod noch Leben mich scheiden kann von der Liebe Gottes, die in Christo Jesu ist, unserm Herrn.« Die Liebe Gottes kam in Jesus zu uns! Das vermuten wir nicht, das wissen wir. Wo ist die Liebe Gottes? Er hat uns in Jesus geliebt. Jünger Jesu singen: »Ich bete an die Macht der Liebe, / Die sich in Jesus offenbart . . .« Kennen Sie das? Haben Sie davon eine Ahnung?

Die Menschen in der Bibel sind gewiß geworden, daß sie Gott gehören. Da sagt David im 49. Psalm: »Er wird mich erlösen aus der Hölle Gewalt, denn er hat mich angenommen.« Nicht: »Ich hoffe, ich werde einmal selig werden«, sondern: »Ich weiß, er hat mich angenommen.« Oder: »Gott hat uns errettet von der Obrigkeit der Finsternis und versetzt in das Reich seines lieben Sohnes.« Jünger Jesu haben eine Existenzveränderung erlebt durch Jesus – und wissen das! Oder: »Wir wissen, daß wir vom Tod zum Leben gekommen sind.« »Wir wissen«! Können Sie das sagen? Oder: »Sein Geist gibt Zeugnis meinem Geist, daß ich ein Kind Gottes bin.« Da steht: »bin«!

Die Bibel ist voll von lauter Gewißheit. Woher kommt in unserem Volk dieser unsinnige Satz: »Daß zwei mal zwei vier ist, das weiß ich, aber im Christentum kann man doch nichts wissen, sondern muß man eben glauben«? Daß zwei mal zwei vier ist, das weiß ich, aber daß Gott lebt, das weiß ich noch viel gewisser! Daß zwei mal zwei vier ist, das weiß ich, aber daß Gott uns in Jesus liebhat, das weiß ich noch viel gewisser! Und die Menschen, die sich bekehrt haben zum lebendigen Gott, sagen: »Daß zwei mal zwei vier ist, das wissen wir, aber daß wir Kinder Gottes geworden sind, das wissen wir noch viel gewisser!«

Jetzt frage ich Sie: Wo findet man in der heutigen Christenheit eine solch strahlende Gewißheit? Wo? Daran merken Sie, daß wir ein bißchen weit von der Bibel weggekommen sind und wieder dahin zurück müssen. Hören Sie doch auf mit so einem bißchen Christentum! Es lohnt sich nicht, ein bißchen Christentum zu haben. Es lohnt sich wirklich nur, einen biblischen Christenstand zu haben. Das lohnt sich! Gewiß sein, daß Gott lebt, mich brennend liebhat und ich ihm gehören darf, das lohnt sich! Alles andere lohnt sich nicht.

Und dieselbe strahlende Gewißheit klingt uns entgegen aus dem ganzen Gesangbuch. Ich will mal einige Stellen zitieren: »Nun weiß und glaub ich feste, / Ich rühm's auch ohne Scheu,

/ Daß Gott, der Höchst und Beste, / Mein Freund und Vater sei.« Ich habe das meine Konfirmanden immer so aufsagen lassen: »Nun weiß und glaub ich feste.« Und bei der Konfirmandenprüfung brüllten sie so laut los, daß alle Eltern zusammenzuckten und aufguckten. Ich wollte ihnen das gerne beibringen. Christenstand ist nicht ein Wandern im feuchten Nebel, sondern wirklicher Christenstand ist ganz feste und strahlende Gewißheit! Oder: »Der Grund, da ich mich gründe, / Ist Christus und sein Blut.« Oder: »Ich weiß, woran ich glaube, / Ich weiß, was fest besteht, / Wenn alles hier im Staube / Wie Sand und Staub verweht.«

Lassen Sie es mich jetzt noch einmal anders sagen. Gewißheit im Christenstand heißt, objektiv zu wissen, daß Gott lebt und seine Offenbarung in Jesus Wahrheit ist, auch wenn die ganze Welt sie ablehnt, daß Jesus zur Versöhnung starb und auferstanden ist, um Sünder zu erretten, auch wenn keiner davon Gebrauch macht. Gewißheit im Christenstand heißt aber auch, subjektiv zu wissen, daß Gott lebt, sich in Jesus geoffenbart hat, gestorben und auferstanden ist, weil ich es für mich persönlich im gewissen Glauben angenommen habe.

Und wenn 10000 Professoren einem gläubigen jungen Mann erklären, daß Jesus nicht auferstanden ist, so kann er bezeugen: »Verehrte 10000 Professoren! Ich weiß, daß mein Erlöser lebt!« Und wenn die ganze Welt ihm widerspricht, dann sagt der Glaube: »Ich weiß, woran ich glaube!« Und wenn Sie mich überschütten mit einer Fülle von wissenschaftlichen Widerlegungen, dann antworte ich: »Ich weiß es besser!« Und wenn die ganze Welt zweifelte, dann würde ich sagen: »Ich habe die Gewißheit!« Meine Freunde, so gewiß ist der christliche Glaube, der uns in der Bibel entgegentritt.

3. Haben Sie Gewißheit?

Ja, jetzt muß ich Sie fragen: Haben Sie solche Gewißheit schon? Oder fehlt sie Ihnen noch? Wenn Sie sagten: »Ich habe gemeint, ich wäre ein Christ, aber ich bin keiner. Bei mir ist ja noch alles unklar!«, dann hätte ich nicht umsonst geredet. Ich erinnere mich an eine Freizeit, die ich mal mit jungen Männern in Holland hatte. Nachts um zwei Uhr klopft es an meine Stubentür. Ich mache auf. Da steht die ganze Gesellschaft in Schlafanzügen da. Ich frage: »Was wollt ihr?« Darauf sagt einer: »Wir haben geglaubt, wir wären Christen. Aber jetzt haben wir gemerkt, daß wir es noch nicht sind!« Und das hatte sie so unruhig gemacht, daß sie nachts um zwei Uhr Klarheit haben wollten. Das ist schon viel wert, wenn wir erkennen, daß unser ganzer Christenstand ja weit entfernt ist von dem, was uns in der Bibel an strahlender Gewißheit gezeigt wird.

Spurgeon, der gewaltige englische Erweckungsprediger, hat es einmal so ausgedrückt: »Der Glaube ist ein sechster Sinn.« Sehen Sie: Wir haben 5 Sinne, um diese Welt zu erkennen: Sehen, Hören, Fühlen, Schmecken, Riechen. Das sind die 5 Sinne, mit denen wir diese dreidimensionale Welt erkennen können. Ein Mensch, der nur mit diesen 5 Sinnen lebt, der fragt: »Wo soll Gott sein? Ich sehe ihn nicht. Und Jesus sehe ich auch nicht. Ich glaube das alles nicht!« Wenn uns nun Gott durch seinen Heiligen Geist Erleuchtung gibt, dann kriegen wir den sechsten Sinn. Dann können wir nicht bloß sehen, hören, fühlen, schmecken und riechen, sondern dann können wir auch die andere Welt erkennen. Die Bibel sagt: »Das ist aber das ewige Leben, daß sie dich, der du allein wahrer Gott bist, und den du gesandt hast, Jesum Christum, erkennen.« Das kann der sechste Sinn!

Ich war vor kurzem in Essen bei einem großen Mann der Industrie. Er residiert in einem hohen Bürohaus, von wo aus man über die halbe Stadt sehen kann. Nachdem ich einige Vorzimmer passiert hatte, saß ich ihm schließlich gegenüber. Was ich von ihm wollte, war bald erledigt. Und dann kommen wir ins Gespräch. Er sagt: »Interessant, mal einen Pfarrer bei sich zu haben!« »Sicher«, antworte ich, »das ist doll interessant!« Da fährt er fort: »Sagen Sie mal, ich habe je und dann nach dem Kriege Akademie-Tagungen mitgemacht, aber ich habe doch den Eindruck . . .« »Na«, helfe ich ihm, »sagen Sie es schon, ich habe gute Nerven!« »Ich habe den Eindruck«, sagt er, »daß das Christentum doch eine sehr unklare Sache ist. Sehen Sie, man hat uns Vorträge gehalten über Themen wie ›Der Christ und die Wirtschaft‹, ›Der Christ und die Aufrüstung‹, ›Der Christ und die Abrüstung‹, ›Der Christ und das Geld‹, ›Der Christ und seine Kirche‹. Aber man hat mir nie gesagt, was denn nun eigentlich ein Christ ist. Das wissen die Leute offenbar selber nicht!« Da sitze ich also nun in dem schönen Büro und kriege das so vor die Stirn gesagt: »Das wissen die Leute offenbar selber nicht!« »O«, erwidere ich, »Sie irren!« Erstaunte Frage: »Können Sie mir denn sagen, was ein Christ ist?« »O ja«, entgegne ich, »das möchte ich Ihnen klipp und klar sagen. Das ist nichts Unklares.« »Ha«, spöttelt er ein wenig, »die einen sagen, ein Christ ist, wer mit der Polizei nicht in Konflikt kommt, und die anderen sagen, ein Christ ist, wer kirchlich getauft und beerdigt ist!« Ich fahre fort: »Herr Generaldirektor, ich werde Ihnen sagen, was ein Christ ist. Halten Sie sich gut fest! Ein Christ ist ein Mensch, der aus Herzensgrund sagen kann: ›Ich glaube, daß Jesus Christus, wahrhaftiger Gott, vom Vater in Ewigkeit geboren, und auch wahrhaftiger Mensch, von der Jungfrau Maria geboren, mein Herr ist, der mich verlorenen und verdammten Menschen erlöst hat.‹ Herr Generaldirektor, Sie ›verlorenen und verdammten Menschen‹!« Da nickt er. Er verstand das. Das gab er zu. Das sind wir. »Gut«, sage ich, »›. . . der mich verlorenen und verdammten Menschen erlöst hat, erworben und gewonnen von allen Sünden, vom Tode und von der Gewalt des Teufels.‹ Herr Generaldirektor, ›. . . erworben und gewonnen von der Gewalt des Teufels‹!« Er nickt. Davon kennt er einiges. Und ich fahre fort: »›. . . nicht mit Gold oder Silber, sondern mit seinem heiligen, teuren Blut und seinem unschuldigen Leiden und Sterben, auf daß ich sein eigen sei.‹ Sehen Sie: Wer das sagen kann: ›Ich bin ein Eigentum Jesu. Er hat mich erkauft von Sünde, Tod und Hölle durch sein Blut. Das weiß ich!‹, der ist ein Christ, Herr Generaldirektor.« Da ist ein Augenblick Stille in dem Büro. Und dann fragt er: »Wie komme ich dahin? Wie komme ich dahin?« Da habe ich ihm geantwortet: »Hören Sie, ich habe eben von Ihrer Sekretärin erfahren, daß Sie auf Urlaub fahren. Ich schicke Ihnen noch heute nachmittag ein Neues Testament zu. Das werden Sie mitnehmen und jeden Tag ein Stück im Johannes-Evangelium lesen und darüber beten. Dann kommen Sie dahin!«

Sie verstehen mich: Der Christenstand, wie er mir im Neuen Testament entgegentritt, ist Gewißheit, daß die objektiven Wahrheiten wahr sind und daß ich es subjektiv im Glauben ergreifen darf und errettet werden kann! Haben Sie solche Gewißheit? Ich könnte nicht leben, wenn ich nicht wüßte, ob er mich angenommen hat. Da frage ich einen jungen Menschen: »Hast du Jesus lieb?« »Ja.« »Weißt du, daß er dich angenommen hat? Bist du sein Eigentum?« »Ja, genau weiß ich es nicht. Es ist noch soviel Kampf da.« »Mann«, sage ich, »so könnte ich nicht leben. Das muß ich doch wissen, ob er mich angenommen hat!« Ihr unsicheren Christen, die ihr nicht mal wißt, ob Gott da ist oder nicht, die ihr über eure Geldverhältnisse genau Bescheid wißt, über Gott aber nicht, ihr seid ja gar keine Christen! Nach dem Neuen Testament sind das Christen, die sagen können: »Ich glaube, daß Jesus Christus mein Herr geworden ist.«

Ich muß hier eine nette Geschichte einfügen, die Sie vielleicht kennen. Der General von Viebahn erzählte, wie er im Manöver mal durch den Wald geritten ist, sei er an einem Baum hängengeblieben und habe sich einen Winkel in den Rock gerissen. Und das ist für einen General nicht schön. Als er abends in ein Quartierdorf reitet, sitzen da auf einem Mäuerchen ein paar Soldaten. Er hält sein Pferd an und ruft hinüber: »Ist unter euch ein Schneider?« Da flitzt einer heran, baut sich auf und sagt: »Jawohl, Herr General, ich bin Schneider.« Da befiehlt der General von Viebahn: »Dann kommen Sie gleich mal in mein Quartier im Gasthof zum Lamm und flicken Sie meinen Rock.« Doch da antwortet der Soldat: »Das kann ich aber nicht.« »Wieso können Sie das nicht? Sie sind doch Schneider!« »Verzeihung, Herr General«, sagt der, »ich heiße Schneider, aber ich bin kein Schneider.« Der General von Viebahn sagte, als er das erzählte, so schön dazu: »So kann man von den allermeisten Christen sagen. Im Fragebogen steht unter Religion: ›christlich, evangelisch‹. Aber in Wirklichkeit müßten sie sagen: ›Ich heiße Christ, aber ich bin kein Christ.‹«

O, welch ein erbärmlicher Zustand! Und wie gefährlich ist dieser Zustand, weil man ja dann überhaupt noch gar nicht errettet ist!

Und nun muß ich einen Schritt weitergehen:

4. Wie kommt man zur Gewißheit?

Sie werden mich fragen: »Wie kommt man zu solcher Gewißheit?« Nun, da wäre viel zu sagen: Bitten Sie Gott darum! Fangen Sie an, regelmäßig in der Bibel zu lesen, jeden Tag eine stille Viertelstunde! Aber ich möchte Ihnen jetzt noch etwas ganz Wichtiges sagen: Man kommt zur Glaubensgewißheit nicht über den Verstand, sondern über das Gewissen!

Also sehen Sie: Wenn man heute mit Männern ins Gespräch kommt über das Christentum, dann fangen sie an: »Ja, Herr Pastor, ich kann nicht gut glauben. In der Bibel sind so viel Widersprüche.« »Widersprüche?« frage ich. »Ja, da wird zum Beispiel erzählt: Adam und Eva hatten zwei Söhne, Kain und Abel. Kain schlug den Abel tot. Da war er allein noch übrig. Und dann ging er in ein fremdes Land und suchte ein Weib. Ja, wenn das die einzigen Menschen waren, dann konnte er doch keine Frau suchen! Herr Pastor, das kann ich nicht verstehen.« Haben Sie die Geschichte auch schon gehört? Mit dieser Geschichte retten sich die deutschen Männer vor Gott. Ich pflege in solchen Fällen zu sagen: »Das ist ja interessant. Hier haben Sie eine Bibel. Wo steht das eigentlich, daß Kain in ein fremdes Land ging und sich dort ein Weib suchte?« Dann kriegen sie einen roten Kopf. »Ja«, fahre ich fort, »wenn Sie die ganze Bibel ablehnen, durch die Tausende von gescheiten Leuten zum Glauben gekommen sind, wenn Sie also noch gescheiter sein wollen, dann werden Sie die Bibel ja wohl gründlich studiert haben. Wo steht das eigentlich?« Und dann stellt sich heraus: Sie wissen es nicht. Und dann schlage ich es ihnen auf. Das steht nämlich da gar nicht, sondern da steht: Kain ging in ein fremdes Land und erkannte sein Weib.« Seine Frau hatte er mitgenommen. Wer war denn die Frau? Es heißt vorher, daß Adam und Eva viele Söhne und Töchter hatten. Das war eine Schwester. Es steht ausdrücklich in der Bibel, daß Gott wollte, daß von einem Geschlecht alle Menschengeschlechter abstammen. Dann mußten zuerst die Geschwister heiraten. Später verbot Gott die Geschwisterehe. Alles klar? Alles klar! Ich stelle fest: »Ihr ganzes dummes Geschwätz fällt in sich zusammen!« Ist der Mann jetzt zum Glauben gekommen? Keine Rede! Er hat sofort eine neue Frage bereit: »Herr Pastor, sagen Sie mal . . .« – und dann geht's weiter. Daran wird deutlich: Ich könnte einem Mann hunderttausend Fragen beantworten – und er wäre nachher noch genauso verfinstert wie vorher. Der Glaube kommt nicht über den Verstand, sondern über das Gewissen!

In Essen war einer meiner Vorgänger der Pfarrer und Erweckungsprediger Julius Dammann. Zu dem kam einmal ein junger Mann und stellte auch die Frage nach Kains Weib und ähnliche andere. Da hat Dammann das vom Tisch gewischt und gesagt: »Junger Mann, Jesus Christus ist nicht gekommen, um spitzfindige Fragen zu beantworten, sondern um Sünder selig zu machen! Und wenn Sie mal ein armer Sünder sind, dann kommen Sie wieder.« Leute mit unruhigem Gewissen, Leute, die wissen: »Mein Leben stimmt nicht. Ich werde mit mir selber nicht fertig«, die können an den Heiland glauben lernen. Da kommt der Verstand hinterher.

Ich habe mal eine Geschichte erlebt, die ich Ihnen hierzu erzählen muß. Da komme ich eines Tages in ein Krankenzimmer, in dem sechs Männer liegen. Wie ich ins Zimmer trete, empfangen sie mich freudig: »Ach, Herr Pastor, wie schön, daß Sie kommen! Wir haben eine Frage.« »O«, entgegne ich, »eine Frage. Nett! Was für eine Frage?« Ich merke ihnen an, daß sie eine Falle für mich vorbereitet haben. Und da fragt einer unter der Spannung der anderen: »Sie glauben doch, daß Gott allmächtig ist?« »Ja, das glaube ich!« »Frage: Kann Ihr Gott einen Stein schaffen, der so schwer ist, daß er ihn selber nicht mehr aufheben kann?« Ist Ihnen der Witz klar? Sage ich ja, dann ist Gott nicht allmächtig, sage ich nein, dann ist er auch nicht allmächtig. »Kann Ihr Gott einen Stein schaffen, der so schwer ist, daß er ihn selber nicht mehr aufheben kann?« Einen Moment überlege ich: »Soll ich ihm das erklären?« Und dann kommt es mir doch zu dumm vor, und ich frage dagegen: »Junger Mann, jetzt will ich erst eine Frage stellen: ›Haben Sie wegen dieser Frage schon mal schlaflose Nächte gehabt?‹« »Schlaflose Nächte?« fragt er verdutzt. »Nee!« Da erkläre ich: »Sehen Sie: Ich muß mit meinen Kräften sparsam umgehen. Und da kann ich bloß noch solche Fragen beantworten, worüber die Leute schlaflose Nächte haben. Junger Mann«, fahre ich fort, »seien Sie doch so gut und sagen Sie mir: Worüber haben Sie schlaflose Nächte?« Darauf antwortet er prompt: »Ach, die Sache mit meinem Mädel. Sie erwartet ein Kind, und wir können noch nicht heiraten.« »So«, sage ich, »darüber haben Sie schlaflose Nächte. Dann lassen Sie uns doch davon reden!« »Ja«, staunt er, »hat denn das etwas mit dem Christentum zu tun?« »O«, sage ich, »die Sache mit dem Stein hat nichts mit dem Christentum zu tun, aber gerade die Sache mit dem Mädel! Sehen Sie: Sie sind schuldig geworden! Sie haben Gottes Gebot übertreten. Sie haben das Mädchen verführt! Und jetzt überlegen Sie, wie Sie sich durch größere Sünde aus der Affäre ziehen könnten. Sehen Sie: Sie sind festgefahren in Schuld und Sünde. Ihnen kann nur geholfen werden, wenn Sie umkehren zum lebendigen Gott – Buße tun – und sagen: ›Ich habe gesündigt!‹ Dann ist ein Heiland da, der Ihnen zurechthelfen kann.« Und der junge Mann hört zu. Auf einmal geht ihm auf: »Jesus interessiert sich für mein belastetes Gewissen! Jesus kann mir helfen! Er ist die Rettung für mein verkorkstes Leben!«

Verstehen Sie: Er wollte über den Verstand gehen. Das war aber alles dummes Zeug. Aber als sein Gewissen angerührt wurde, da wurde es auf einmal hell. Ist Ihnen das deutlich? Wir kommen zur Gewißheit des Heils nicht über die Beantwortung spitzfindiger Fragen, sondern indem wir unserem Gewissen recht geben und einmal sagen: »Ich habe gesündigt.« Dann geht einem der Heiland auf, der am Kreuz hängt. Und dann kann man erfahren: »Dir sind deine Sünden vergeben!« Und weiter: »Er hat mich angenommen!« Über das Gewissen geht der Weg – und nicht über die Vernunft.

Sehen Sie: Wenn man zur Gewißheit des Heils kommen will, dann muß man – darf ich es mal so ausdrücken? – etwas riskieren. Es gibt in Kirchen oft bunte Glasfenster. Wenn Sie sich die am hellen Tage von außen ansehen, dann sehen sie schwarz aus, dann erkennen Sie kaum etwas von den Farben. Wenn Sie aber in eine Kirche hineingehen, dann leuchten auf einmal die Farben auf. Und genauso ist es mit dem christlichen Glauben: Solange ich ihn von außen ansehen will, kapiere ich nichts. Dann ist alles dunkel. Ich muß hineingehen! Ich muß es mit Jesus wagen! Ich muß mich diesem Heiland übergeben, anvertrauen! Dann wird alles klar! Es ist ein Schritt vom Tode zum Leben, und dann versteht man mit einem Schlage das ganze Christentum.

Da hat der Herr Jesus einmal gepredigt. Und Tausende hörten ihm zu. Auf einmal sagt er ein schreckliches Wort: »So, wie ihr seid, könnt ihr nicht ins Reich Gottes kommen! Ihr müßt wiedergeboren werden! Eure Natur, auch die beste, taugt nicht ins Reich Gottes!« Da stehen hinten ein paar Männer auf und sagen: »Kommt, wir gehen! Ist ja unverschämt, was der sagt!« Und dann gehen die 3 Männer. Das sehen 6 Frauen und sagen: »Die Männer gehen. Kommt, dann gehen wir auch!« Und dann gehen die Frauen auch. Das sehen ein paar Jungen und sagen: »Die Männer gehen. Die Frauen gehen. Kommt, dann gehen wir auch.« Und auf einmal bröckelt's ab. Das muß schrecklich sein. Ich stelle mir vor, während meiner Predigt stünden die Zuhörer auf und gingen allmählich alle weg. Auf einmal bliebe ich allein übrig mit ein paar Getreuen. So war es bei Jesus. Schrecklich! Auf einmal ist Jesus allein. Tausende sind weggelaufen, während er spricht. Sie wollen ihn nicht mehr hören. Nur die 12 Jünger stehen noch da. Wenn ich der Herr Jesus gewesen wäre, hätte ich jetzt gebeten: »Ach, bleibt ihr doch wenigstens noch da! Verlaßt ihr Treuen mich nicht!« Doch Jesus macht's anders. Wissen Sie, was er sagt? Er sagt: »Ihr dürft auch gehen, wenn ihr wollt!« Es gibt im Reiche Gottes keinen Zwang. Das Reich Gottes ist das einzige Reich, wo es keine Polizei gibt! Das Reich Gottes ist das Freiwilligste, was es gibt! »Ihr dürft auch gehen, bitte!« So sagt Jesus zu seinen Jüngern. Und die Jünger hat's gezogen. Wenn 6000 Menschen weglaufen, dann läuft man gern mit. Und so wären die Jünger schon gern mitgelaufen, zumal der Herr Jesus noch sagt: »Bitte, geht!« Er macht ihnen die Türen weit auf: »Ihr dürft auch! Ihr dürft verlorengehen! Ihr dürft gottlos sein! Ihr dürft in die Hölle laufen! Wie ihr wollt!« Da steht der Petrus und überlegt einen Augenblick: »Wohin soll ich denn gehen? Wohin? Ein Leben mit Arbeit und Mühe wie ein Pferd oder ein Leben im Schmutz der Sünde? Und am Ende stehen der Tod und die Hölle. Das ist doch alles nichts!« Dann fällt sein Blick auf Jesus, und eins ist ihm ganz gewiß: Es lohnt sich überhaupt nur ein Leben, das mit Jesus gelebt wird! So sagt er: »Wohin sollen wir denn gehen, Herr Jesus? Du hast Worte des ewigen Lebens, und wir haben geglaubt und erkannt (hören Sie: Gewißheit!), daß du bist Christus, der Sohn des lebendigen Gottes. Bei dir bleiben wir!«

Meine Freunde, so kommt man zur Gewißheit. Man schaut die Lebenswege an und erkennt: Jesus ist die einzige Chance für uns! O, ich wünsche Ihnen, daß Sie auch solche strahlende Gewißheit bekommen: »Wir haben geglaubt und erkannt, daß du bist Christus, der Sohn des lebendigen Gottes.«

Ganz zum Schluß möchte ich noch ein besonderes Wort sagen für die unter Ihnen, die im Glauben einen Anfang gemacht haben, die ihr Herz Jesus geschenkt haben und doch sagen: »Ich habe keine Gewißheit des Heils. Wie komme ich zur Heilsgewißheit? Ich sehe in meinem Leben immer noch so viel Sünde!« Diesen ernsten Seelen unter Ihnen möchte ich sagen: Meinen Sie, Heilsgewißheit könnte man erst haben, wenn man sündlos sei? Dann müssen Sie bis auf den Himmel warten! Ich brauche bis zum letzten Tag, ja bis zum letzten Atemzug meines Lebens das Blut Jesu zur Vergebung der Sünden!

Sie kennen die Geschichte vom verlorenen Sohn. Der kam nach Hause und sagte: »Ich habe gesündigt!« Und da nimmt der Vater ihn auf, und es wird ein Freudenfest gefeiert. Und jetzt male ich mir mal folgendes aus: Am nächsten Morgen schmeißt der Sohn aus Versehen eine Kaffeetasse auf den Boden. Er war einen gedeckten Tisch nicht mehr gewöhnt von seinen Schweinen her. Er wirft also die Kaffeetasse aus Versehen runter. Und als die klirrend zerbricht, da schimpft er: »Verflucht noch mal!« Wirft der Vater ihn jetzt raus: »Marsch, zurück zu den Schweinen!«? Glauben Sie das? Nein! Sondern der Vater sagt: »Angenommen ist angenommen!« Er erklärt wohl: »Mein Sohn, das wollen wir nicht tun. Wir wollen jetzt mal darum ringen, daß du Kaffeetassen stehen läßt und nicht fluchst und dich allmählich an die Sitten des Hauses gewöhnst!« – aber er schickt ihn nicht zurück zu den Schweinen. Und sehen Sie: Wenn ein Mensch sich Jesus zu eigen gibt, dann macht er die schreckliche Entdeckung: Die alte Natur ist noch da! Und es gibt noch Niederlagen! Aber wenn Sie nach Ihrer Bekehrung eine Niederlage erleben, dann verzweifeln Sie nicht gleich, sondern fallen Sie auf die Kniee und beten Sie drei Sätze: Erstens: »Ich danke dir, Herr, daß ich dir immer noch gehöre!« Zweitens: »Vergib mir durch dein Blut!« Und drittens: »Mache mich frei von meiner alten Natur!« Aber erstens: »Ich danke dir, Herr, daß ich dir immer noch gehöre!«

Verstehen Sie: Gewißheit des Heils besteht darin, daß ich weiß: »Ich bin nach Hause gekommen und führe jetzt den Kampf der Heiligung als einer, der nach Hause gekommen ist, und nicht als einer, der immer wieder rein- und rausfliegt. Wenn man predigt: »Man muß das Heil jeden Tag neu ergreifen!«, dann ist das eine grauenvolle Predigt. Meine Kinder brauchen nicht jeden Morgen bei mir anzutreten und zu fragen: »Papa, dürfen wir heute wieder deine Kinder sein?« Die sind meine Kinder! Und wer ein Kind Gottes geworden ist, der ist ein Kind Gottes und führt seinen Kampf um Heiligung jetzt als Kind Gottes!

Und nun wünsche ich Ihnen von ganzem Herzen die strahlende Gewißheit der Kinder Gottes!

Ist Christentum Privatsache?

Es ist ein immer wieder gehörter Satz: »Religion ist Privatsache!« Ist das richtig? Wir wollen fragen: »Ist Christentum Privatsache?« – oder noch besser: »Ist Christenstand Privatsache?«

Ehe ich diese Frage beantworte, möchte ich eine Gegenfrage stellen. Denken Sie mal an ein Fünfmarkstück. Was ist darauf abgebildet? Eine Fünf oder ein Adler? Beides! Das Fünfmarkstück hat zwei Seiten. Und genauso ist es mit der Frage: »Ist Christenstand Privatsache?« Antwort: Beides! Ja und nein.

Ein richtiger, lebendiger Christenstand hat zwei Seiten: eine ganz private und eine ganz öffentliche Seite. Und wo es an einer von beiden fehlt, da ist nichts in Ordnung!

Ich möchte Ihnen nun die beiden Seiten eines richtigen, vom Heiligen Geist gewirkten Christenstandes zeigen.

1. Christenstand hat eine sehr private Seite

Um Ihnen das deutlich zu machen, will ich mit einer Geschichte anfangen. Es hat mal jemand zu mir gesagt, ich wäre ein »Geschichten-Erzähler«. Da habe ich geantwortet: »Das ist keine Schande. Ich habe immer große Angst, daß die Leute in der Kirche einschlafen. Aber wenn ich zwischendurch Geschichten erzähle, dann schlafen sie nicht ein!« Außerdem besteht ja das ganze Leben aus Geschichten – und nicht aus Theorien.

Im Ravensberger Land hat im vorigen Jahrhundert ein gewaltiger Erweckungsprediger gelebt: Johann Heinrich Volkening. Durch die Predigten Volkenings ist das Land um Bielefeld, das Ravensberger Land, tatsächlich umgewandelt worden. Dieser Volkening wurde eines Abends zu einem reichen Bauern gerufen. Der hatte einen großen Hof und war ein rechtschaffener und fleißiger Mann. Die Erweckungspredigten haßte er aber vom Gunde seines Herzens. – Wissen Sie: Er lehnte es ab, ein Sünder zu sein. Er brauchte keinen Sünderheiland am Kreuz. Er sagte: »Ich tue recht und scheue niemand.« – Eines Tages wird Volkening zu ihm gerufen, weil der Bauer auf den Tod krank ist. Er will das Abendmahl. Und

Volkening geht hin. Volkening war von großer Gestalt, und seine leuchtend blauen Augen fielen besonders auf. Er tritt also an das Bett dieses Bauern, schaut ihn lange schweigend an und sagt dann: »Hinrich, ich bin bange, bange bei euch. So wie bisher geht's noch nicht in den Himmel, sondern geradewegs der Hölle zu.« Spricht's, dreht sich um und geht. Nun, der reiche Bauer hat eine Mordswut und tobt: »Das will ein Pfarrer sein! Ist das christliche Liebe?« Dann kommt die Nacht. Der schwerkranke Bauer liegt wach. In seinem Gewissen bohrt's: »Es geht nicht dem Himmel zu, sondern der Hölle! Wenn das wahr wäre!« Und dann fallen ihm auch allerhand Sünden ein. Er hatte Gott nicht geehrt. Und er hatte gelegentlich auch sehr klug andere betrogen. In den Nächten darauf aber überfällt ihn eine richtige Angst. Er wird wirklich sehr unruhig. Er sieht auf einmal, daß es viel Schuld in seinem Leben gibt und daß er absolut kein Kind Gottes ist. Jetzt möchte er mit Ernst umkehren. Nach drei Tagen schickt er seine Frau wieder zu Volkening: »Frau, hole den Volkening!« Es ist spät am Abend. Volkening kommt sofort. Der Bauer sagt in großer Unruhe: »Pfarrer, ich glaube, ich muß umkehren!« »Ja«, erklärt Volkening, »sachte gehn kommt mit dem Alter! In der Not rufen sie, aber Notbuße – tote Buße! Es muß ganz anders kommen.« Spricht's, dreht sich um und geht. Jetzt hat der Bauer erst recht einen Mordszorn. – Sie hätten doch auch alle einen ganz großen Zorn auf den Pfarrer, nicht? Schließlich stände der Pfarrer sich ja auch besser, wenn er mit einem reichen Bauern freundlich spräche. Es sieht doch auch so aus, als ob der Mann bald sterben würde. Aber Volkening war ein Mann, der vor Gott stand und wußte, was er sagte. – Drei Tage hat's noch gedauert, bis der Bauer in eine schreckliche Not kam. Dann wußte er: »Ich muß sterben! Und wo sind in meinem Leben Liebe, Freude, Friede, Geduld, Freundlichkeit, Gütigkeit, Glaube, Sanftmut, Keuschheit gewesen?« Er hatte ein Leben lang den Heiland verachtet, der für ihn starb. Er hatte ihn weggejagt, der in seiner Liebe vor ihm stand. Er sieht sich am Rande der Hölle und ist ein völlig verzweifelter Mann. »Frau«, bittet er, »hol den Pfarrer!« Die entgegnet: »Ich mag nicht mehr! Der hilft dir doch nicht!« »Frau, hol ihn! Ich komme in die Hölle!« Da geht die Frau. Als Volkening kommt, findet er einen Mann, der begriffen hat: »Irret euch nicht, Gott läßt sich nicht spotten, denn was der Mensch sät, das wird er ernten!« Volkening rückt einen Stuhl ans Bett heran und fragt: »Gelt, es geht in die Hölle?« »Ja, es geht in die Hölle!« Da sagt Volkening: »Hinrich, laß uns nach Golgatha gehen! Auch für dich starb Jesus!« Und nun spricht er ihm in den freundlichsten und lieblichsten Worten davon, wie Jesus Sünder errettet. Aber dazu müßten wir erst auch in unseren eigenen Augen Sünder geworden sein. Da müßte es erst aufhören mit dem »Ich tue recht und scheue niemand!« Da müßte man erst in der Wahrheit stehen. Dann könne Jesus erretten! Jetzt erkennt der Bauer auf einmal: »Jesus starb für mich am Kreuz! Er bezahlt für meine Sünden! Er kann mir die Gerechtigkeit schenken, die allein vor Gott gilt!« Und zum erstenmal betet der Bauer richtig: »Gott, sei mir Sünder gnädig! Herr Jesus, rette mich vom Rande der Hölle!« Volkening geht leise weg. Er verläßt einen Mann, der Jesus anruft. Volkening ist getrost, denn dreimal steht in der Bibel: »Wer den Namen Jesus anruft, soll selig werden.« Als er am nächsten Tag wieder hinkommt, findet er einen Mann, der Frieden mit Gott hat. »Wie steht's, Hinrich?« Und Hinrich antwortet: »Er hat mich angenommen – aus Gnaden!« Ein Wunder ist geschehen!

Sehen Sie: So erlebte ein stolzer Bauer seine Wiedergeburt. Und nun passen Sie mal gut auf: In der Nacht kam einmal ein gelehrter Mann zum Herrn Jesus und sagte: »Herr Jesus, ich möchte mit dir über religiöse Fragen diskutieren.« Dem hat der Herr Jesus erwidert: »Hier wird nichts diskutiert! Es sei denn, daß jemand von neuem geboren werde, sonst kann er nicht ins Reich Gottes kommen!« »Wie?« fragt der Mann. »Ich kann doch nicht wieder ein kleines Kind werden und noch einmal in der Mutter Leib gehen, um geboren zu werden!« Doch Jesus bleibt dabei: »Es sei denn, daß jemand geboren werde aus Wasser und Geist, sonst kann er nicht ins Reich Gottes kommen!« Das ist die private Seite des Christenstandes, daß ein Mensch durch die enge Pforte zum Leben kommt, daß er von neuem geboren wird durch das große Wunder Gottes.

Es sind nicht belanglose theologische Dinge, die ich Ihnen sage, sondern es geht um Ihre ewige Errettung. Nehmen Sie es mir ab! Es könnte sein, daß bei Ihrem Sterben kein Volkening da ist. Hören Sie: Zur Wiedergeburt gehört, daß ich endlich Gott recht gebe, daß ich ein verlorener Mensch bin und daß mein Herz böse ist. Zur Wiedergeburt gehört die Sehnsucht nach Jesus, dem einzigen Heiland der Welt. Zur Wiedergeburt gehört das aufrichtige Bekenntnis an den Heiland: »Ich habe gesündigt gegen den Himmel und vor dir.« Zur Wiedergeburt gehört der Glaube: »Sein Blut macht mich rein von aller Sünde. Er bezahlt für mich und schenkt mir die Gerechtigkeit, die vor Gott gilt.« Zur Wiedergeburt gehört die klare und entschlossene Auslieferung an Jesus. Und zur Wiedergeburt gehört, daß der Heilige Geist Ihnen sagt: »Du bist jetzt angenommen!« Die Bibel nennt das »Versiegelung«. Ohne Wiedergeburt kommen Sie nicht ins Reich Gottes! Aber wer ein Kind Gottes geworden ist, der weiß es auch. Liebe Freunde, wenn ich am Ersaufen bin und es zieht mich einer aus dem Wasser, dann weiß ich doch, daß ich errettet bin, wenn ich an Land bin und wieder ruhig atmen kann!

Sehen Sie: Das ist die private Seite des Christenstandes. Das muß jeder ganz allein für sich durchmachen, damit er vom Tode zum Leben kommt. Ach, es ist ein Wunder, wenn ich zurückschaue und daran denke, wie ich des Herrn Jesu Eigentum wurde. Ich lebte fern von Gott und in allen Sünden. Doch dann kam Jesus in mein Leben. Und jetzt gehöre ich ihm und möchte ein Leben dranrücken, Menschen vor dem Verderben zu warnen und zu Jesus zu rufen. Ich bitte Sie: Ruhen Sie nicht, bis Sie durch die Wiedergeburt durch sind und wissen: »Es ist etwas, des Heilands sein, / Ich dein, o Jesu, und du mein / In Wahrheit sagen können.«

Aber die Wiedergeburt ist nicht das Ende, sondern der Anfang des privaten Christenstandes. Dann geht's mit der privaten Seite des Christenstandes weiter.

Von meiner Bekehrung ab habe ich – ich will's Ihnen bezeugen – gewußt: »Jetzt muß ich unbedingt jeden Tag die Stimme meines Freundes hören!« So fing ich an, die Bibel zu lesen. Heute meinen die Leute, nur ein Pfarrer liest die Bibel. Ich habe in der Nähe meines Hauses in Essen Park-Anlagen. Da gehe ich gern morgens hinein und lese für mich meine Bibel, so im Auf- und Abgehen. Die Leute, die in der Nähe wohnen, können mich dabei beobachten. Und da sagt neulich einer zu mir: »Ich beobachte Sie immer, wenn Sie Ihr Brevier lesen.« Brevier lesen die katholischen Priester. Er konnte sich gar nicht denken, daß man ein Buch liest, das jeder Laie genauso lesen kann. Aber die Bibel kann jeder lesen!

Wenn ich mit meinen Essener Jungen eine Freizeit habe,

dann versammeln wir uns noch vor dem Frühstück zu einer stillen Viertelstunde. Wir singen zunächst ein Morgenlied wie »Morgenglanz der Ewigkeit« und hören die Tageslosung. Anschließend gebe ich einen Bibeltext an. Dann setzt sich jeder in eine stille Ecke und liest den Bibeltext für sich. Und das tun die, die einen Anfang mit Jesus, die einen Anfang im Glaubensleben gemacht haben, zu Hause auch, weil sie nicht leben können, ohne die Stimme des guten Hirten zu hören und mit ihm zu reden. Jetzt bitte ich Sie: Beleben Sie die private Seite Ihres Christenstandes mal damit, daß Sie anfangen, das Neue Testament zu lesen! Eine stille Viertelstunde am Morgen oder am Abend!

Und wenn Sie Ihr Neues Testament wieder zuklappen, dann falten Sie die Hände und sagen Sie: »Herr Jesus, jetzt muß ich mit dir reden. Ich habe heute viel vor. Hilf mir auch durch! Bewahre mich auch vor meinen Lieblingssünden! Gib mir auch Liebe zum andern! Gib mir den Heiligen Geist!« Beten Sie! Reden Sie mit Jesus! Er ist da! Er hört Sie! Das gehört auch zur ganz privaten Seite eines lebendigen Christenstandes, daß ein Christ mit seinem Herrn redet.

Neulich sagte ich einem Herrn, der zum Glauben gekommen war: »Sie brauchen täglich eine stille Viertelstunde mit Jesus!« Darauf meinte er: »Pastor Busch, ich bin doch kein Pfarrer. Der hat dafür Zeit. Aber ich? Ich habe doch furchtbar viel zu tun.« Ich habe ihm erwidert: »Hören Sie mal! Sie werden doch nicht fertig mit Ihrem Tag, nicht?« »Ich werde nie fertig!« gab er zu. »Sehen Sie!« sagte ich, »das kommt daher, daß Sie keine stille Viertelstunde haben. Wenn Sie sich angewöhnen, morgens mit Jesus zu reden, fortlaufend ein paar Verse im Evangelium zu lesen und dann noch einmal darüber beten, dann werden Sie erleben, daß Sie auf einmal spielend fertig werden. Ja, je mehr Sie zu tun haben, desto nötiger brauchen Sie die stille Viertelstunde. Später wird vielleicht sogar eine halbe Stunde daraus, wo Sie die Sie bewegenden Dinge Ihrem Heiland erst vortragen. Aber auf einmal geht alles besser. Ich rede aus Erfahrung. Manchmal geht es mir auch so. Ich stehe aus dem Bett auf – und schon schellt's Telefon. Dann liegt die Zeitung da. Dann klingelt wieder das Telefon. Und dann kommt mich schon jemand besuchen. Aber den ganzen Tag über bin ich aufgeregt. Es klappt nichts. Auf einmal fällt mir ein: ›Ich habe ja noch gar nicht mit Jesus geredet!

Und er ist auch noch nicht zu Wort gekommen! Dann kann's ja nichts werden!‹«

Verstehen Sie: Die Stille mit Jesus gehört zur ganz privaten Seite des Christenstandes!

Dann gehört weiter zur ganz privaten Seite des Christenstandes, daß man täglich sein Fleisch und Blut kreuzigt. Ich habe in meinem Leben viele Leute gesprochen. Und die hatten eigentlich alle etwas zu klagen. Die Frauen klagen über ihre Männer. Die Männer klagen über ihre Frauen. Die Eltern klagen über ihre Kinder. Die Kinder klagen über ihre Eltern. Probieren Sie mal selber folgendes aus: Wenn ich mit meinem Zeigefinger auf einen Menschen zeige: »Der ist schuld, daß ich nicht glücklich bin!«, dann zeigen im selben Augenblick immer drei Finger auf mich selber! Glauben Sie mir: Wenn Sie erst einmal eine stille Viertelstunde haben, dann deckt Ihnen Jesus auf, daß alles Unglück an Ihnen selber liegt. Ihre Ehe klappt nicht, weil Sie nicht vor Gottes Augen leben. Ihr Geschäft klappt nicht, weil Sie nicht vor Gott wandeln. Christen müssen jeden Tag lernen, ihre Natur ans Kreuz zu schlagen.

Ich darf mal ganz persönlich reden. Sehen Sie: Ich habe gerade acht Tage lang mit 50 Mitarbeitern meiner Essener Jugendarbeit auf einer Freizeit zusammengelebt. Es war unbeschreiblich schön. Wir waren so glücklich miteinander, daß ich's gar nicht sagen kann. Es war alles so gesegnet. Und doch gab's ab und zu Schwierigkeiten. Aber bevor wir am letzten Tag das Abendmahl feierten, da geschah es, daß auf einmal einer zum andern ging und sagte: »Du, vergib mir das!« Ich mußte zu dreien gehen und sagen: »Du, vergib mir, daß ich dich neulich angefahren habe!« Da entgegnete einer: »Sie haben aber recht gehabt!« »Aber vergib mir's trotzdem«, bat ich. Verstehen Sie: Das ist mir schwer, wenn ich mich demütigen muß vor einem 20jährigen Jungen. Aber es gab keine Ruhe, bis ich's tat.

Wenn Sie Stille mit Jesus haben, dann lernen Sie es auch, jeden Tag Ihre Natur zu kreuzigen. Und dann wird's um Sie herum schön! Das gehört zur ganz privaten Seite des Christenstandes. Und wenn Sie davon nichts wissen, dann hören Sie bitte auf, sich Christ zu nennen.

Sehen Sie: Ich gehe oft über die Straßen und überlege mir folgendes: Alle Leute, die mir begegnen, sind christlich, fast alle zahlen Kirchensteuer. Wenn ich jetzt jemand anhalten und fragen würde: »Verzeihung! Sind Sie Christ?«, dann würde mir geantwortet werden: »Natürlich! Ich bin doch kein Mohammedaner!« Wenn ich nun aber weiter fragen würde: »Hören Sie mal! Haben Sie schon mal nicht schlafen können vor Freude darüber, daß Sie ein Christ sind?«, dann würde mir erwidert werden: »Sind Sie verrückt?« So ist es doch: Christenheit ohne Freude am Christenstand! Man schimpft höchstens, wenn die Kirchensteuer gezahlt werden muß. Aber von Freude keine Spur. Von dem Augenblick an aber, wo Sie eine Wiedergeburt erleben, erfahren Sie, was es heißt: »Freuet euch in dem Herrn allewege, und abermals sage ich: Freuet euch!«

Meine Freunde, ich habe meinen Jungen neulich ein herrliches Wort aus der Bibel gesagt: »Euch aber, die ihr meinen Namen fürchtet, soll aufgehen die Sonne der Gerechtigkeit« – das ist Jesus – »und Heil unter ihren Flügeln.« Schön ist das! Und wissen Sie, wie es weitergeht? So: »Und ihr werdet aus und ein gehen und hüpfen wie die Mastkälber.« Wunderbar ausgedrückt! Ich finde selten Christen, die vor Freude an ihrem Heiland »hüpfen wie die Mastkälber«. Woran liegt das denn, daß wir das nicht können? Das liegt daran, daß wir gar keine richtigen Christen sind! Ich denke an meine liebe Mutter. Bei ihr war etwas zu sehen von dieser unbändigen Freude am Herrn. Und ich denke an viele andere, die ich als fröhliche Christen kennengelernt habe. Und wenn ich alt und älter werde, ich möchte auch die Freude am Herrn immer mehr erfahren. Ja, dazu muß man aber auch ernst machen mit dem Christenstand und nicht nur ein bißchen Christentum haben!

So, dies ist die eine Seite des Christenstandes. »Ist Christenstand Privatsache?« Ja, Christenstand ist höchst privat!

Aber jetzt kommt die andere Seite des Fünfmarkstückes dran. Zugleich hat ein richtiger, lebendiger Christenstand eine Seite, die sehr öffentlich ist, die jeder sehen kann.

2. Christenstand ist eine öffentliche Angelegenheit

Die öffentliche Seite des Christenstandes besteht zunächst darin, daß man sich anschließt an die Gemeinschaft der Christen. Das ist sehr wichtig, was ich jetzt sage: Rechte Christen schließen sich an solche an, die auch selig werden wollen!

Jeden Sonntag ist Gottesdienst. Warum sind Sie nicht dabei? »Ja«, antworten Sie, »Ich höre den Radio-Gottesdienst.« An dieser Stelle will ich nichts von den Kranken sagen. Die mögen sich erfreuen am Radio-Gottesdienst. Aber Ihr Christenstand ist ganz kümmerlich, wenn es Sie nicht in den richtigen Gottesdienst, in die Versammlung der Christen zieht! Das gehört dazu.

Um das Jahr 300 nach Christi Geburt – es ist also sehr lange her – saß auf dem Kaiserthron des großen römischen Reiches ein wundervoller Mann: Diokletian. Er war Sklave gewesen, wurde später freigelassen und hatte sich hochgeschafft, bis er Kaiser des großen römischen Reiches war. Damals war das Christentum schon weit verbreitet. Der Kaiser Diokletian wußte wohl, daß seine Vorgänger die Christen verfolgt hatten. Er sagte sich aber: »So dumm bin ich nicht, daß ich die besten Leute verfolge. Die sollen glauben, was sie wollen. Bei mir kann jeder die Religion haben, die er will.« Das war für einen Kaiser ein seltener, aber ganz guter Standpunkt, denn die Fürsten wollen immer gern auch die Gewissen regieren. Nun hatte der Kaiser Diokletian einen jüngeren Mitregenten namens Galerius. Der sollte einmal sein Nachfolger werden. Und dieser Galerius hat eines Tages etwa so zu Diokletian gesagt: »Hör mal, Diokletian. Das gibt ein großes Durcheinander, wenn die Christen überhandnehmen. Die reden nämlich dauernd von ihrem König Jesus. Wir müssen etwas gegen sie unternehmen!« »Ach!« hat Diokletian erwidert, »laß mich in Ruhe damit! Seit 250 Jahren verfolgen meine Vorgänger die Christen und sind nicht fertig geworden mit ihnen. Da fange ich erst gar nicht damit an.« Und das war klug von dem Mann. Aber Galerius hat immer wieder gebohrt: »Ja, aber die Christen sind so etwas Besonderes. Sie sagen, sie hätten den Heiligen Geist, den die anderen nicht hätten, und sie würden selig, die andern aber nicht. Das sind hochmütige Leute. Du mußt etwas dagegen tun!« Doch Diokletian hat erneute Christenverfolgungen abgelehnt. Aber dieser Galerius lag ihm länger in den Ohren, als ich erzählen kann. Und schließlich wurde Diokletian weich und erklärte: »Gut, dann wollen wir nur die christlichen Versammlungen verbieten.« So wurde ein Dekret erlassen: »Es kann jeder, der will, Christ sein. Nur sollen die Christen keine Versammlungen halten. Das wird bei Todesstrafe verboten.« Für sich durfte jeder Christ sein, sozusagen als Privatsache, aber sie durften sich nicht versammeln! Da kamen die Ältesten der Christenheit zusammen und berieten: »Was tun? Sollen wir nicht lieber nachgeben? Es kann ja jeder in seinem Haus machen, was er will. Da tut ihm ja keiner etwas.« Und nun ist es sehr interessant, daß diese Christen aus der Verfolgungszeit gesagt haben: »Daß man zusammenkommt zum Beten, Singen, Predigen, Hören und Opfern, das gehört einfach zum Christenstand. Wir machen weiter!« Dann haben sie sich weiterhin versammelt in der Gemeinde. Doch Galerius triumphierte: »Siehst du, Diokletian! Sie sind Staatsfeinde! Sie können nicht gehorchen!« Und dann brach eine der grausamsten Christenverfolgungen an. Viele haben nachgegeben und gesagt: »Man kann ja auch zu Hause ein Christ sein! Wir gehen nicht in die Versammlungen!« – und haben ihr Leben gerettet. Die Christengemeinde aber sagte: »Das sind Abgefallene. Wer nicht zur christlichen Versammlung geht, ist abgefallen!«

Das muß man den heutigen Christen mal sagen. Es gibt viele solche Abgefallene in der heutigen Christenheit! Die Christen von damals haben recht gehabt, wenn sie sich dem Dekret des Kaisers widersetzten! In der Bibel steht ganz klar: »Laßt uns nicht verlassen unsere Versammlungen, wie etliche pflegen!« Heute müßten wir sagen: ». . . wie fast alle pflegen.« Und darum bitte ich alle unter uns, die selig werden wollen: Schließen Sie sich an die an, die mit Ernst Christen sein wollen!

Es gibt viele Möglichkeiten, Anschluß zu finden. Es gibt die Kirchengemeinde. Es gibt Hausbibelkreise. Es gibt die Gemeinschaftsbewegung. Es gibt Jugendkreise. Ich bitte Sie herzlich: Suchen Sie Gemeinschaft! Mir sagte mal ein Franzose: »Der eine ißt gerne Heringe, und der andere geht gerne in die Kirche.« Nein, so ist es nicht! Es ist viel ernster: Der eine geht zur Hölle, und der andere schließt sich an die Christen an. So ist es! Und wenn Sie wirklich in die Nachfolge Jesu treten wollen, dann gehen Sie zu Ihrem Pfarrer und fragen Sie ihn: »Wo kann ich mich anschließen? Wo kann ich mehr von Jesus hören?« Und gehen Sie dahin, wo Sie wirklich vom Heiland hören! Es kann keiner sagen: »Bei uns ist nichts los!« Es gibt überall Leute, die den Herrn Jesus liebhaben. Das sind vielleicht wenige. Das sind vielleicht oft auch wunderliche Leute. Aber Ihr Christenstand ist tot, wenn Sie nicht an der Gemeinschaft der Christen teilhaben!

Zum rechten Zusammenkommen von Christen gehören immer vier Stücke. Erstens das Singen. Zweitens das Hören. Drittens das Beten. Und viertens das Opfern. Das gehört zu einer christlichen Versammlung. Das haben die ersten Christen schon getan. Das sind Lebensäußerungen eines Lebens aus Gott.

Es gibt nur ein Christentum, wo man mit den anderen zusammenkommt. In der Bibel steht sogar: »Wir wissen, daß wir vom Tode zum Leben gekommen sind, denn wir lieben die Brüder.« Das heißt doch: Wen es nicht zu den anderen Christen hinzieht, der ist noch geistlich tot!

Ich vergesse nicht den wundervollen Anfang in meinem ersten Pfarramt in Bielefeld, wo ich als Hilfsprediger in einem Bezirk diente. Zum Gottesdienst fanden sich nur wenige in einem Kirchsaal zusammen. Aber dann gab es Gott, daß ich eines Samstagsabends im roten Volkshaus eine Aussprache hatte mit den Genossen, mit den Freidenkern, bis nachts ein Uhr. Um ein Uhr warf uns der Wirt aus dem roten Volkshaus hinaus auf die Straße. Es regnete. Zum erstenmal hatte ich etwa hundert Männer, Fabrikarbeiter meines Bezirks, um mich versammelt. Wir standen unter einer Laterne. Die Männer fragten, und ich antwortete. Wir sprachen längst von Jesus, daß er aus der anderen Welt gekommen ist. Wir hatten längst davon geredet, daß sie unglücklich sind, daß es nicht wahr ist, daß sie keine Sünden haben, daß sie im Grunde wohl glauben, daß es eine Ewigkeit und ein Gericht Gottes gibt. Um zwei Uhr sagte ich: »Jetzt gehe ich heim, ihr Männer. Morgen früh um halb zehn habe ich Gottesdienst. Ich weiß, daß ihr ja gern kommen würdet, wenn nicht einer vor dem andern Angst hätte.« Es waren Westfalen. Vor mir stand der Arbeiter B. Etwa 35 Jahre alt war er damals und ein richtiger Westfale. »Ich habe Angst?« entgegnete er. »Keine Rede!« Ich erwiderte: »Mann, sei doch ruhig! Da würde es am Montag in der Fabrik aber losgehen, wenn du am Sonntag in die Kirche laufen würdest. Und davor hast du Angst!« »Ich habe keine Angst!« erklärte er nochmals. Ich sagte noch einmal: »Mann, du kämst ja so gerne, aber . . .« »Gut!« sagte er, »ich komme morgen früh – mit dem Gesangbuch unterm Arm!« Und am Sonntagmorgen – also ein paar Stunden später – marschiert dieser Westfale mit seinem Gesangbuch durch die Straßen und kommt in den Gottesdienst. Es kannte sich jeder in dem Viertel. Am Montagabend kommt er zu mir und sagt: »Sie haben recht. In der Fabrik haben sie sich mächtig aufgeregt, daß ich in die Kirche gegangen bin. Und da habe ich gemerkt, was das für ein Terror ist: Wir schreien von Freiheit und sind doch jämmerliche Knechte der Menschen. Ich habe ihnen alles hingeschmissen, auch ihr Freidenkerbuch. Sagen Sie mir jetzt mehr von Jesus!« Das wurde mein erster, der sich klar bekehrte.

Verstehen Sie: Das fing damit an, daß er in den Gottesdienst ging zu dem armen kleinen Gemeindlein. Als einer standhielt, kamen auch andere nach. Da war eine Bresche geschlagen. Gott gab dann noch viel Leben. Aber es war mir damals interessant, daß für diese Arbeiter die Entscheidung damit fiel, daß sie zu uns kamen – in die Gemeinschaft der Christen.

Ich beschwöre Sie um Ihrer Seelen Seligkeit willen – ich bin nicht Propagandist für die Kirche und die Pfarrer oder die Gemeinschaften und deren leitende Brüder, sondern es geht in erster Linie um Ihr Seligwerden –: Schließen Sie sich der Gemeinschaft von Christen an!

Und das zweite, was zur öffentlichen Seite eines richtigen Christenstandes gehört, ist, daß man das, was man in Jesus hat, auch mit dem Munde bekennt.

Wir sind in Deutschland in eine verrückte Situation gekommen. Man denkt: »Ich bezahle meine Kirchensteuer, und damit wird die Verbreitung des Evangeliums dem Pfarrer übertragen. Mich geht's nichts mehr an.« Manchmal wünsche ich mir, die ganze blödsinnige Kirchensteuerzahlerei hörte auf, damit die Christen, die Jünger und Jüngerinnen Jesu, wüßten: Das ist nicht nur Sache des Pfarrers, sondern auch unsere, daß Jesu Name bekannt wird da, wo wir stehen: im Betrieb, im Büro, in der Schule. Haben Sie schon mal bekannt: »Es ist wahr, daß Jesus lebt! Es ist Sünde, daß wir fluchen! Es ist eine Schande vor Gott, daß hier Zoten erzählt werden!«? Haben Sie schon mal bezeugt: »Ich gehöre Jesus!«? Da würden die Leute aufhorchen. Und ich will Ihnen etwas sagen: Solange wir nicht den Mut haben, unseren Heiland zu bekennen, solange sind wir überhaupt keine rechten Christen!

Jesus sagt – hören Sie gut zu –: »Wer mich bekennt vor den Menschen, den will ich auch bekennen vor meinem himmlischen Vater. Wer mich aber verleugnet vor den Menschen, den will ich auch verleugnen vor meinem himmlischen Vater.«

Das wird schrecklich sein, wenn einst am Tage des Gerichts Christenleute auftreten und sagen: »Herr Jesus! Ich habe auch an dich geglaubt!« – und Jesus sagt zum Vater: »Ich kenne sie nicht!« »Herr Jesus, ich war doch . . .« »Ich kenne dich nicht! Dein Nachbar hat nicht gewußt, daß er zur Hölle läuft! Du hast ihn nie gewarnt, obwohl du selber den Weg zum Leben wußtest. Du hast geschwiegen in sämtlichen Sprachen der Welt, wenn es hieß, mal den Mund aufzutun und deinen Heiland zu bekennen!« Dann erwidern Sie vielleicht: »Ja, aber ich war selber so schwach im Glauben!« Und dann wird der Herr Jesus antworten: »Dann hättest du deinen schwachen Glauben bekennen können! Auch der schwache Glaube hat einen starken Heiland! Im übrigen brauchtest du nicht deinen Glauben zu bekennen, sondern mich! Ich kenne dich nicht!« – »Wer mich bekennt vor den Menschen, den will ich auch bekennen vor meinem himmlischen Vater. Wer mich aber verleugnet vor den Menschen, den will ich auch verleugnen vor meinem himmlischen Vater.« Das sagt Jesus. Und er lügt nicht! Wann werden wir wieder Mut kriegen, den Mund aufzumachen?

Ich muß noch mal eine Geschichte erzählen: Ich sprach vor ein paar Wochen in einer Stadt des Ruhrgebiets. Die Vorträge waren arrangiert worden von einem jungen Kraftfahrzeugmeister, meinem Freund Gustav. Dieser Gustav ist deshalb ein fröhlicher und vollmächtiger Zeuge Jesu geworden, weil er im entscheidenden Augenblick gelernt hat, Jesus zu bekennen. Da ist er am Montagmorgen in der Werkstatt. Und dann erzählt jeder, was er Schändliches getrieben hat am Sonntag. Der eine sagt: »Wir haben uns besoffen, daß das Bier aus den Augen geronnen ist!« Und der andere erzählt Mädchengeschichten. »Und wo warst du, Gustav?« fragt man. Er war damals noch Lehrling. »Ich war morgens im Gottesdienst«, antwortet er. »Und nachmittags war ich im Jugendkreis des Weigle-Hauses bei Pastor Busch.« Da geht ein doller Spott an, und der kleine Lehrling steht ganz dämlich da. Auf einmal packt ihn, während alle, Gesellen und Meister, über ihn herfallen, eine Mordswut, und er denkt: »Warum darf man Schändlichkeiten in der Christenheit laut bekennen und seinen Heiland nicht?!« Und in diesem Augenblick entschloß er sich, die Werkstatt für Jesus zu erobern. Er fing an bei seinen Mitlehrlingen und sagte zu den einzelnen: »Du gehst zur Hölle!

Komm, geh mit ins Weigle-Haus in unseren Jugendkreis. Da hörst du von Jesus!« Als er nach der Meisterprüfung ausschied, war die Werkstatt verändert! Ich habe mich selber davon überzeugt. Sämtliche Lehrlinge waren in unserem Jugendkreis. Drei von den Gesellen waren im CVJM. In der Werkstatt wagte es keiner mehr, eine Zote zu erzählen. Wenn ein Neuer eintrat und dreckige Reden führen wollte, dann warnte man ihn: »Halt den Mund, Mensch, der Gustav kommt!« Sie hatten Respekt vor ihm bekommen. Heute hat er eine wundervolle Stelle und leitet eine große Kraftfahrzeugwerkstatt. Gott hat ihn gesegnet, auch äußerlich.

Ich frage noch einmal: Wo sind endlich die Christen, die den Mut haben, wieder den Mund aufzutun und ihren Herrn zu bekennen?! In dem Maß, wie wir es tun, wachsen wir innerlich!

Ist Christenstand Privatsache? Nein! Wir sind der Welt das Zeugnis von Jesus schuldig! Hören Sie auf mit Ihrem armseligen Schweigen! Jesus kennt Sie sonst am Jüngsten Tage nicht!

Als im Dritten Reich meine jungen Leute haufenweise als 16-, 17jährige eingezogen wurden, habe ich ihnen jedesmal eine kleine Bibel geschenkt und ihnen gesagt: »Paßt auf! Wenn ihr in den Arbeitsdienst kommt, dann legt gleich am ersten Abend die Bibel auf den Tisch, schlagt sie öffentlich auf und lest darin. Dann gibt's einen Mordsknall. Aber am zweiten Tag seid ihr durch. Wenn ihr's nicht am ersten Tage tut, kommt ihr nie zu Rande.« Und die Kerle haben das gemacht. Am ersten Tag kam die Bibel auf den Tisch! »Was liest du da?« »Die Bibel!« Das war jedesmal eine Handgranate, denn in der deutschen Christenheit darf jeder jeden Dreck lesen, nur die Bibel nicht. Und dann geschah es bei meinem Freund Päule – er ist leider gefallen –, daß am nächsten Morgen, als er seinen Spind aufschließt, seine Bibel weg ist. Er schaut sich um. Einer grinst. Dann grinsen die anderen auch. »Habt ihr mir meine Bibel gestohlen?« fragt er. »Mmmh –« »Wo habt ihr meine Bibel?« »Die hat der Oberfeldmeister!« Da weiß er: »Jetzt geht es hart auf hart.« Nach dem Dienst geht er abends für sich in eine stille Ecke und betet: »Herr Jesus, ich stehe ganz allein. Ich bin erst 17 Jahre alt. Ich bitte dich, laß mich jetzt nicht im Stich! Hilf mir, daß ich dich bekennen kann!« Dann geht er zum Oberfeldmeister und klopft an. »Herein!« Der Oberfeldmeister sitzt am Schreibtisch. Auf dem Schreibtisch liegt Päules Bibel. »Was willst du?« »Bitte Herrn Oberfeldmeister, mir meine Bibel wiederzugeben. Sie ist mein Eigentum.« »Ah!« Er nimmt die Bibel und blättert: »So, dir gehört die?! Weißt du nicht, daß das ein sehr gefährliches Buch ist?« »Jawohl, Herr Oberfeldmeister, das weiß ich. Die Bibel ist sogar gefährlich, wenn sie im Spind eingeschlossen ist. Sogar dann schafft sie Beunruhigung.« Bum! Der Oberfeldmeister richtet sich auf: »Setz dich mal!« Und dann gesteht er: »Ich wollte auch mal Theologie studieren.« »Dann ist Herr Oberfeldmeister vom Glauben abgefallen?« fragt Päule. Und dann gibt es ein herrliches Gespräch, in dessen Verlauf ein Mann von vielleicht 40 Jahren einem 17jährigen Jungen sagt: »Ich bin im Grunde todunglücklich. Aber ich kann nicht zurück, ich würde zu viel aufgeben müssen.« Und der Junge antwortet: »Armer Oberfeldmeister! Aber Jesus wäre jedes Opfer wert!« Der Oberfeldmeister entläßt den Jungen mit den Worten: »Du bist ein glücklicher Mensch!« »Jawohl, Herr Oberfeldmeister!« bestätigte Päule – und zieht mit seiner Bibel ab. Und keiner sagte im Lager mehr ein Wort!

Ach, wo sind die Christen, die den Mut haben, zu ihrer Sache zu stehen?!

Ist Christenstand Privatsache? Ja! Wiedergeburt und Glaubensleben spielen sich im innersten Kämmerlein des Herzens ab!

Ist Christenstand Privatsache? Nein! Christen schließen sich zusammen zu Gemeinschaften, zum Gottesdienst, zu Hausbibelkreisen, zu Jugendkreisen, zu Frauenkreisen, zu Männerkreisen. Christen machen den Mund auf und bekennen ihren Herrn. Die Welt soll es merken, daß Gott in Jesus ein Feuer angezündet hat!

Wann geht die Welt unter?

Vor einiger Zeit hatte ich ein Gespräch mit einem Mann aus der Industrie. Er klopfte mir auf die Schulter und sagte: »Herr Pfarrer, das ist eine schöne Sache, daß Sie die Jungen zum Guten anhalten!« Darauf habe ich ihm geantwortet: »Wenn ich ganz ehrlich sein soll, dann muß ich sagen, daß ich mir davon nicht viel verspreche. In der Bibel steht, daß das Menschenherz böse ist von Jugend auf. Und da helfen, glaube ich, Ermahnungen nicht allzu viel. Ich möchte etwas ganz anderes.« »So, was wollen Sie denn?« »Ich möchte gern, daß diese Jungen Eigentum des Herrn Jesu werden und in Zeit und Ewigkeit Kinder Gottes sind!« erkläre ich ihm. »Ach«, entgegnet er darauf, »Herr Pfarrer, was sind das für Worte! Wir wollen doch mit den Beinen auf dem Boden bleiben!« Ein gutes Wort, nicht? »Wir wollen doch mit den Beinen auf dem Boden bleiben!« Da habe ich laut gelacht und gefragt: »Auf welchem Boden wollen Sie denn eigentlich bleiben, mein lieber Herr Direktor? Haben Sie denn noch gar nicht bemerkt, daß der Boden unter unseren Füßen seit langem wackelt?«

Ich glaube, man braucht nicht einmal Direktor in der Industrie zu sein, um merken zu können, daß der Boden unter unseren Füßen höchst unsicher geworden ist. Das ist die Angst, die über den Menschen von heute liegt: Alle möchten gern Sicherheit, aber jeder fühlt, daß sie nirgends ist. Der eine legt ein Bankkonto in der Schweiz an, der andere baut sich bereits einen Bunker in Bolivien. Irgendwo wird doch Sicherheit sein! Und wir fühlen doch alle: Es ist letztlich keine Sicherheit da! So ist natürlich in unserer Zeit die Frage wieder mächtig hochgekommen: »Wie geht's weiter mit der Welt?« Ja, es ist geradezu ein Zeichen unserer Zeit, daß wir wieder fragen: »Wann geht die Welt unter?«

Vor wenigen Jahren erschien von dem bekannten Schweizer Dichter Dürrenmatt das Schauspiel »Die Physiker«. Das Stück endet damit, daß einer der Physiker die ganz dunkle Prognose stellt: Es ist nicht aufzuhalten, daß die Menschheit eines Tages Atombomben wirft und sich selber ausrottet. Und dann heißt es wörtlich: »Und irgendwo kreist dann immerzu und sinnlos die radioaktive Erde.« Man sieht es förmlich vor sich, wie die ausgestorbene, zerstörte Erde sinnlos durchs

Weltall kreist. Es ist schon des Aufmerkens wert, wenn ein moderner Dichter so brutal vom Weltuntergang spricht. Aber ich glaube nicht, daß es so ausgeht, daß irgendwo die radioaktive Erde durchs Weltall kreist. Wenn ich das dem Dichter Dürrenmatt sagen würde und er würde fragen: »Warum glauben Sie das nicht? Es ist doch am Tage, daß es so kommen wird!«, müßte ich ihm erklären: »Weil es in der Bibel anders steht. Der Herr Jesus hat gesagt: ›Das Menschengeschlecht wird nicht vergehen bis zum Ende.‹ Also geht es nicht so aus, wie Sie es meinen, auch wenn es sehr naheliegend ist!«

Es ist natürlich die Frage, wem wir eigentlich bei den Zukunftsprognosen glauben wollen.

Es gibt zwei illegale Methoden, um sich über die Zukunft zu vergewissern.

Die eine Methode ist die, die Joseph Goebbels großartig beherrschte. Sie besteht darin, daß ich mir einfach über die Zukunft etwas ausdenke. Ich höre ihn noch sagen: »In fünf Jahren werden die deutschen Städte schöner als je vorher dastehen.« Die Methode besteht also darin, daß ich meine eigenen Wunschbilder auf den Nebel, der die Zukunft verhüllt, projiziere. Meister in dieser Methode sind die sogenannten »Zeugen Jehovas«. Die Älteren unter uns erinnern sich noch: Im Jahre 1925 hingen an allen Straßenecken Plakate: »Millionen jetzt lebender Menschen werden nicht sterben.« Dieses Schlagwort stammte von den »Ernsten Bibelforschern«. Und dann ist gestorben worden wie nie zuvor in der Weltgeschichte. Man hatte sich einfach etwas Schönes über die Zukunft ausgedacht. Später änderten sie ihren Namen um in »Zeugen Jehovas«. Und nun denken sie sich wahrscheinlich wieder etwas aus.

Die andere illegale Methode ist, daß man sich von Wahrsagern beraten läßt. Davon verstehe ich gar nichts. Und ich möchte auch davon gar nichts verstehen, vom Wahrsagen, Spiritismus, Pendeln und Kartenlegen und Horoskop und was weiß ich alles. Ich möchte Ihnen sagen, warum ich darüber nicht Bescheid wissen möchte. In meiner Bibel steht ein paarmal etwa so: »So spricht der Herr: Wer die Wahrsager, Zeichendeuter, Sterndeuter befragt, dessen Seele soll ausgerottet werden aus meinem Volke.« Da ich aber ungeheuren Wert darauf lege, zu Gottes Volk zu gehören und selig zu werden, werde ich mich hüten, mich mit diesen Dingen einzulassen.

Und sollten Sie sich mit solchen Sachen eingelassen haben, so bitte ich Sie um Ihrer Seelen Seligkeit willen: Gehen Sie in die Stille, rufen Sie Jesus an, bekennen Sie diese Sünde und bitten Sie um Vergebung!

Ich habe mich entschlossen, dem Worte Gottes in der Bibel zu trauen. Denn es ist erstens einleuchtend, es trägt das Siegel der Wahrheit an der Stirn. Und zweitens haben die Männer der Bibel gesagt: »So spricht der Herr!« Es gibt also einen richtigen Weg, etwas über die Zukunft zu erfahren: Die Bibel redet mit uns über die Zukunft.

Als der letzte Krieg auf seinen Höhepunkt kam, erhielt ich von der Geheimen Staatspolizei ein Redeverbot. Ich durfte nicht mehr reisen, um Vorträge zu halten. Nur noch in Essen war es mir erlaubt zu reden. Und wenn ich auch jeden Abend in der unter dem Bombenhagel untergehenden Stadt in irgendeinem Keller eine Bibelstunde hielt, so hatte ich doch viel Zeit. Die habe ich genutzt, um die Offenbarung des Johannes, das letzte Buch der Bibel, richtig zu studieren. Darüber ging mir auf: »Dieses Buch ist ja unheimlich aktuell!« Und ich habe mir vorgenommen, ein wenig von dem, was ich da gelernt habe, weiterzugeben.

Und nun möchte ich Ihnen zeigen, was die Bibel ganz präzise über die Zukunft sagt.

1. Jesus kommt wieder

Das sagt die Bibel ganz deutlich: Im Mittelpunkt aller Zukunftserwartung der Christen steht das große Ereignis, daß der verachtete Jesus Christus in Herrlichkeit wiederkommt!

Als er gen Himmel fuhr, standen seine Jünger da und schauten ihm nach, wie er in der anderen Dimension verschwand. »Eine Wolke nahm ihn weg«, heißt es. Und dann stehen plötzlich zwei Boten Gottes bei den Jüngern und sagen: »Dieser Jesus wird wiederkommen, wie ihr ihn habt gen Himmel fahren sehen!« Jesus kommt wieder! Aus der Dimension Gottes wird der Herr Jesus eines Tages in Herrlichkeit in unsere dreidimensionale Welt hereinbrechen! Das ist die Hoffnung der Christen.

Ich muß Ihnen jetzt einfach mal erzählen, wie mir diese etwas fremde Botschaft ganz hell wurde. Es ist jetzt etwa 35 Jahre her, daß ich als ganz junger Pfarrer in einen Bergarbeiter-Bezirk nach Essen kam. Unter etwa 12000 Bergleuten stand ich da als junger Bursche von 27 Jahren. Kein Mensch wollte etwas von meiner Botschaft wissen. Mitten im Bezirk war ein großer trostloser Platz, umgeben von Mietskasernen. An einer Ecke dieses Platzes war ein kleines Häuschen stehen geblieben. In diesem Häuschen hatte ich mir bald ein Sälchen eingerichtet, in dem ich eine Bibelstunde anfing. Es war schön, als die Leute allmählich kamen; ein paar Bergleute, Kommunisten und Freidenker, die mal hören wollten, was der »Pfaffe« wohl zu sagen hatte, ein paar Mütterchen; ein paar Kinder; zwei, drei junge Burschen. Doch komisch: Diese kleine Gemeinde, die sich hier bildete, die regte die ganze Menschheit des Bezirkes auf. Schließlich war es so, daß wir jedesmal gestört wurden. Einmal warfen sie uns die Fenster ein. Dann haben wir Läden davorgemacht. Ein andermal donnerten die Steine gegen diese Läden. Beim nächstenmal spielten sie vor der Tür, die direkt in den Saal führte, Fußball mit Blechdosen, daß man sein eigenes Wort nicht verstehen konnte. Mal machten sie Demonstrationen mit Schalmeien vor unserem Sälchen. Dann sangen sie draußen: »Es schrekket uns kein höh'res Wesen, / Kein Gott, kein Kaiser und Tribun, / Und uns erlösen, / Das können wir nur selber tun!« Und wir sangen drinnen: »Gott ist die Liebe, / Läßt mich erlösen!« Das waren noch Zeiten! Eines Tages war es ganz besonders schlimm. Es war, als seien wirklich die Hölle und der Teufel los. Und dann geschah das ganz Merkwürdige: Plötzlich kracht etwas gegen die Tür, etwas Schweres poltert zu Boden. Ich denke: »Jetzt haben sie eine Bombe geworfen!« Und dann höre ich, wie die Leute weglaufen. Uns steht das Herz still. Draußen ist es ganz ruhig geworden. Ich reiße die Tür auf und sehe: Da liegt, halb in einer Regenpfütze, ein großes, eisernes Kruzifix. Ich kenne es. Das hatten sie an einem katholischen Männerheim, das in der Nähe war, abgerissen und uns an die Tür geschmissen: »Da habt ihr euern Christus! In den Dreck mit ihm!« Es war ein dunkler Novemberabend. Es regnete. Und da lag das Bild des Kreuzes in der Pfütze. Ich stehe an diesem trostlosen Platz, umgeben von Mietskasernen und Zechentürmen. Hinter mir steht das kleine Gemeindlein, zitternd und bebend vor Angst. Und da liegt das Bild des gekreuzigten Heilandes in der Pfütze! Ich dachte: »Gott hätte tausendfältig Grund, diese Welt sich selber zu überlassen. Doch er tut es nicht! Er sendet seinen Sohn! Und dieser Sohn Gottes tut etwas Unerhörtes: Er nimmt unsere Schuld auf sich und läßt sich ans Kreuz schlagen. Anstatt daß der Mensch nun niederfällt vor diesem Heiland und ihn anbetet, nimmt er sein Bild und wirft's in die Pfütze. So spuckt der Mensch Gott in die ausgestreckte Hand!« Aber wissen Sie: Die haßten Jesus wenigstens noch! Doch die Bürger unserer Tage hassen ihn nicht mal mehr. Sie werfen sein Kreuz gewissermaßen mit ihrer völligen Gleichgültigkeit in die Pfütze! Ein dumpfer Zorn glühte in mir. Ich dachte: »Was wird Gott jetzt tun? Jetzt muß doch Feuer vom Himmel fallen!« Doch es fiel kein Feuer vom Himmel. Der Regen rauschte. Und das Bild des gekreuzigten Heilandes lag in der Pfütze. Von ferne hörte ich ein höhnisches Lachen. Da lachten sie mich aus. Aber dann fiel mir auf einmal ein: »So wird es nicht bleiben, daß der Sohn Gottes, der für die Welt gestorben ist, so verachtet ist. So wird es nicht bleiben! ›Er will hier seine Macht und Majestät verhüllen.‹ Aber es kommt der Tag – und das ist völlig folgerichtig –, daß diese Welt, die ihn verachtet, sehen muß, daß er die einzige Chance für uns Menschen war und daß er der König der Welt ist. Er wird wiederkommen in Herrlichkeit!« Als ich da an dem Regenabend zwischen meinem Gemeindlein, dem trostlosen Platz und dem Kreuzesbild in der Pfütze stand und mich anschickte, in unser Sälchen zurückzugehen, da bin ich zum erstenmal richtig froh geworden an der Botschaft: Jesus kommt wieder! Ich trat an das Pult, schlug Matthäus 24 auf und las: ». . . und sie werden sehen kommen des Menschen Sohn in den Wolken des Himmels mit großer Kraft und Herrlichkeit.« Seitdem freue ich mich darauf.

Wissen Sie: Wenn ich so sehe, wie verachtet mein Heiland ist, der Heiland, der vom Tode errettet, der Sünde vergibt, der glücklich und selig macht, dann freue ich mich, daß der Tag kommt, wo der Mantel der Verachtung von ihm abfällt und er in Herrlichkeit wiederkommen wird!

In dem großen Clubhaus für Jungen in Essen, dem Weigle-Haus, fand ich, als ich dieses Jugendhaus zum erstenmal betrat, nur ein einziges Bild an der Wand. Im großen Saal, in dem sich viele hundert Jungen treffen, hing ein Bild vom wiederkommenden Herrn Jesus. Man sieht unten eine Stadt, darüber die Wolken und in den Wolken des Himmels ein weißes Pferd. Und darauf sitzt er, der König, und hebt die Hand, die durchbohrt ist am Kreuz. Da sagte ich meinem Vorgänger, dem Pfarrer Weigle: »Dies hast du als einziges Bild aufgehängt. Ist das nicht ein bißchen komisch für ein Jugendhaus? Da hätte ich aber etwas anderes hingehängt!« Darauf erklärte er: »Lieber Bruder Busch, die ganze Woche sind die Jungen in Büros, in Schulen, in Fabriken, in Bergwerken. Wenn sie dort den Herrn Jesus bekennen, dann bekommen sie nur Spott und Hohn zu hören. Und wenn sie nicht mitsündigen wollen, werden sie verlacht und angegriffen. Dann werden sie oft mutlos. Wenn sie hier sitzen, soll ihnen das Bild sagen: ›Daß Jesus siegt, bleibt ewig ausgemacht; / Sein wird die ganze Welt!‹«

Wie herrlich diese große Hoffnung ist, habe ich in meinem Leben erlebt. Da wurde ich während des Dritten Reiches in Darmstadt verhaftet, nachdem ich in einer großen Versammlung von Jesus geredet hatte. Ich saß im Auto neben dem SS-Kommissar. Um uns herum standen Hunderte von Menschen. Der SS-Mann am Steuer bekam Befehl: »Fahr los!« Da sprang der Motor nicht an. Es war bestimmt ein guter Wagen, aber der Motor sprang nicht an. »Fahr los, Mensch!« schrie der Kommissar. Ich saß hinten als Gefangener neben ihm. Der Motor springt nicht an. Und da geschieht es, daß in dieser erregten Menge ein junger Mann von der Kirchentreppe aus mit durchdringender Stimme über die Menge hin brüllt: »Daß Jesus siegt, bleibt ewig ausgemacht; / Sein wird die ganze Welt. / Denn alles ist nach seines Todes Nacht / In seine Hand gestellt. / Nachdem am Kreuz er ausgerungen, / Hat er zum Thron sich aufgeschwungen. / Ja, Jesus siegt!« Dann ist er wieder in der Menge verschwunden. Schließlich fährt das Auto an. Da sage ich dem Kommissar: »Sie armer Mensch! Ich bin doch auf der siegreichen Seite!« Er sackt zusammen und murmelt: »Ich war früher auch mal im Christlichen Verein Junger Männer.« »So«, sage ich, »und heute verhaften Sie die Christen?! Armer Mann, ich möchte nicht mit Ihnen tauschen!« So fuhren wir nach dem Gefängnis. Mir aber hatte sich der Ausblick auf die Wiederkunft Jesu geöffnet.

Je dunkler die Zeit wird, desto wichtiger ist die Erwartung der Wiederkunft Jesu.

Sehen Sie: Dieses Kommen Jesu in Herrlichkeit auf die Erde wird das dritte Kommen Jesu sein.

Er kam zum erstenmal, als er Mensch wurde. Da lag er als Kind in der Krippe in Bethlehem, geboren von Maria. Das feiern wir an Weihnachten, wenn wir überhaupt noch wissen, um was es geht: daß der Sohn Gottes Mensch geworden ist, um uns zu Kindern Gottes zu machen, um unser Bruder zu werden.

Das zweite Kommen Jesu geschieht im Geist – jetzt, heute. Er hat gesagt: »Siehe, ich stehe vor der Tür eures Herzens und klopfe an. So jemand meine Stimme hören wird und die Tür auftun, zu dem werde ich eingehen.« Wissen Sie, warum evangelisiert wird? Wir möchten dem Herrn Jesus helfen, daß er jetzt zu Ihnen kommen kann. In der Bibel steht: »Wie viele ihn aufnahmen, denen gab er Macht, Gottes Kinder zu werden.« Sie müssen Ihr Herz aufmachen!

Und zum drittenmal wird er kommen in Herrlichkeit, hier auf diese Erde. Sehen Sie: Das ist so folgerichtig. Wir haben dann alle Regierungssysteme durchgemacht: konstitutionelle Monarchie und absolute Monarchie, Präsidialdemokratie und Volksdemokratie, Diktatur und was weiß ich noch alles. Und wir werden gesehen haben, daß alle nicht viel taugen. Dann muß doch Jesus, mein König, noch her und zeigen, ob er regieren kann!

2. Was der Wiederkunft Jesu vorausgeht

Die Bibel sagt, daß die Weltgeschichte eine Zeitlang weitergeht durch Jahrhunderte. Aber dann beginnt fast unmerklich eine Zeit, in der gleichsam die Weltgeschichte sich ihrem Ende zuneigt. Ich will für diese Zeit einen Ausdruck gebrauchen, der nicht in der Bibel steht. Wir wollen diese Zeit *die letzte Zeit* nennen.

Die Bibel sagt: Es kommt eine Zeit globaler Ratlosigkeit, eine Zeit, in der die Probleme den Menschen über den Kopf wachsen. In dieser letzten Zeit kommen die Ratlosigkeit und die Hilflosigkeit des Menschen an den Tag. Der Herr Jesus selber hat vier Kennzeichen dieser letzten Zeit genannt.

Er sagt: Diese letzte Zeit ist gekennzeichnet durch politisches Chaos. Jesus drückt es so aus: »Ein Volk wird sich empören wider das andere und ein Königreich wider das andere.« Es hat noch nie eine Zeit gegeben, wo so viele hochbezahlte Diplomaten so viele kostspielige Konferenzen abgehalten haben wie in unserer Zeit. Und es hat noch nie eine Zeit gegeben, wo so sinnlos aufgerüstet wird mit dem Geld der

Völker wie in unseren Tagen. Mit dem, was die Atomrüstung kostet, könnte man Großstäde bauen und die Wohnungsnot beseitigen. Statt dessen sagt man: Wir müssen aufrüsten. Der kleinste Staat muß Atombomben haben! Und doch war die Friedenssehnsucht der Völker noch nie so groß. Wir wollen Frieden. Kein Mensch will den Krieg. Aber jeder rüstet wie irrsinnig. Daran wird das politische Chaos der letzten Zeit erkennbar.

Das zweite Kennzeichen, das Jesus nennt, ist die Ratlosigkeit auf wirtschaftlichem Gebiet. Jesus sagt: »Es wird Hungersnot und teure Zeit sein.« Es wächst genug auf der Erde, daß alle Menschen satt werden könnten. Und es hat noch nie so viele studierte Wirtschaftler gegeben wie heute. Noch nie gab es so eine komplizierte Weltwirtschaft wie heute. Trotzdem ist es nach den Berichten der UNO so, daß mehr als die Hälfte der Menschheit nicht satt wird. Sollte man nicht in einer so hochzivilisierten Gesellschaft, in der es genug Güter gibt, die Menschen sattmachen können? Aber es gelingt uns nicht. Die wirtschaftliche Ratlosigkeit wächst!

Das dritte Kennzeichen, das Jesus für die letzte Zeit, in der die Probleme den Menschen über den Kopf wachsen, nennt, ist das religiöse Chaos. Jesus drückt es so aus: »Man wird sagen: Siehe, hier ist Christus, da ist Christus.«

Vor kurzem steht ein junger Mann vor mir und sagt: »Was soll ich denn eigentlich noch glauben? Da gibt's römische Katholiken, griechische Katholiken, Reformierte, Lutheraner, Unierte, Methodisten, Baptisten, Heilsarmee, Pfingstgemeinde, Landeskirchliche Gemeinschaft, Zeugen Jehovas, Neuapostolische, Islam, Buddhismus usw. Was soll ich denn noch glauben?« Da habe ich gelacht und gesagt: »Junger Mann, nur getrost, es kommt noch schlimmer! So sagt's die Bibel.«

Dies ist ein Kennzeichen der letzten Zeit. Weil die Menschen sich nicht mehr am Worte Gottes orientieren, verwirrt der Teufel sie. Und Gott läßt es zu. »Hier ist Christus, da ist Christus!« Das religiöse Durcheinander ist fürchterlich. Wenn ich oft sehe, wie in den Großstädten die Menschen von einer Sensation religiöser Art zur andern laufen, dann wird mir angst und bange. Und ich möchte Ihnen gerade zwischendurch einmal sagen, daß auch kein Evangelist Sie selig machen kann. Wenn Sie den Heiland nicht selber finden, dann ist Ihnen in Ewigkeit nicht geholfen!

Es gibt noch ein viertes Kennzeichen dieser letzten Zeit: Das zerstreute Volk Israel soll wieder gesammelt werden in Palästina. Es gehört für mich zu den atemberaubenden Zeichen der Zeit, daß es einen Staat Israel gibt. Manche sagen, das ist noch kein Zeichen. Aber als ich neulich an der Schweizer Grenze halten mußte am Zoll und vor mir ein Auto stand mit dem Kennzeichen des Staates Israel, da habe ich denken müssen: »Biblische Verheißungen erfüllen sich! Die Autonummern proklamieren es!«

Mein Vater hat mir erzählt, daß man im Jahre 1899 den Juden als Heimstätte Madagaskar angeboten habe. Da haben die Juden gesagt: »Nein! Wir haben nur eine Verheißung: ins Land der Väter!« Die ganze Welt aber meinte: »Das kann doch nie passieren!« Heute aber gibt es einen Staat Israel.

Die letzte Zeit ist also dadurch gekennzeichnet, daß die Menschheit bei allem Fortschritt immer ratloser wird und ihre Probleme nicht mehr meistern kann. Die Ohnmacht des Menschen wird entlarvt. Wie lange diese letzte Zeit dauert, kann ich Ihnen nicht sagen. Die Bibel gibt uns keine Jahreszahlen. Sie mahnt uns aber: »Wachet!« Paulus sagt von den Jesus-Jüngern: »Wir sind nicht von denen, die da schlafen. Wir sind des Tages und nüchtern.«

Aber wenn diese Zeit der Ratlosigkeit auf die Höhe gekommen ist, dann kommt noch vor der Wiederkunft Jesu die Zeit des Antichristen, des Widerchristen. Diesen Zeitabschnitt möchte ich *die Endzeit* nennen. Wir erleben die Ratlosigkeit der letzten Zeit ja heute schon. Und diese Ratlosigkeit schreit nach dem starken Mann! Die Welt schreit ja jetzt schon nach dem starken Mann! Und wenn die Ratlosigkeit auf die Spitze gekommen ist, dann kommt der eine starke, große Mann, der sich der Welterlöser nennt. Er ist nicht Christus, er ist der Widerchristus.

Da taucht aus dem Völkermeer, so sagt die Bibel, ein Diktator auf und nimmt die Weltherrschaft in die Hand. Wir nennen ihn den Antichristen. Unter ihm wird noch einmal die Welt geeint. Dieser Abschnitt der Geschichte ist durch den Trotz des Menschen gekennzeichnet. Das ist der letzte Versuch der Welt, sich selbst mit Politik und Wirtschaftsprogrammen zu erlösen. Faszinierend schildert die Bibel diese letzte große Diktatur. Sie spricht davon in der Bildersprache. Man muß sich schon vom Heiligen Geist Licht schenken lassen, um sie zu verstehen. Ich will Ihnen sagen, wie die Bibel von dem Antichristen, diesem letzten Tyrannen, spricht. Da sagt der Seher Johannes: »Ich trat an den Sand des Meeres.« Auf einmal steigt aus dem Meer ein Tier, eine ungeheure Bestie mit vielen Köpfen und Diademen und einem Riesenmaul, das gewaltig lästert. Wie sollen wir dieses großartige Bild verstehen?

Das Meer ist ein Bild der Völkerwelt. Wer am Meer war, weiß, wie unruhig es ist, ja, daß es nie ruhig wird. Und so ist die Völkerwelt nie ruhig. Es braust immer. Der letzte Welterlöser steigt von unten aus der Völkerwelt herauf. All die großen Politiker der letzten Jahrzehnte sind schon als Erlöser aufgetreten. Sie kamen alle aus dem Völkermeer herauf: der kleine Korse Napoleon, der kleine Gefreite des Weltkrieges Adolf Hitler, der Schuhmacher Stalin. Sie alle sind Vorläufer des Antichristen. Sie kommen von unten. Und das Volk sagt beglückt: »Einer von uns!« Mein Erlöser Jesus Christus aber kommt nicht aus dem Völkermeer, sondern aus der Welt Gottes. Er ist der Sohn des lebendigen Gottes!

Der Antichrist wird ein Tier genannt. Was soll das bedeuten? Vom Menschen heißt es in der Bibel: »Gott schuf den Menschen ihm zum Bilde.« Je mehr ich Gott zugewandt bin, desto menschlicher bin ich. Je mehr der Mensch Gott den Rücken kehrt, desto bestialischer wird er. Der große Feind des Christentums, Nietzsche, sagt: »Der edelste Mensch ist die blonde Bestie.« Er hat das begriffen. Der Antichrist wird ein Mann sein, der völlig Gott abgesagt hat. Er hat Gott im Rücken und ist darum das Tier – die Bestie ohne Herz.

Er ist ein Tier »mit vielen Köpfen«. Was will das bedeuten? Das heißt: Er ist nicht dumm! Die Leute werden sagen: »Er hat Köpfchen!« Er hat ein »Löwenmaul«. Das heißt: Er wird die Welt mit Propaganda erfüllen. Wir haben schon so ein bißchen »Löwenmäulchen« gehört, wie es aus allen Lautsprechern tönte. O, ich kann mir das vorstellen, wenn der Antichrist kommt, wie da alles niedergewalzt wird von einer sinnlosen Propaganda! Und alles wird ihm zufallen, diesem letzten Versuch des Menschen, ohne seinen Erlöser, den Herrn Jesus, die Welt zu erlösen. Da soll der Mensch erlöst werden ohne Buße und Bekehrung. Und alle Fragen werden gelöst. Da werden die politischen Probleme gelöst, weil der Antichrist ein Weltreich schafft. Da werden die wirtschaftlichen Probleme gelöst. Alle bekommen ihre Lebensmittelkarten. Da werden die religiösen Probleme gelöst. »Ich bin der Erlöser der Welt«, sagt der Antichrist, »betet mich an!«

Es ist unheimlich zu sehen, wie unsere Zeit auf diese Endzeit zusteuert.

Und dann wird alle Welt dem Antichristen zufallen – nur die Christen werden sagen: »Wir beten dich nicht an!« Jeder muß ein Abzeichen an der Stirn tragen. Die Christen aber werden sagen: »Nein! Wir haben einen Heiland – und das ist Jesus!« Und dann geht eine Verfolgung an. Es gibt da ein Wort in der Bibel, das heißt so: »Wer dies Abzeichen nicht annimmt . . ., der darf nicht mehr kaufen noch verkaufen.« Dazu schrieb ein schwäbischer Ausleger namens Auberlen vor 150 Jahren: »Das verstehen wir nicht recht. Aber seine Zeit wird's uns verstehen lernen.« Und wir verstehen's schon. Wir kennen schon totale Staaten. Wir wissen, was das heißt: Ein solcher Mensch kriegt keine Zuzugsgenehmigung, keine Brotkarte, keinen Arbeitspaß. Der kann glauben, was er will. Aber er ist heimatlos und rechtlos. Das geschieht ja schon unter uns.

Als ich das las, war ich erschüttert und dachte: »Da gibt es Menschen, die meinen, die Bibel wäre überholt. Nicht die Bibel ist überholt. Unsere Weltanschauungen sind überholt. Die Bibel führt uns in die Zukunft.«

Der Antichrist wird alles dulden, nur nicht ein Bekenntnis zum wirklichen Erlöser, dem Herrn Jesus Christus. Und darum wird es noch einmal eine große Christenverfolgung geben.

Ich habe einmal meinen Kindern von diesen Dingen erzählt. Da fing meine kleine Tochter an zu weinen. »Kind«, fragte ich, »warum weinst du?« Darauf schluchzte sie: »Es kann doch jeden Tag losgehen.« »Ja«, sagte ich, »das kann's.« »Und wenn ich dann dem Heiland nicht die Treue halten kann, was dann?« Da habe ich ihr erklärt: »Das wäre sehr schrecklich. Aber du brauchst nur eins: Du mußt dich nur heute recht zu ihm halten!«

Diese Zeit kann morgen über uns hereinbrechen. Dann haben wir keine Chance mehr, Jesus zu finden. Dann gibt es keine Gottesdienste mehr. Dann werden die Glocken eingeschmolzen und verarbeitet zu Denkmälern für den Antichristen. Dann werden aus Kirchen Museen gemacht, in denen Photographien aus der Jugendzeit des Antichristen ausgestellt werden. Da werden Menschen in Ewigkeit schreien nach einem Trost. Aber weil sie den einzigen Tröster, Jesus, verworfen haben, gibt es dann keinen Tröster mehr. Ich las im Propheten Jeremia: »Da ihr mich verworfen habt, spricht der Herr, gibt es für euch keine Tröster mehr.« Der Mensch ist dann in seiner ganzen Trostlosigkeit den Menschen ausgeliefert. Ich glaube, die Christen werden glücklich zu preisen sein, auch wenn sie sterben müssen. Sie haben einen Tröster in dieser schrecklichen Zeit!

Mich hat es bewegt, daß Jesus sagt: »Die Menschen werden verschmachten vor Furcht und vor Warten der Dinge, die da kommen sollen.« Und die Offenbarung Johannes sagt: Der Antichrist wird die Welt mit Blechmusik und Fahnen erfüllen. Ich dachte: »Wie verhält sich das zueinander? Einerseits wird von Furcht und Warten gesprochen und dann doch von großen Erfolgen.« Seitdem ich aber das Jahr 1933 erlebt habe, weiß ich, daß die Welt mit Hurra und Blechmusik und Fahnen erfüllt sein kann – und doch voll Furcht und Warten der Dinge ist, die da kommen sollen.

Wenn aber der Antichrist auf der Höhe seiner Macht ist, wenn er triumphiert und meint, daß er Jesus ausgespielt hat, dann greift Gott ein: Jesus kommt in Herrlichkeit wieder! Vom Antichristen wird dann nicht mehr viel gesagt. Jesus wird ihn hinwegfegen mit dem Hauch seines Mundes!

Je dunkler die Zeiten werden, je mehr sich diese unheimlichen Linien von der Ratlosigkeit des Menschen und von dem antichristlichen Reich abzeichnen, desto mehr heben die Leute, die in der Bibel lesen, die Häupter in die Höhe. Sie erwarten die Wiederkunft Jesu!

3. Was nach der Wiederkunft Jesu kommt

Da zeichnet die Bibel noch ein paar große Linien. Sie sagt zuerst, daß Jesus tausend Jahre auf dieser Erde als König regieren wird. Das ist wahrscheinlich auch Bildersprache und bedeutet, daß Jesus eine lange Zeit regieren wird. Ich halte das alles für folgerichtig: Zuerst geschieht die Entlarvung der menschlichen Ratlosigkeit. Dann erfolgt der letzte Versuch des menschlichen Trotzes, die Welt zu erlösen. Und dann muß mein König regieren! Und er kann regieren! Gehen Sie doch mal in Häuser, wo Jesus regiert. Ja, es gibt heute schon Häuser, wo Jesus regiert. Da spüren Sie beim Eintreten schon: »Hier ist eine andere Atmosphäre!«

Ich habe mal ein junges Paar gekannt. Eines Tages saß er vor mir und sagte: »Ich möchte kapitulieren vor Gott. Ich war bisher ein Gottesleugner. Ich habe öffentlich gegen ihn geredet. Ich kann nicht mehr.« Und dann kam es heraus. Er war in seiner jungen Ehe gescheitert. Er erklärte: »Ich wollte mal der Welt zeigen, daß man auch ohne Gott eine glückliche Ehe führen kann.« Und nun war alles schiefgelaufen. Über der Leiche ihres ersten Kindes hatten sie sich geprügelt. Und jetzt bekannte er: »Gott ist gegen uns. Ich ziehe die weiße Fahne auf.« Die Beerdigung des Kindes, die ich dann hielt, war erschütternd. Hier der Sarg des Kindes. Da der Mann mit seiner Partei. Gegenüber die junge hübsche Frau, verbissen, mit ihrem Anhang. Zwei Welten, zwei Parteien – und dazwischen das tote Kind. Es hat dann mehr als ein Jahr gedauert, bis auch die Frau zum Glauben an den Herrn Jesus kam. Ich vergesse nicht, wie sie mir an einem Ostermorgen schrieb: »Er ist auch in meinem Herzen auferstanden!« Und dann haben sie beide noch einmal geheiratet, denn sie waren noch gar nicht richtig getraut. Und nun fingen sie noch einmal von vorne an. Es waren sehr selbständige und kluge Menschen. Aber jetzt wurde es wundervoll. Er begründete mir das mal so: »Sehen Sie: Bei uns ging vorher alles schief.« »Warum geht's denn jetzt?« fragte ich dazwischen. Darauf antwortete er strahlend: »Weil Jesus jetzt bei uns regiert! Jetzt sagt meine Frau nicht mehr: ›Ich regiere!‹ Und ich sage nicht mehr: ›Und ich regiere!‹ Sondern jetzt fragen wir: ›Was will Jesus? Und dann geht's!« Da ging mir auf: Wenn Jesus hier in Häusern schon so regiert, so schön, so gut, so herrlich, was wird das sein, wenn er König der Erde ist! Dieses Tausendjährige Reich wird etwas Wunderbares sein. Wissen Sie: Jesus als König! »O des Tags der Herrlichkeit, / Jesus Christus, du die Sonne«!

Nachdem Jesus regiert hat, wird diese glückliche Menschheit noch einmal auf eine Probe gestellt werden, ob die Herzen wirklich verwandelt sind. Da wird buchstäblich der Teufel los sein, und es wird offenbar werden, daß das Menschenherz sich im Grunde gar nicht gewandelt hat und daß die Menschheit sich gleichgeblieben ist. Die Bibel deutet nur noch an: Es kommt zu einem letzten Aufstand gegen Gott. Und dann kommt das Ende der Welt. Die Sonnensysteme zerbersten.

Himmel und Erde vergehen. Und dann heißt es: »Und ich sah einen großen weißen Thron, und darauf saß einer. Und ich sah die Toten, beide, klein und groß, stehen vor Gott. Und Bücher wurden aufgetan. Und wessen Name nicht geschrieben war im Buch des Lebens, der ward geworfen in den feurigen Pfuhl.«

Es fragte mich mal jemand: »Wo steht denn der Thron, wenn alles vergangen ist?« Darauf habe ich geantwortet: »Das laß mal deine Sorge nicht sein. Laß deine Sorge vielmehr sein, wie du vor diesem Thron stehen wirst!« Man kann verlorengehen. Ich möchte lieber, diese schreckliche Wahrheit stünde nicht in der Bibel. Aber es gibt diese schreckliche Möglichkeit in unserem Leben: Wir können ewig verlorengehen!

Ich muß dazu eine Geschichte erzählen. In einem schottischen Schloß war eine Gesellschaft versammelt. Das Gespräch kam aufs Christentum. Man saß um den Kamin, in dem ein offenes Feuer brannte. Und da sagt ein eleganter älterer Herr zur Herrin des Hauses: »Ich höre aus Ihren Worten, daß Sie Christin sind. Glauben Sie ernsthaft, was in der Bibel steht?« »Ja!« »Daß die Toten auferstehen?« »Ja!« »Und daß wir alle gerichtet werden?« »Ja!« »Und daß, wer nicht in dem Buch des Lebens steht, in die Hölle kommt?« »Ja, das glaube ich!« Da geht der Herr quer durch den Saal. In der Ecke hängt ein Käfig mit einem Wellensittich. Er nimmt den Wellensittich aus dem Käfig, geht auf den Kamin zu und schickt sich an, den Vogel ins Feuer zu werfen. Erschrocken fällt die Dame ihm in den Arm und sagt: »Was tun Sie!? Der arme Vogel!« Darauf lacht der Herr. »Hören Sie mal, Ihnen tut schon dieses arme Tier leid. Und Ihr sogenannter Gott der Liebe wirft Millionen Menschen in die Hölle. Komischer Gott der Liebe!« Einen Augenblick herrscht Stille, und dann sagt die Dame: »Sie irren sich! Gott wirft niemanden in die Hölle. Da laufen wir selber und freiwillig hinein. Gott will, daß allen Menschen geholfen werde!«

Die Bibel zeigt uns vom Weltgericht ein erschütterndes Bild. Wir sehen den Richtstuhl Gottes: »Und ich sah die Toten, beide, klein und groß, stehen vor Gott.«

Wie läuft der Mensch Sturm gegen diese Botschaft vom Gericht: »Das ist nicht wahr!« Einen meiner jungen Freunde fragte mal in der Fabrik einer: »Glaubst du wirklich ans Jüngste Gericht?« »Ja, da glaube ich dran.« Der andere spottete: »Paß doch mal auf! Wieviel Menschen leben jetzt? Und wie viele haben gelebt? Und jetzt stell dir mal vor, es soll jeder einzeln gerichtet werden. Denk mal, wie lange das dauert!« Darauf sagte der junge Mann nur: »Wenn die Stunde da ist, haben wir auch sehr viel Zeit. Es liegt ja nichts anderes mehr vor.«

Ja, Gott hat auch dann Zeit für uns. Hier zeigt Gott uns zum letztenmal, daß er uns ernst nimmt, indem er uns einzeln richtet. Gott hat uns gezeigt, daß er uns ernst nimmt, als sein Sohn für uns starb. Und wenn Sie Ihr Leben nicht ernst nehmen und es in Sünde und Leichtsinn wegwerfen – Gott nimmt Sie ernst! Das wird am Tage des Gerichts offenbar werden.

Die Zukunftsgeschichte der Bibel schließt so: »Und ich sah einen neuen Himmel und eine neue Erde, in denen Gerechtigkeit wohnt.« Und nun schildert die Bibel diese neue Welt mit surrealistischen Farben, in denen nur eins hervorleuchtet: Gott ist zum Ziel gekommen. Und die im Buch des Lebens stehen, bevölkern die neue Welt und werden ihm gleich sein, dem Sohne Gottes gleich sein. Eine Welt ohne Polizei, ohne Gefängnisse, ohne Gerichte, ohne Teufel, ohne Krieg, ohne Schmerzen, ohne Sünde, ohne Tod! Sie müssen das selber lesen, diese wundervollen Kapitel Offenbarung 21 und 22. Es sind surrealistische Bilder, die über unser Verstehen hinausgehen, denn wir kennen nur die Welt der Sünde und des Todes und des Leides. Ich möchte in dieser neuen Welt Gottes dabeisein! Sie nicht?

4. Entweder – oder!

Ich möchte noch einen Schlußstrich unter das Ganze ziehen. Sehen Sie: Je länger ich dieses Endbild der Bibel studiere, desto mehr packt es mich, daß es am Ende nur noch zweierlei Leute geben wird: Gerettete und Verlorene. Und wenn Sie sagen: »In der ganzen Welt kümmert sich doch kaum einer um Jesus!«, dann kann ich nur antworten: »Es kann sehr viele Verlorene geben!« Unsere Väter beteten vom Reich Gottes: »Kommen viele nicht hinein, / Laß mich unter wenig sein!« Es gibt am Ende nur Gerettete und Verlorene! Dazu lassen Sie mich noch etwas sagen.

Zuerst ein Wort zu den Verlorenen. Mein Freund Paul Humburg erzählte einmal: »Ich hatte einen Traum. Es war am Tage des Gerichts. Da hörte ich, wie Jesus die Verlorenen wegwies: ›Gehet hin, ihr Verfluchten!‹ So steht's in der Bibel! Und ich sah sie wegschleichen, geduckt, erschrocken, verzweifelt. Dann bemerkte ich, wie einer den andern fragte: ›Hast du's auch gesehen?‹ ›Ja‹, antwortete der, ›ich hab's auch gesehen: Die Hand, die uns wegwies, war durchbohrt! Sie war am Kreuz auch für uns durchbohrt, aber wir haben das für nichts geachtet. Und jetzt sind wir mit Recht verlorene Leute!‹«

Hören Sie: Er ist auch für Sie gestorben! Es ist ganz egal, was Sie glauben oder ob Sie gottlos sind, Sie sollen wissen: Jesus starb für Sie! Nun kommen Sie zu diesem Herrn! Und wenn Sie sagen: »Ich bin ein Sünder!«, dann kann ich Ihnen nur antworten: »Er sucht ja gerade Sünder! Es gibt ja gar keine anderen Leute!« Und wenn einer sagt, er sei gut, dann lügt er, daß die Balken sich biegen. Das sind die Verlorensten, die sagen, sie brauchen keinen Heiland. Die sind so verloren, daß sie gar nicht merken, wie verloren sie sind!

Und nun ein Wort zu den Geretteten. Sehen Sie: In der Schilderung der Bibel über die zukünftige Welt heißt es, daß die neue Hauptstadt Jerusalem zwölf riesige Edelsteine als Grundsteine hat. Und auf diesen zwölf Edelsteinen stehen die Namen der zwölf Apostel, der Zeugen des Evangeliums. Das habe ich mir mal vorgestellt. Da steht auf den Steinen »Petrus«, »Johannes«, »Jakobus«. Und auf einem dieser Steine steht auch »Matthäus«. Wissen Sie, wo der Matthäus herkam? Das war ein schrecklicher Schieber, Schwarzhändler und Gauner. Als er eines Tages bei seinem dreckigen Geschäft sitzt, kommt Jesus vorbei und ruft ihn in seine Nachfolge. Da ließ der Levi, so hieß er vorher, alles im Stich und ging mit Jesus. Er erlebt, wie der Heiland für ihn stirbt. Er erlebt, wie er aufersteht. Er erlebt, wie er zurückgeht in die unsichtbare Welt. Er erlebt, wie er den Heiligen Geist sendet.

Später sagen seine Freunde: »Du hast soviel erlebt mit Jesus, schreib das doch mal auf!« Und das hat er getan. So ist das Matthäus-Evangelium entstanden, das wir in der Bibel haben und durch das Millionen Menschen Jesus gefunden haben. Sein neuer Name »Matthäus« steht in der neuen Welt an prominenter Stelle, der Name dieses schmutzigen Kerls, den Jesus gerettet hat. So stark ist die Gnade Jesu Christi! So mächtig errettet sie!

Und diese Gnade will jetzt in Ihnen ihr Werk anfangen. Widerstreben Sie nicht! Es geht um Ihre Errettung – für Zeit und Ewigkeit.

Was hat man denn von einem Leben mit Gott?)*

Unser Thema heißt: »Was hat man denn von einem Leben mit Gott?« Wir könnten auch fragen: »Lohnt es sich, ein Christ zu sein?« Dazu muß ich Ihnen zunächst ein Bibelwort sagen. Im Epheserbrief heißt es: »Gelobt sei Gott und der Vater unseres Herrn Jesu Christi, der uns gesegnet hat mit allerlei geistlichem Segen in himmlischen Gütern durch Christus.« Dieses Wort spricht in wundervoller Weise von dem reichen Segen, den Christen durch Jesus haben. Aber bevor ich hierzu und damit zum Thema selber komme, muß ich erst einige Voraussetzungen klären. Das erste, was ich sagen möchte, ist:

1. Ein Leben mit Gott ist keine Illusion!

Ja, ein Leben mit Gott ist keine Einbildung, keine Illusion! Das will ich Ihnen klarmachen.

Als Pfarrer in der Großstadt hat man so allerhand interessante Begegnungen. Da treffe ich neulich einen jungen Mann und sage zu ihm: »Mensch, was könnte aus dir werden, wenn dein Leben Gott gehörte!« »Ach, Pastor Busch«, erklärt er, »bleiben Sie doch auf dem Teppich!« Kennen Sie den Ausdruck? Er wollte damit sagen: »Bleiben Sie mit den Beinen auf dem Boden! Es gibt ja gar keinen Gott!« Darauf ich: »Mann, das ist das Neuste, was ich höre!« Da sagt er: »Passen Sie mal auf! Wissen Sie: Die Menschen haben sich früher sehr hilflos gefühlt den Naturmächten gegenüber, und da haben sie sich gleichsam mächtige Kräfte vorgestellt, die ihnen helfen könnten. Die einen nannten es Allah, die andern Gott, die dritten Jehova, die vierten Buddha, die fünften . . ., was weiß ich. Aber inzwischen hat sich herausgestellt, daß das alles nur Einbildung war und daß der Himmel leer ist!« So hielt er mir eine schöne Rede, der junge Mann. Als er fertig war, habe ich ihm erwidert: »Ach, mein Lieber, du kennst ja Jesus nicht!« »Je-

*) Dies ist der letzte Vortrag von Pastor Busch, den er am 19. Juni 1966 in Saßnitz auf Rügen gehalten hat. Auf der Rückreise von diesem Evangelisationsdienst wurde er von Gott am 20. Juni 1966 heimgeholt.

sus?« fragt er. »Jesus – das ist doch auch einer von den vielen Religionsstiftern.« »Aber nein! Das ist ein Kurzschluß!« erkläre ich ihm. »Das ist ein schrecklicher Druckfehler, mein Lieber! Ich will dir sagen, wer Jesus ist. Seitdem ich Jesus kenne, weiß ich nämlich überhaupt erst, daß Gott lebt! Ohne Jesus wüßten wir nichts von Gott!« Und dann habe ich ihm deutlich gemacht, wer Jesus ist.

Wer ist Jesus? Ich möchte es auch Ihnen an einem Beispiel deutlich machen.

Sehen Sie: Ich habe in meinem Leben viel durchgemacht. So war ich auch öfters im Gefängnis, nicht, weil ich silberne Löffel gestohlen hätte, sondern um meines Glaubens willen. Im Dritten Reich liebten die Nazis keine Jugendpfarrer wie mich, und so wurde ich in schreckliche Gefängnisse gesperrt. Eine Haft brachte ich in einem besonders scheußlichen Gefängnis zu. Der ganze Bau war aus Beton, und die Wände waren so dünn, daß man hörte, wenn unten einer hustete oder wenn im dritten Stock einer aus dem Bett fiel. Ich saß in einem ganz schmalen Loch, als ich hörte, daß in die Zelle nebenan ein Neuer eingeliefert wurde, auch ein Gefangener der Geheimen Staatspolizei. Der Mann muß grauenvoll verzweifelt gewesen sein. Durch die dünne Wand hindurch hörte ich ihn nachts weinen. Ich hörte, wie er sich auf seiner Pritsche herumwälzte. Oft vernahm ich sein unterdrücktes Schluchzen. Es ist schrecklich, wenn ein Mann weint. Tagsüber durften wir nicht auf der Pritsche liegen. Dann merkte ich, wie er auf und ab ging, zweieinhalb Schritte hin, zweieinhalb Schritte her – wie ein Tier im Käfig lief er in seiner engen Zelle auf und ab. Manchmal hörte ich, wie er stöhnte. Und ich hatte den Frieden Gottes in meiner Zelle! Wissen Sie: Jesus war in meine Zelle gekommen! Und wenn ich hörte, wie der Mann nebenan verzweifelte, dachte ich daran: »Ich muß zu ihm! Ich muß mit ihm sprechen! Schließlich bin ich doch Seelsorger!« Dann habe ich nach dem Wärter geschellt. Der kam. Ich sagte: »Hören Sie! Nebenan ist ein Mann, der verzweifelt, der kommt um in seiner Verzweiflung! Ich bin Pfarrer, lassen Sie mich zu ihm. Ich möchte mal mit ihm reden!« Da antwortet er: »Ich will fragen.« Nach einer Stunde kam er zurück: »Ist nicht genehmigt! Abgelehnt!« So habe ich den Mann von nebenan weiterhin nie gesehen. Und er war doch nur eine Handbreit neben mir. Ich weiß nicht, wie er aussah, ob er alt oder jung war. Ich spürte nur seine entsetzliche Verzweiflung. Können Sie sich das vorstellen? Und da habe ich manchmal vor der Wand gestanden und gedacht: »Wenn ich doch jetzt diese Wand einreißen und zu dem Mann hinübergehen könnte!« Aber ich konnte diese Wand nicht einschlagen, hätte ich auch noch so sehr dagegen gehämmert.

Und nun passen Sie gut auf! In solch einer Situation, wie ich damals war, ist der lebendige Gott, der Schöpfer Himmels und der Erden. Wir sind eingeschlossen in die sichtbare dreidimensionale Welt. Gott ist ganz nahe. Die Bibel sagt: »Von allen Seiten umgibst du mich.« Gott ist eine Handbreit neben uns. Aber zwischen ihm und uns ist die Mauer einer anderen Dimension. Und nun dringt zum Ohr Gottes all der Jammer dieser Welt. Er hört das Fluchen der Verbitterten, das Weinen der einsamen Herzen, den Schmerz derer, die an Gräbern stehen, das Seufzen derer, die unter Ungerechtigkeit leiden. All das dringt zum Herzen Gottes, so wie die Verzweiflung des Mannes in der Zelle nebenan zu mir drang. Und nun denken Sie: Gott konnte das tun, was ich nicht konnte: Gott hat eines Tages die Mauer, die zwischen ihm und uns ist, eingeschlagen und ist hereingekommen in unsere sichtbare Welt – in seinem Sohne Jesus! Verstehen Sie: In Jesus, dem Sohne Gottes, kam Gott zu uns, in den ganzen Schmutz und Jammer dieser Welt! Und seitdem ich Jesus kennengelernt habe, weiß ich, daß Gott lebt. Ich pflege zu sagen: Seit Jesus gekommen ist, ist Gottesleugnung nur Unwissenheit.

Nun muß ich von diesem Jesus reden. Ich würde in meinen Vorträgen am liebsten nur Jesus-Geschichten erzählen, aber dann würden die Abende zu kurz sein für den großen und herrlichen Stoff. Also: Jesus wurde in Bethlehem geboren, wuchs auf und wurde ein Mann. Man sah ihm äußerlich nichts von der göttlichen Herrlichkeit an, und doch: Die Leute wurden angezogen von ihm. Sie spürten: In ihm kommt die Liebe und Gnade Gottes zu uns!

Das Land Kanaan, in dem Jesus damals als Glied des Volkes Israel lebte, war besetzt von fremden Truppen, nämlich von den Römern. In der Stadt Kapernaum war der Ortskommandant ein römischer Hauptmann. Wissen Sie: Die Römer glaubten im allgemeinen an viele Götter, aber in Wirklichkeit an gar keinen. Und diesem römischen Hauptmann in Kapernaum wird ein Mensch, der ihm sehr lieb ist, einer seiner Knechte, todkrank. Er hatte Ärzte geholt, aber keiner hatte helfen können. Es wird ihm klar: »Der stirbt mir!« Und dann fällt ihm ein: »Ich habe so viel von diesem Jesus erzählen hören. Ob der helfen kann? Ich gehe mal zu ihm hin!« So macht sich dieser völlig ungläubige, dieser heidnische Mann auf den Weg zu Jesus und bittet ihn: »Herr Jesus, mein Knecht ist krank. Kannst du ihn nicht gesund machen?« »Ja«, antwortet Jesus, »ich will mit dir gehen!« Darauf sagt der Hauptmann: »Ach, das ist doch gar nicht nötig, daß du mit mir gehst. Wenn ich einen Befehl gebe, dann wird der sofort ausgeführt. Du brauchst doch auch nur ein Wort zu sprechen, dann ist mein Knecht gesund.« Mit anderen Worten sagt dieser heidnische römische Hauptmann: »Du kannst Unmögliches möglich machen! Du bist Gott selber!« Da dreht sich Jesus um und erklärt: »Solchen Glauben habe ich in Israel nicht gefunden.« Das heißt: »Solchen Glauben wie bei diesem Atheisten habe ich in der ganzen Kirche nicht gefunden.« Verstehen Sie: Dieser heidnische Hauptmann begriff: In diesem Jesus ist Gott zu uns gekommen!

Sie müssen die Geschichten von Jesus kennen! Ich bitte Sie, ja, ich beschwöre Sie: Schaffen Sie sich ein Neues Testament an. Lesen Sie für sich das Johannes-Evangelium, dann die anderen Evangelien usw. Es sind wunderbare Geschichten von Jesus! Ich kenne keine Illustrierte, die so schöne Geschichten bringen könnte, wie sie im Neuen Testament stehen.

Jesus, der Sohn Gottes, war aber nicht nur dazu in die Welt gekommen, solch einen Knecht zu heilen, um zu dokumentieren und zu offenbaren, daß Gott existiert. Er wollte mehr. Er ist gekommen, daß Menschen Frieden mit Gott bekommen!

Sehen Sie: Zwischen Gott und uns steht nicht nur die Mauer der anderen Dimension. Zwischen Gott und Ihnen, zwischen Gott und mir erhebt sich noch eine ganz andere Mauer. Und das ist die Mauer unserer Schuld! Haben Sie schon mal gelogen? Ja? Damit haben Sie einen Stein aufgebaut zwischen Gott und sich! Haben Sie ohne Gott gelebt, einen Tag ohne Gebet? Ja? Wieder ein Stein mehr! Unreinigkeit, Ehebruch, Stehlen, Sonntagsentheiligung, auch die tausend kleinen Dinge, alle Übertretungen der Gebote: Jedesmal haben wir einen Stein hinzugefügt! Was haben wir alle miteinander an der Mauer gebaut, die die Menschen und Gott trennt! Gott aber ist ein heiliger Gott! Verstehen Sie: Wenn ich »Gott« sage, dann taucht unausweichlich die Frage meiner Sünde und Schuld auf. Diese Frage muß geklärt werden! Gott nimmt jede Sünde todernst! Ich kenne Leute, die meinen: »Wie muß Gott sich freuen, daß ich noch an ihn glaube!« Du liebe Zeit! Das genügt doch nicht! Der Teufel »glaubt auch an Gott«! Der ist bestimmt kein Atheist. Der weiß sehr wohl, daß Gott lebt. Aber er hat keinen Frieden mit Gott! Frieden mit Gott habe ich erst, wenn die Mauer meiner Sünde und Schuld zwischen Gott und mir weggetan ist. Und dazu ist Jesus gekommen! Er hat die Mauer unserer Schuld eingerissen! Dazu hat er sich für uns ans Kreuz schlagen lassen! Er wußte: Einer muß das Gericht des heiligen Gottes über die Sünde tragen – entweder die Menschen oder ich. Sie verstehen: Wilhelm Busch oder Jesus! Und dann hat er, der unschuldige Sohn des lebendigen Gottes, Jesus Christus, mein Gericht getragen! Und auch Ihr Gericht!

Jetzt möchte ich den Herrn Jesus am Kreuz vor Ihre Augen malen. Das ist mir das liebste Bild in der Welt. Da hängt der, durch den Gott die Wand eingehauen hat und in den Jammer der Welt gekommen ist. Da hängt der, von dem es in der Bibel heißt: »Gott warf unser aller Sünde auf ihn.« Da hängt der, der die ganzen Schuldsteine – unsere Sündensteine! – auf seinen Schultern trägt. Da hängt der, der das tut, was keiner von uns kann: Er räumt unsere Sündensteine weg! Sie müssen es in der Bibel selber lesen. Da am Kreuz wird's Tatsache: »Die Strafe liegt auf ihm, auf daß wir Frieden hätten.«

Lassen Sie es mich noch anders klarmachen: Ich habe einen lieben Freund in der Schweiz, mit dem ich wunderbare Reisen gemacht habe. Wenn wir dann irgendwo zusammen zu Mittag gegessen haben, dann kam die Rechnung. Und dann hieß es: »Einer muß bezahlen! Wer hat's größere Portemonnaie?« Selbstverständlich durfte ich dann sagen: »Hans, bezahl du schon mal! Leg's mal aus!« Aber Sie verstehen: Einer muß bezahlen! Für unsere Schuld vor Gott, für alle unsere Sünden und Übertretungen muß einer bezahlen! Entweder glauben Sie an Jesus, daß er für Sie bezahlt hat – oder Sie müssen selber einmal bezahlen! Aber für jede Schuld muß bezahlt werden! Sehen Sie: Darum ist mir Jesus so wichtig! An den klammere ich mich, weil er für mich bezahlt hat!

Und nun blieb dieser Jesus nicht im Tod. Nein! Und das ist

wunderbar! Drei Tage nach dem Tode Jesu stand ein Mann in tiefer Nachdenklichkeit da. Er grübelte: »Ja, was ist denn nun mit Jesus? Jetzt ist er tot. Ich habe gesehen, wie sie ihn ins Felsengrab gelegt und einen Stein davorgewälzt haben. War er Gottes Sohn, oder war er nicht Gottes Sohn?« Der Mann hieß Thomas. Und während der Mann noch grübelte: »Was ist denn nun mit Jesus?«, da kommen auf einmal seine Freunde und jubeln: »Mann! Er lebt! Was guckst du noch so traurig drein? Er lebt!« »Wer lebt?« »Jesus!« »Das gibt's doch nicht!« »Doch! Wir haben das leere Grab gesehen, das können wir bezeugen, ja beschwören! Und – er ist uns begegnet!« »Gibt's denn das«, denkt Thomas, »daß einer von den Toten aufersteht? Wenn das wahr ist, ja, dann ist er der Sohn Gottes, dann hat Gott sich zu ihm bekannt!« Aber der Thomas ist skeptisch: »Ich bin so oft dumm gemacht worden in meinem Leben. Ich glaube nichts mehr, was ich nicht gesehen habe!« Auf der Reise sagte mir eine Schaffnerin, mit der ich über Jesus sprach: »Ich glaube nur noch, was ich sehe!« So, genau so hat der Thomas auch gedacht. Und dann erklärt er den andern: »Wenn ich nicht in seinen Händen die Nägelmale sehe und meinen Finger hineinlege und meine Hand in seine Todeswunde lege, die sie ihm beigebracht haben, glaube ich das nicht.« Da konnten sich die Jünger den Mund fusselig reden – wie ich in Saßnitz –, immer wieder hat der Thomas gesagt: »Ich glaub's nicht!« Acht Tage später ist er mit all seinen Freunden zusammen. Auf einmal steht Jesus da. »Friede sei mit euch!« Und zu Thomas gewandt sagt er: »Thomas, komm, reiche deinen Finger her und siehe meine Hände, und reiche deine Hand her und lege sie in meine Todeswunde, und sei nicht ungläubig, sondern gläubig!« Da sinkt dieser arme hin- und hergerissene Zweifler in die Kniee und ruft aus: »Herr Jesus, mein Herr und mein Gott!«

Jetzt verstehen Sie, wenn ich sage: Ein Leben mit Gott ist keine Illusion! Ein Leben mit Gott ist keine Einbildung! Gott ist nicht so etwas Ungewisses: »Irgendwo muß ein Gott sein, aber wie er ist, das weiß man nicht.« Nein! Sondern: Daß es ein Leben mit Gott gibt, gründet sich darauf, daß der Sohn Gottes gekommen und für mich gestorben und von den Toten auferstanden ist. Darum kann ich jetzt über Gott ganz genau Bescheid wissen.

Das mußte ich als erste Voraussetzung zu unserem Thema

»Was hat man denn von einem Leben mit Gott?« klären: Ein Leben mit Gott ist keine Einbildung, keine Illusion!

Und nun will ich noch eine zweite Vorfrage beantworten, nämlich die Frage:

2. Wie bekommt man denn ein Leben mit Gott?

Ach, wie oft haben mir Leute gesagt: »Pastor Busch, Sie sind eigentlich ein glücklicher Mann. Sie haben etwas, was ich nicht habe.« Ich erwidere darauf: »Schwätzen Sie nicht! Dasselbe können Sie auch haben! Jesus ist auch für Sie da!« Und dann kommt die Frage: »Ja, wie bekomme ich denn ein Leben mit Gott?« Darauf antwortet die Bibel ganz klar mit einem Sätzchen: »Glaube an den Herrn Jesus Christus!«

Wenn ich Sie doch zu diesem Glauben führen könnte! Dazu muß ich erst einmal klären, was denn eigentlich »glauben« heißt. Manche Leute haben ja eine ganz falsche Vorstellung vom Glauben. Da guckt einer auf seine Uhr und sagt: »Jetzt ist es genau 20 Minuten nach sieben Uhr. Das weiß ich ganz bestimmt.« Der andere, der keine Uhr hat, sagt: »Es ist 20 Minuten nach sieben Uhr – glaube ich.« Und die Leute meinen weithin, »glauben« wäre eben solch ein unsicheres Wissen. Ist es nicht so? Was heißt »glauben«, wenn die Bibel sagt: »Glaube an den Herrn Jesus Christus!«? Ich möchte es Ihnen deutlich machen an einem Erlebnis.

Ich hatte mal Vorträge in der Hauptstadt von Norwegen, in Oslo. An einem Samstagmorgen wollte ich zurückfliegen, weil ich am nächsten Tag schon in Wuppertal in einer großen Versammlung sprechen sollte. Nun fing das schon so mausig an: Die Maschine hatte eine Stunde Verspätung wegen Nebel. Endlich stiegen wir also auf mit Richtung Kopenhagen, wo wir umsteigen sollten. Als wir schon über Kopenhagen sind, dreht der Pilot auf einmal ab und fliegt in Richtung Schweden. Durch den Lautsprecher teilt er uns mit, Kopenhagen sei völlig vernebelt, so daß wir dort nicht landen könnten. Wir flögen nach Malmö. Ich wollte im Leben nicht nach Malmö in Schweden. Was sollte ich da? Ich wollte nach Düsseldorf! Ich mußte doch in Wuppertal sprechen! Schließlich setzen wir in Malmö auf. Und da sehen wir: Der ganze Flughafen ist schon vollgepackt mit Menschen. Und immer noch rollt eine Maschine nach der anderen an. Es stellte sich heraus: Malmö war weit und breit der einzige nebelfreie Flughafen. Nun flogen alle Maschinen hierhin. Es war nur ein kleiner Flughafen, und so bekam man keinen Stuhl mehr zum Sitzen in dem Flughafengebäude. Ich hatte mich angefreundet mit einem österreichischen Kaufmann. Und wir fragten uns: »Was soll werden? Hier stehen wir vielleicht morgen früh noch! Da kommen die Beine schließlich oben raus!« Alles schimpfte und fragte und murrte und knurrte, wie immer in solchen Momenten. Plötzlich hörten wir durch den Lautsprecher: »Es fliegt jetzt eine viermotorige Maschine nach Süden! Wir wissen nicht, ob sie in Hamburg, in Düsseldorf oder in Frankfurt landet. Aber wer nach Süden will, kann einsteigen!« Das war ja schon eine etwas unsichere Sache. Neben uns schreit auch gleich eine Frau: »Da steige ich nicht ein! Da habe ich Angst!« Ich sage: »Liebe Frau, das brauchen Sie ja auch gar nicht! Bleiben Sie getrost draußen!« Und mein Österreicher meint: »Na, so ein Nebelflug! Und wenn man nicht mal weiß, wo man runterkommt!« In diesem Augenblick, als die Frau kreischt und der Österreicher mich auch so ein bißchen unsicher macht, kommt der Pilot in seiner blauen Uniform an mir vorbei. Und ich sehe sein Gesicht: ein Gesicht mit tödlichem Ernst, ganz konzentriert. Man merkte ihm an: »Der weiß um die Verantwortung! Für ihn ist das keine Spielerei!« Da erkläre ich meinem österreichischen Freund: »Mensch, dem können wir uns anvertrauen! Kommen Sie, wir steigen ein! Das ist kein Luftikus!« Und dann stiegen wir ein! Von dem Moment ab, als wir einstiegen, den letzten Fuß vom festen Boden wegnahmen und die Maschine zugemacht wurde, waren wir dem Mann ausgeliefert. Aber wir hatten Vertrauen. Ich vertraute ihm mein Leben an. Wir landeten in Frankfurt, und es dauerte die ganze Nacht, bis ich zu Hause war. Aber ich kam ans Ziel! Und das heißt »glauben«! Glauben heißt: sich jemand anvertrauen.

Wie bekomme ich ein Leben mit Gott? »Glaube an den Herrn Jesus Christus!« Ich möchte so sagen: Steig bei Jesus ein! Verstehen Sie: Beim Einsteigen in das Flugzeug hatte ich das Gefühl, daß mein Österreicher gern mit einem Bein auf dem Flugplatz geblieben und nur mit dem anderen eingestiegen wäre. Aber das ging nicht. Er konnte draußen bleiben – oder sich mit Haut und Haar dem Piloten anvertrauen! So ist es auch mit Jesus. Sie können nicht mit einem Bein ohne Jesus leben und mit dem anderen bei ihm einsteigen. Also: Das geht nicht! Glauben an den Herrn Jesus Christus, ein Leben mit Gott gibt's nur, wenn ich es ganz mit ihm riskiere. Ich muß ihm sagen: »Nimm mein Leben, Jesu, dir / Übergeb ich's für und für.«

Und jetzt frage ich Sie: Wem sollte man sich wohl lieber anvertrauen als dem Sohne Gottes? Kein Mensch in der Welt hat so viel für mich getan wie Jesus! Er hat mich so geliebt, daß er für mich gestorben ist. Auch für Sie! So wie er hat niemand uns geliebt. Und er ist von den Toten auferstanden. Sollte ich dem, der da auferstanden ist, nicht mein Leben anvertrauen? Wir sind ja Toren, wenn wir's nicht tun! In dem Moment aber, wo ich mein Leben Jesus gebe, bin ich eingestiegen in das Leben aus Gott. Es gibt einen schönen Vers, den ich so gern habe: »Wem anders sollt ich mich ergeben, / O König, der am Kreuz verblich? / Hier opfr' ich dir mein Blut und Leben; / Mein ganzes Herz ergießet sich. / Dir schwör ich zu der Kreuzesfahn / Als Streiter und als Untertan.« Ach, wenn Sie so sprechen möchten!

So, nachdem ich das ausgeführt habe, muß ich noch einen kleinen Anhang hierzu machen. Sehen Sie: Wenn Sie Ihr Leben Jesus geben und bei ihm einsteigen wollen, wenn Sie sich ihm anvertrauen wollen, dann sagen Sie ihm das doch! Er ist da! Er ist neben Ihnen! Er hört Sie! Sagen Sie ihm: »Herr Jesus, ich gebe dir mein Leben!« Als ich mich als gottloser, verkommener junger Kerl bekehrte und Jesus annahm, da habe ich gebetet: »Herr Jesus, jetzt gebe ich mein Leben dir. Ich kann dir nicht versprechen, daß ich gut werde. Dazu mußt du mir ein anderes Herz geben. Ich habe einen schlechten Charakter, aber was ich bin, das gebe ich alles dir. Mach du was aus mir!« Das war die Stunde meines Lebens, wo ich mit beiden Beinen bei Jesus einstieg und dem das Steuer meines Lebens gab, der mich erkauft hat mit seinem Blut.

Damit man nun aber weiterkommt in einem Leben mit Gott, muß man – und ich sage das immer wieder – unbedingt die drei großen »G« beherzigen: Gottes Wort, Gebet und Gemeinschaft.

Sehen Sie: Sie können nicht Jesus gehören und dann nichts mehr von ihm hören. Da muß man eine Bibel oder ein Neues Testament haben und jeden Tag eine Viertelstunde ganz ruhig darin lesen, einfach fortlaufend. Was Sie nicht verstehen, lassen Sie auf sich beruhen. Aber je öfter Sie lesen, desto mehr Herrliches wird Ihnen aufgehen. Mir wird dabei das Herz oft ganz weit vor Freude, daß ich diesem herrlichen Heiland gehören und ihn verkündigen darf. Man darf ein Leben aus Gott nicht nur haben, sondern auch davon weitergeben.

Zu dem ersten »G«, Gottes Wort, kommt das zweite »G«, das Gebet. Jesus hört Sie! Sie brauchen ihm keine schönen Reden zu halten. Es genügt, wenn Sie etwa als Hausfrau beten: »Herr Jesus! Heute ist ein schlimmer Tag: Mein Mann hat schlechte Laune, die Kinder parieren nicht, ich habe Wäsche, es fehlen mir 10 Mark. Herr Jesus, ich lege dir den ganzen Schlamassel hin. Gib, daß mein Herz doch voll Freude ist, weil ich ein Leben aus Gott habe! Und hilf du mir auch durch! Herr Jesus, ich danke dir, daß ich mich dir ganz anvertrauen darf!« Verstehen Sie: Ich kann Jesus alles sagen, was ich auf dem Herzen habe! Und ich darf auch bitten: »Herr Jesus, gib, daß ich dich besser erkenne und daß ich dir immer mehr gehöre!«

Als drittes »G« gehört zu einem Leben mit Gott die Gemeinschaft. Also: Man schließt sich dann mit denen zusammen, die auch Jesus gehören wollen. Neulich erklärte mir jemand: »Ich will glauben, aber ich komme nicht weiter!« Da habe ich ihm geraten: »Sie brauchen Anschluß an andere Christen!« Darauf wandte er ein: »Die gefallen mir aber alle nicht!« »Ja«, habe ich da gesagt, »dann ist nichts zu machen. Wenn Sie im Himmel mal mit denen zusammen sein wollen, dann müssen Sie es jetzt schon lernen! Der liebe Gott kann nicht Sonderchristen für Sie schnitzen.«

Ich kannte als Junge einen Bankdirektor in Frankfurt, einen alten Herrn, der mir viel aus seinen jungen Jahren erzählt hat. Als er sein Abitur gemacht hatte, hatte sein Vater zu ihm gesagt: »Hier hast du soundso viel Geld, und jetzt darfst du eine Reise durch alle Hauptstädte Europas machen.« Stellen Sie sich vor: Ein junger Kerl von 18 Jahren bekommt so etwas gesagt. So möchte man's auch haben! Der alte Herr berichtete mir: »Ich wußte: Es ist jetzt nicht schwer, daß ich in den Großstädten in Sünde und Schande falle. Doch ich wollte Jesus gehören. Und darum packte ich mein Neues Testament ins Reisegepäck. Und jeden Tag, ehe ich aus dem Hotelzimmer ging, wollte ich die Stimme Jesu gehört und mit ihm gesprochen haben. Und wo ich hinkam, wollte ich Christen suchen. Ich habe überall Jesus-Jünger getroffen: in Lissabon, in Madrid, in London, in . . . Am schwersten war's in Paris. Da habe ich lange herumgefragt nach einem, der auch Jesus gehören wollte. Schließlich wies man mich an einen Schuster: ›Der liest die Bibel!‹« Und da ist der vornehme junge Mann die Stufen zur Werkstatt des Schusters hinuntergestiegen und hat ihn gefragt: »Kennen Sie Jesus?« Als Antwort haben die Augen des Schuhmachers nur geleuchtet. Da hat der junge Mann gesagt: »Ich komme jeden Morgen zu Ihnen, damit wir zusammen beten können. Darf ich?« So wichtig war ihm auch das dritte »G«, die Gemeinschaft mit denen, die mit Ernst Christen sein wollen.

So, das war das, was ich zunächst klären mußte: Ein Leben mit Gott ist keine Illusion, seit Jesus gekommen ist. Und: Wie kriege ich ein Leben mit Gott? »Glaube an den Herrn Jesus Christus!« Und jetzt komme ich zu der eigentlichen Frage.

3. Was hat man denn von einem Leben mit Gott?

Liebe Freunde, wenn ich Ihnen das erzählen wollte, was man von einem Leben mit Gott und von der Gemeinschaft mit Jesus hat, dann wäre ich Weihnachten noch dran und immer noch nicht fertig. Soviel hat man davon!

Ich vergesse nicht, wie mein Vater mir sagte, als er mit 53 Jahren im Sterben lag – es war eines seiner letzten Worte –: »Du, Wilhelm, sag allen meinen Freunden und Bekannten, wie glücklich und selig mich Jesus gemacht hat – im Leben und im Sterben!« Wissen Sie, wenn einer in Todesnot liegt, dann macht er keine Sprüche mehr, dann vergehen einem die Phrasen. Und wenn einer in seinen letzten Atemzügen ringt und bezeugt: ». . . wie glücklich mich Jesus gemacht hat – im Leben und im Sterben«, dann geht einem das durch und durch. Wie wird Ihr Sterben aussehen?

Als ich noch ein junger Pastor war, passierte im Ruhrgebiet mal eine schöne Geschichte: Da war eine große Versammlung, in der ein gelehrter Mann zwei Stunden lang nachwies, daß es gar keinen Gott gibt. Er hatte seine ganze Gelehrsamkeit auf den Tisch gelegt. Der Saal war voll mit Menschen. Darüber war's voll mit Tabaksqualm. Und an Beifall wurde nicht gespart: »Hurra! Es gibt keinen Gott! Wir können tun, was wir wollen!« Als der Redner nach zwei Stunden fertig war, stand der Leiter der Versammlung auf und sagte: »Jetzt ist

Diskussion. Wer etwas sagen will, möge sich melden!« Natürlich hatte keiner den Mut dazu. Jeder dachte: »So einem gelehrten Mann kann man jetzt nicht widersprechen.« Sicher waren viele da, die ihm nicht zustimmten, aber wer hat schon den Mut, nach vorne aufs Podium zu gehen, wenn da tausend Menschen sitzen und Beifall brüllen! Doch! Eine Stimme meldet sich! Im Hintergrund macht sich eine alte Oma bemerkbar, so eine richtige ostpreußische Großmutter mit schwarzem Häubchen, von denen es im Ruhrgebiet viele gibt. Auf ihre Meldung hin fragt der Vorsitzende: »Oma, Sie wollen etwas sagen?« »Ja«, antwortet die Oma, »ich wollte etwas sagen!« »Nun, dann müssen Sie aber nach vorne kommen!« »Ja«, sagt die Oma, »keine Angst!« Eine tapfere Frau! So um das Jahr 1925 herum ist das passiert. Die Oma marschiert also nach vorne aufs Podium, stellt sich ans Rednerpult und fängt an: »Herr Redner, jetzt haben Sie zwei Stunden lang von Ihrem Unglauben gesprochen. Lassen Sie mich jetzt 5 Minuten von meinem Glauben sprechen. Ich möchte Ihnen sagen, was mein Herr, mein himmlischer Vater, für mich getan hat. Sehen Sie: Als ich eine junge Frau war, da verunglückte mein Mann auf der Zeche, und sie brachten ihn mir tot ins Haus. Da stand ich nun mit meinen drei kleinen Kindern. Damals waren die sozialen Einrichtungen sehr mäßig. Ich hätte verzweifeln können, wie ich an der Leiche meines Mannes stand. Und sehen Sie: Da fing's an, daß mein Gott mich getröstet hat, wie kein Mensch mich trösten konnte. Was die Menschen mir sagten, das ging zum einen Ohr herein und zum andern wieder hinaus. Aber er, der lebendige Gott, hat mich getröstet! Und dann habe ich ihm gesagt: ›Herr, jetzt mußt du für meine Kinder Vater sein!‹ (Es war ergreifend, wie die alte Frau erzählte!) Ich habe abends oft nicht gewußt, wo ich das Geld hernehmen sollte, um die Kinder am nächsten Tag sattmachen zu können. Und da habe ich's wieder meinem Heiland gesagt: ›Herr, du weißt doch, daß ich so elend dran bin. Hilf du mir!‹« Und dann wendet sich die alte Frau zu dem Redner und sagt: »Er hat mich nie im Stich gelassen, nie! Es ging durch große Dunkelheiten, aber er hat mich nie im Stich gelassen. Und Gott hat noch mehr getan: Er hat seinen Sohn gesandt, den Herrn Jesus Christus. Der ist für mich gestorben und auferstanden und hat mich mit seinem Blut reingewaschen von allen Sünden! Ja«, fuhr sie fort, »jetzt bin ich eine alte Frau. Ich werde bald sterben. Und sehen Sie: Er hat mir auch eine gewisse Hoffnung des ewigen Lebens gegeben. Wenn ich hier die Augen schließe, dann wache ich im Himmel auf, weil ich Jesus gehöre. Das alles hat er für mich getan! Und jetzt frage ich Sie, Herr Redner: Was hat Ihr Unglaube für Sie getan?« Da steht der Redner auf, klopft der alten Oma auf die Schulter und sagt: »Ach, so einer alten Frau wollen wir den Glauben ja gar nicht nehmen. Für alte Leute ist der ja ganz gut.« Da hätte man die alte Oma aber mal sehen sollen! Energisch wischt sie das weg und erklärt: »Nee, nee! So können Sie mir nicht kommen! Ich habe eine Frage gestellt, Herr Redner, und die sollen Sie mir beantworten! Was mein Herr für mich getan hat, das habe ich Ihnen gesagt. Und nun sagen Sie mir: Was hat Ihr Unglaube für Sie getan?« – Große Verlegenheit! Die Oma war eine kluge Frau . . .

Und wenn heute von allen Seiten in der Welt das Evangelium angegriffen wird, dann frage ich: Was habt ihr eigentlich von eurem Unglauben? Ich habe allerdings nicht den Eindruck, daß die Menschen Frieden im Herzen haben und glücklich dabei geworden sind. Nein, meine Freunde!

Was hat man denn von einem Leben mit Gott? Ich will es Ihnen ganz persönlich sagen: Ich hätte mein Leben überhaupt nicht ertragen, wenn ich nicht durch Jesus Frieden mit Gott hätte! Es gab Stunden, wo mir das Herz brechen wollte. – Heute hörte ich, daß hier in der Nachbarschaft ein schreckliches Unglück passiert ist, das zwei Familien in tiefe Trauer gestürzt hat. Wenn ich's recht gehört habe, sind Kinder überfahren worden. Es kann so schnell etwas Schweres über uns kommen, wo man plötzlich mit allen großen Worten zu Ende ist, wo man nur noch die Hand ausstreckt ins Dunkel und fragt: »Ist denn keiner da, der mir helfen kann!?« – Sehen Sie: In den schweren Stunden des Lebens zeigt sich, was man an Jesus hat! Als ich heiratete, habe ich zu meiner Frau gesagt: »Frau, ich wünsche mir sechs Söhne, und die sollen alle Posaune blasen.« Ich hatte mir das so schön gedacht: einen eigenen Posaunenchor im Haus. Nun, wir bekamen sechs Kinder, vier nette Töchter und zwei Söhne. Aber meine beiden Söhne habe ich nicht mehr. Beide hat Gott mir auf schreckliche Weise weggenommen, erst den einen und dann auch noch den andern. Da komme ich nicht drüber. Ich habe ein Leben lang als Jugendpfarrer mit jungen Burschen zu tun gehabt – und meine eigenen Jungen . . . Ich weiß noch, wie ich nach dem Eintreffen der Todesnachricht vom zweiten Jungen herumgelaufen bin mit dem Gefühl, als hätte ich ein Messer im Herzen stecken. Und da kamen Leute und sagten Trostworte. Aber die gingen nicht ins Herz, die verfingen gar nicht. Ich war doch Jugendpfarrer und wußte: »Heute abend muß ich in mein Jugendhaus. 150 jungen Burschen soll ich fröhlich Gottes Wort sagen.« Und mein Herz blutete! Da habe ich mich eingeschlossen, bin auf meine Kniee gefallen und habe gebetet: »Herr Jesus, du lebst, nimm du dich doch um mich armen Pastor an!« Und dann schlug ich mein Neues Testament auf und las: »Jesus spricht: Meinen Frieden gebe ich euch!« Ich wußte: Was er zusagt, das hält er gewiß. Und so bat ich ihn: »Herr Jesus, ich will jetzt nicht verstehen, warum du mir das getan hast, aber gib mir deinen Frieden! Fülle mein Herz mit deinem Frieden!« Und – er hat es getan! Er hat es getan! Das bezeuge ich Ihnen hier.

Und auch Sie werden ihn brauchen, wenn Ihnen kein Mensch Trost geben kann. Das ist herrlich: Wenn kein Mensch helfen kann, dann Jesus kennen, der uns mit seinem Blut am Kreuz erkauft hat und auferstanden ist, und zu ihm sagen können: »Herr, gib mir deinen Frieden!« Wie ein gewaltiger Strom fließt der Friede ins Herz, den er gibt! Das gilt auch für die schwerste Stunde unseres Lebens, wenn's ans Sterben geht. Wie wird einmal Ihr Sterben sein? Da kann Ihnen auch kein Mensch helfen. Selbst die liebste Hand werden Sie einmal loslassen müssen. Wie wird das sein? Sie gehen vor Gottes Angesicht! Wollen Sie mit all Ihren Sünden vor Gott treten? Ach, wenn man die starke Hand des Heilands faßt und weiß: »Du hast mich erkauft mit deinem teuren Blut und alle Schuld vergeben!« – dann kann man auch selig sterben!

Was hat man denn von einem Leben mit Gott? Ich will's Ihnen aufzählen: Frieden mit Gott; Freude im Herzen; Liebe zu Gott und dem Nächsten, daß ich sogar meine Feinde und alle, die mir auf die Nerven fallen, liebhaben kann; Trost im Unglück, daß mir jeden Tag die Sonne hell scheint; eine gewisse Hoffnung des ewigen Lebens; den Heiligen Geist; Vergebung der Sünden; Geduld – ach, ich könnte noch lange weitermachen.

Ich schließe mit einem Vers, den ich so gern habe:

»Es ist etwas, des Heilands sein,
Ich dein, o Jesu, und du mein,
In Wahrheit sagen können,
Ihn seinen Bürgen, Herrn und Ruhm
Und sich sein Erb und Eigentum
Ohn allen Zweifel nennen.«

Es ist etwas, des Heilands sein! Ich wünsche Ihnen diesen Reichtum, dieses Glück!

Weitere Bücher von Pastor Wilhelm Busch:

Bestell-Nr. 13 161
Jetzt neu als Taschenbuch:

Plaudereien in meinem Studierzimmer

288 Seiten

P. Wilhelm Busch im Dialog mit Menschen, denen er begegnet ist und die sein Leben stark beeindruckt haben: mit Vorbildern im Glauben.

Bestell-Nr. 38 897

365 mal ER

Tägliche Andachten
376 Seiten

Andachten für jeden Tag des Kalenderjahres, verständlich für jung und alt.
Für die eigene Andacht, zum Vorlesen in Gruppen, als Geschenk zur Trauung, Silberhochzeit, zu Geburtstagen und vielen anderen Anlässen.

Bestell-Nr. 38 739

Der Herr ist mein Licht und mein Heil

Tägliche Andachten
376 Seiten

Eine Einladung, jeden Tag ein paar Minuten still zu werden und über das Heil und die Gnade Gottes nachzudenken.

Bestell-Nr. 13 162

In der Seelsorge Gottes

Angefochtene Gottesknechte
112 Seiten

Männer der Bibel in Situationen der Anfechtung. Sie verlassen sich auf Gott, und er hilft ihnen. Diese Beispiele werden nacherzählt und auf die heutige Situation übertragen.

Bestell-Nr. 12095

Gegenstände der Passion

Anschauungs-Unterricht über das Leiden Jesu

112 Seiten

Bestell-Nr. 12395

Spuren zum Kreuz

Christus im Alten Testament

128 Seiten

Bestell-Nr. 13242

Die Suchaktion Gottes

Kurzgeschichten der Bibel

132 Seiten

Bestell-Nr. 13260

Freiheit aus dem Evangelium

Meine Erlebnisse mit der
Geheimen Staatspolizei

64 Seiten

Bestell-Nr. 12538

Jesus unser Schicksal

Geschenkausgabe (gebunden)

238 Seiten

Bestell-Nr. 13401

Es geht am Kreuz um unsre Not

Predigten aus dem Jahre 1944

108 Seiten

Schriftenmissions-Verlag
Neukirchen-Vluyn

Wilhelm Busch
wurde 1897 in Wuppertal-Elberfeld geboren, erlebte seine Jugendzeit in Frankfurt a. M. und machte auch dort sein Abitur. Als junger Leutnant des Ersten Weltkrieges kam er zum Glauben. Er studierte in Tübingen Theologie, war zunächst Pfarrer in Bielefeld, dann in einem Bergarbeiterbezirk und schließlich jahrzehntelang Jugendpfarrer in Essen. Dabei hielt er hin und her im Lande und in der Welt Evangelisationsvorträge. Im Dritten Reich brachten ihn sein Glaube und der Kampf der Bekennenden Kirche öfter ins Gefängnis. Nach dem Zweiten Weltkrieg war er wieder unermüdlich mit der Botschaft von Jesus unterwegs. 1966 wurde er von seinem Herrn in Lübeck auf der Rückreise von einem Evangelisationsdienst in Saßnitz auf Rügen heimgeholt.